FRITZ NEUMARK
ZUFLUCHT AM BOSPORUS

FRITZ NEUMARK

ZUFLUCHT AM BOSPORUS

Deutsche Gelehrte, Politiker und Künstler in der Emigration 1933–1953

VERLAG JOSEF KNECHT · FRANKFURT AM MAIN

CIP-Kurztitelaufnahme der Deutschen Bibliothek

Neumark, Fritz:
Zuflucht am Bosporus : Dt. Gelehrte, Politiker und Künstler in d. Emigration ; 1933 – 1953 /
Fritz Neumark. – 1. Aufl. – Frankfurt am Main :
Knecht, 1980.
ISBN 3-7820-0443-4

ISBN 3-7820-0443-4

Gesamtherstellung: Wiesbadener Graphische Betriebe GmbH, Wiesbaden

INHALT

VORWORT

Die folgenden Kapitel sollen keine Memoiren im Sinne einer mehr oder minder vollständigen Autobiographie sein, sondern nur einen gewissen Ausschnitt aus meinem Leben und dem meiner Freunde und Bekannten schildern, und zwar unter einem speziellen Aspekt. Daß ich mich zu ihrer Niederschrift entschlossen habe, erklärt sich überwiegend daraus, daß viele meiner deutschen und türkischen Kollegen mich, als einer der wenigen Überlebenden jener Türkei-Emigranten, von denen dieses Buch berichtet, dazu gedrängt haben. So versuche ich, im wesentlichen auf Erinnerungen gestützt, Ernstes und zum Teil auch Heiteres aus jenen Dezennien zu schildern, in denen eine relativ große Zahl deutschsprachiger Gelehrter und Künstler Aufnahme in einem Lande fand, das ihnen größtenteils wenn überhaupt, so nur ganz flüchtig bekannt war.

Es gibt freilich schon einige Publikationen, die sich mit Teilaspekten der Fragen und Geschehnisse beschäftigen, die ich darzustellen versuche. An erster Stelle ist hier das rund dreihundert Seiten umfassende Werk von Horst Widmann: »Exil und Bildungshilfe. Die deutschsprachige akademische Emigration in die Türkei nach 1933« zu nennen, das 1973 bei Herbert Lang, Bern, und Peter Lang, Frankfurt, erschienen ist. Daneben sind Briefe der Betroffenen, die mit Ausnahme der ausgezeichneten Edition derjenigen von Ernst Reuter (herausgegeben im Auftrage des Berliner Senats von der Abt. Zeitgeschichte des Landesarchivs Berlin, vier Bände, Propyläenverlag 1972ff.) freilich größtenteils gar nicht oder nur in einer beschränkten Auswahl publiziert worden sind, wie etwa die Wilhelm Röpkes (Briefe 1934–1966, E. Rentsch Verlag, Erlenbach–Zürich 1976), und einige Ausführungen in dem Memoirenwerk von Rudolf Nissen »Helle Blätter – dunkle Blätter« (DVA, Stuttgart 1969) hervorzuheben. Aber entweder – so bei Nissen – spielt die Tätigkeit des Verfassers in der Türkei während der Emigrationszeit nur eine partiell bedeutsame Rolle oder der Verfasser war – wie Widmann – im wesentlichen auf Aktenstudium und die Ergebnisse von Interviews angewiesen. Man darf das Widmannsche Werk gewiß nicht unterschätzen; mir scheint jedoch, daß ein Verfasser, der nicht selbst an den Tätigkeiten beteiligt war, die er schildert, und nicht über die unmittelbaren Erfahrungen verfügt, die wir Emigranten gemacht haben, zwangsläufig nicht in der Lage ist, viele Einzelheiten, die zumindest in ihrer Summe bedeutungsvoll waren, nachzuzeichnen oder auch die ganze Atmosphäre zutreffend wiederzugeben, in der sich unser Leben viele Jahre hindurch abgespielt hat. Diesen Nachteil haben allerdings nicht die »Erinnerungen an die türkischen Jahre«, die von Philipp Schwartz stammen (1972), doch sind sie zum einen fachlich wie zeitlich begrenzt und zum anderen – leider – nicht in Buchform veröffentlicht worden.

Das Phänomen einer Emigration deutscher Wissenschaftler, Künstler und Politiker unter dem Druck der nationalsozialistischen Diktatur war gewiß sehr weitschichtig, und in zahlreichen Ländern, wie insbesondere den Vereinigten Staaten von Amerika, hat in den Jahren 1933 ff. die absolute Zahl der deutschsprachigen Emigranten die derjenigen bei weitem übertroffen, die in der Türkei Zuflucht fanden. Aber ich glaube, daß nirgendwoanders die relative Bedeutung von Emigranten aus dem »Dritten Reich« so groß und ihre Arbeit so nachhaltig wirksam gewesen ist wie in der Türkischen Republik, und zwar nicht zuletzt deshalb, weil sich hier die Aktivität der Gelehrten und Künstler im wesentlichen auf zwei Städte konzentrierte, nämlich auf die alte Hauptstadt Istanbul und die neue Hauptstadt Ankara.

Überdies gibt die Relation der Zahl deutschsprachiger Emigranten zur Gesamtbevölkerung im Falle der Türkei keinesfalls schon ein zutreffendes Bild von der Bedeutung der Emigrantenarbeit, weil um 1933 die Analphabetenquote in diesem Lande noch beträchtlich höher war als in den meisten anderen Ländern, in denen emigrierte Deutsche während des »Dritten Reichs« beruflich tätig waren. Jedenfalls scheint mir der Einfluß deutschsprachiger Wissenschaftler und Künstler auf die einheimischen Ärzte, Anwälte, Chemiker, Physiker, Sprachlehrer und nicht zuletzt auch gewisse Beamtengruppen ungewöhnlich breit und tief gewesen zu sein; und das gilt nicht nur für die Zeitgenossen, sondern auch die nächstfolgenden ein, zwei Generationen.

Schließlich muß noch betont werden, daß in der Türkei neben den allgemeinen Problemen, die jede – insbesondere natürlich eine nicht freiwillige – Emigration, wohin auch immer, mit sich bringt, zwei zusätzliche, spezielle Schwierigkeiten für unsere Arbeit gegeben waren. Das eine war die (islamische) Religion, das andere die Sprache. Auf die daraus resultierenden Fragen wird im folgenden noch ausführlich einzugehen sein. Ich erwähne sie hier schon kurz deswegen, weil die Erfolge deutscher Emigrantentätigkeit in der Türkischen Republik um so bemerkenswerter waren, als sie mit den eben angedeuteten zwei besonderen – und besonders großen! – Schwierigkeiten zu kämpfen hatte.

*

Ich widme dieses Buch in erster Linie meinen ehemaligen türkischen Schülern und Kollegen sowie den noch heute am Bosporus oder in Anatolien lebenden Freunden – in zweiter jenen deutschsprachigen Fachgenossen und Bekannten, mit denen zusammen ich die langen Jahre der Emigration verbrachte. Sie sind leider heute fast alle verstorben. Es gibt nur mehr sehr wenige – nach meiner Schätzung weniger als ein Dutzend –, die kürzere oder längere Zeit während der

Nazi-Diktatur gleich mir in der Türkei tätig waren und heute noch unter den Lebenden weilen, wie Clemens Holzmeister, Curt Kosswig, Ernst Hirsch, Friedrich Breusch und Rosemarie Heyd. Aber in vielen Fällen sind die Frauen oder Geschwister der Verstorbenen noch am Leben, und neben ihnen mögen die Kinder und Enkel ein gewisses Interesse an den Geschehnissen haben, die für ihre Vorfahren eine so große, im wahrsten Wortsinne vitale Bedeutung besaßen und von denen der vorliegende Band ein möglichst getreues und lebendiges Bild zu geben sucht.

Die Auswahl der Bilder mag dem Leser willkürlich erscheinen; zu einem großen Teil erklären sich bedauerliche Lücken aus unüberwindlichen Beschaffungsschwierigkeiten.

Für kritische Durchsicht des Manuskripts bin ich drei früheren Schülern von mir: Dr. Süphan und Dr. Fuat Andĭc (beide Professoren an der Universität von Puerto Rico) und Dr. Ingrid Belke (Hamburg) aufrichtig dankbar.

Frankfurt am Main, Dezember 1979 — Fritz Neumark

WIE ES DAZU KAM

Die Lehre von der allgemeinen Harmonie der Interessen, wie sie von fortschrittsgläubigen Aufklärungstheoretikern und Wirtschaftspolitikern vom 18. Jahrhundert bis weit in das 19. Jahrhundert hinein, ja teilweise bis zum Ersten Weltkrieg vertreten wurde, ist gewiß in unserer Zeit alles andere denn Gemeingut der Ansichten der breiten Massen oder auch nur der Gebildeten. Es gibt jedoch immer wieder Fälle, in denen sie einer Realität entspricht. Mir scheint, daß die Emigration von Deutschen in die Türkei in den auf die Machtergreifung des Nationalsozialismus folgenden Jahren einen solchen, und zwar einen besonders glücklichen Ausnahmefall darstellt. Evident ist einerseits das Interesse deutscher Wissenschaftler und Künstler, einen ihrer bisherigen Tätigkeit, ihren Neigungen und Talenten adäquaten Arbeitsplatz wiederzufinden, nachdem sie den ihren in Deutschland auf unabsehbare Zeit hinaus verloren oder aus Gewissensgründen freiwillig aufgegeben hatten; daß die Türkische Republik ihnen eine solche Möglichkeit bot, war für sie ein Segen. Andererseits wäre zweifellos der zumindest teilweise auf die Tätigkeit deutschsprachiger Emigranten zurückzuführende beachtliche Aufschwung der türkischen Wissenschaft und gewisser Zweige des Kunstlebens nicht so rasch zu verwirklichen gewesen, wenn die durch Hitler geschaffenen besonderen Umstände es nicht der türkischen Regierung ermöglicht hätten, eine große Zahl angesehener Persönlichkeiten des deutschen wissenschaftlichen und kulturellen Lebens auf einen Schlag zu berufen.

Etwas zugespitzt kann man sagen, daß es dreier Revolutionen bedurfte, um das deutsch-türkische »Wunder« von 1933 zustande zu bringen.

Die erste dieser Revolutionen war die russische von 1905, die zweite die türkische von 1922/23 und die dritte die deutsche nationalsozialistische Umwälzung von 1933, der man zu Unrecht oft den Charakter einer Revolution abspricht, den man dann aus kaum überzeugenden Gründen Umsturzbewegungen von »links« vorbehält.

Was die russische Revolution von 1905 betrifft, so spielte sie für unser Thema insofern eine bedeutsame Rolle, als in ihrem Gefolge mit so vielen anderen ein Professor der Naturwissenschaften in die Schweiz emigrierte, der eine große, wenn auch überwiegend indirekte Bedeutung für die Berufung deutscher Wissenschaftler in die Türkei gewinnen sollte. Es handelte sich dabei um Professor Tschulok in Zürich, der zwei Jahrzehnte nach seiner Ankunft dort der Schwiegervater eines Frankfurter Pathologen, Philipp Schwartz, wurde.

Die zweite Revolution wurde durch den Gründer der Türkischen Republik: Mustafa Kemal Pascha oder, wie er später allgemein genannt wurde, Kemal Atatürk, ausgelöst. Sie war insofern entscheidend für die Berufung deutschsprachiger Professoren und Künstler, als Atatürk nach der durch ihn bewirkten Ersetzung des alten Osmanenreichs durch eine Republik bewußt eine Politik verfolgte, die die Sünden der Vergangenheit – die weitgehend aus Vernachlässigungen bestanden – zu korrigieren suchte und durch die Abschaffung des Kalifats sowie die verfassungsmäßige Verankerung des laizistischen Prinzips, d. h. der Trennung von islamischer Religion und Staat, sich vorurteilsfreier, unabhängiger Forschung verschrieb. In der Tat erwies sich Atatürk auf allen Gebieten als ein fortschrittlich-rational denkender Geist – ausgenommen nur die Konstante einer glühenden, emotional begründeten Vaterlands- und Unabhängigkeitsliebe –, und er war sich durchaus bewußt, daß nicht zuletzt Wirtschaft und Recht grundlegend reformiert werden mußten, wenn er seine sonstigen fortschrittlichen Ziele verwirklichen wollte.

Die dritte Revolution schließlich – ich sehe sie, wie angedeutet, als eine solche an, obgleich ihr natürlich gewisse nichtrevolutionäre, ja reaktionäre Züge keineswegs abgesprochen werden können –, der Nationalsozialismus oder Hitlerismus, suchte einen Teil seiner Bestrebungen schon wenige Wochen nach der »Machtergreifung« Anfang 1933 dadurch zu fördern oder zu ermöglichen, daß ein Gesetz erlassen wurde, welches in grausamer Ironie den Titel trug: »Gesetz zur Wiederherstellung des Berufsbeamtentums«, in Wirklichkeit hingegen diese Institution in seinen Grundlagen erschütterte.

Zunächst aufgrund der Bestimmungen dieses Gesetzes, die außerordentlich vieldeutig waren, sodann auch ohne jede gesetzliche Grundlage wurden zahlreiche Vertreter der deutschen Wissenschaft und Kunst ihrer Ämter enthoben oder schlicht an der Ausübung ihrer beruflichen Tätigkeit gehindert – sei es vorübergehend, sei es sogleich endgültig. Im ersten Fall konnten unbeliebte oder unbeliebt gewordene Hochschullehrer, Journalisten, Künstler usw. ihre Tätigkeit noch einige Jahre fortsetzen, bis sie schließlich von der Partei bzw. deren Organen als »untragbar« bezeichnet und daraufhin abgesetzt wurden, sofern nicht eine solche Absetzung einfach aus »rassischen« Gründen erfolgte, oft im Widerspruch zu den ursprünglichen Vorschriften des Gesetzes, die »nicht-arischen« Frontkämpfern des Ersten Weltkriegs eine Vorzugsbehandlung zugestanden hatten.

Daß auch die russische Revolution von 1905, obgleich mit einer erheblichen zeitlichen Verzögerung, großen Einfluß auf die in dem vorliegenden Buch geschilderten Ereignisse hatte, hängt damit zusammen, daß der wegen dieser Revolution, wie erwähnt, nach Zürich übersiedelte Professor Tschulok einen guten Bekannten namens Albert Malche hatte. Malche, Professor für Pädagogik an der Universität

Genf und überdies Mitglied des Genfer Ständerats, hatte einige Monate vor der Machtergreifung Hitlers von Atatürk den Auftrag erhalten, die türkischen Hochschulen auf Reformnotwendigkeiten und -möglichkeiten hin zu überprüfen und ihm entsprechende Vorschläge zu unterbreiten. In sachlicher Hinsicht, was also etwa die Stellenpläne, die Ordnung der Fakultäten, des Unterrichts und der Prüfungen, die Errichtung oder Erweiterung von Instituten, Kliniken und ähnliches betrifft, hatte Malche schon erhebliche Vorarbeiten geleistet. Dann kam es zu den ersten Entlassungen von Gelehrten in Deutschland, und Malche sah sogleich, daß hier durch ungewöhnliche Umstände bedingte Möglichkeiten auftauchten, die Reform der türkischen Universitäten auch in personeller Beziehung schnell in Angriff zu nehmen. Durch Aussprachen mit Tschulok ergab sich für Malche die Möglichkeit, mit Professor Philipp Schwartz, der schon wenige Wochen nach dem deutschen Umsturz, da – zu Unrecht – des Kommunismus verdächtigt, seine Stellung an der Frankfurter Pathologie verlassen und sich zu seinen Schwiegereltern nach Zürich begeben hatte, Fühlung zu nehmen und nach Wegen Ausschau zu halten, tüchtige deutsche Gelehrte nach der Türkei zu berufen.

Allerdings war es nicht etwas völlig Neues, wenn speziell jüngere, deutsche und auch andere Wissenschaftler sich eine gewisse Zeit an ausländischen Hochschulen, auch solchen des Nahen und Mittleren Ostens, betätigten. So war beispielsweise schon während des Ersten Weltkriegs, als die Türken ja Verbündete des Deutschen Reiches waren, eine Anzahl deutscher Gelehrter in diesem Lande tätig gewesen, so etwa die Nationalökonomen Anton Fleck und Friedrich Hoffmann sowie der Chemiker Fritz Arndt, der, 1933 seines Postens in Breslau enthoben, nun zum zweiten Mal an die Universität Istanbul berufen wurde, wobei er einerseits aus seinen früheren Erfahrungen und andererseits aus seinen ungewöhnlichen Sprachkenntnissen großen Nutzen ziehen konnte. Vor allem an der landwirtschaftlichen Fakultät in

Ankara waren schon in den Zwanziger und den frühen Dreißiger Jahren mehrere deutsche Gelehrte in führender Position zu finden. Der Ausdruck »Fakultät« ist hier übrigens nicht ganz korrekt, denn aus der ursprünglich noch als »Landwirtschaftsschule« bezeichneten Anstalt entwikkelte sich erst allmählich eine förmliche (wenn auch als »Institut« firmierende) echte Landwirtschaftliche Hochschule mit vier Fakultäten, darunter eine tierärztliche, doch hatten die deutschen Mitglieder dieser Anstalt nur sehr wenige Kontakte mit den Emigrantenprofessoren. Neben den deutschsprachigen gab es schließlich vor 1933 auch einige, freilich relativ wenige nichtdeutsche ausländische Professoren in Istanbul, so etwa den französischen Staatsrechtler Charles Crozat, der persönlich sehr sympathisch war, aber bei sich daheim und anderswo nur als ein durchschnittlicher Vertreter seines Faches galt, und den tüchtigen Genfer Zoologen André Naville, der bereits nach wenigen Jahren an den Folgen einer Typhuserkrankung starb. Aber eine derartige „Masseninvasion“, wie sie 1933, zudem beschränkt auf deutsche und österreichische Staatsangehörige, einsetzte, war ein nicht nur für türkische Hochschulverhältnisse völlig ungewöhnlicher Vorgang.

Malche ist, wie angedeutet, schon sehr frühzeitig aufgrund von Nachrichten, die ihm namentlich Philipp Schwartz zukommen ließ, bei Atatürk und dessen damaligem Kultusminister Dr. med. Reşit Galip vorstellig geworden und hat ihm die einzigartigen Möglichkeiten klarzumachen versucht, die sich aus den Ereignissen im Hitlerreich für eine grundlegende Reform des türkischen Hochschulwesens ergaben, und er ist bei beiden sogleich auf großes Verständnis gestoßen. Gewiß hat es auch eine Reihe von Gegnern des kühnen Plans gegeben, nicht zuletzt unter den Medizinern, die von den Ausländern (mit Recht) eine starke Konkurrenz befürchteten, aber auch unter gewissen anderen, traditionalistisch-konservativ eingestellten türkischen Hochschullehrern. Nach nicht allzulange währenden Auseinandersetzungen wurde jedoch Malche schließlich mit der Vollmacht ausgestattet, eine Reihe von genau fixierten Anstellungsverträgen mit deutschen Professoren abzuschließen, und zugleich wurden Vorkehrungen getroffen, um die alte Universität Istanbul von fortschrittbelastendem »Ballast« zu befreien.

Um diese letzte Bemerkung zu verstehen, sei folgendes hervorgehoben: Zur alten Universität gehörten neben einer Reihe durchaus qualifizierter türkischer Gelehrter auch viele Professoren und andere Lehrkräfte, die aufgrund schlechter, aus der osmanischen Zeit stammender Bräuche kaum oder gar nicht mehr ihren akademischen Verpflichtungen nachkamen, sondern lediglich einmal im Monat erschienen, um sich ihr – sehr bescheidenes – Gehalt abzuholen. Um diesen und anderen Neugründungsgegnern keine Zeit zu langem, offenen Widerstand zu lassen, beschloß man in Anwendung wirksamer Psychologie, durch einunddasselbe Gesetz die Reform der Universität Istanbul nach den Vorstellungen der Regierung zu verwirklichen, wie sie weitgehend durch die Anregungen von Malche geformt worden waren. Dieses Gesetz vom 31. Mai 1933 ordnete gleichzeitig die Schließung der bestehenden Universität zum 31. Juli 1933 und die Gründung der neuen Universität zum 1. August 1933 an; bezeichnenderweise wurde dabei der Name der ehemaligen Hochschule – »Dar-ül-fünun«; das bedeutet »Haus der Wissenschaften« – durch die neue Bezeichnung: »Istanbul Üniversitesi« ersetzt.

Damit waren aber noch keineswegs alle Voraussetzungen dafür gegeben, daß nun die deutschsprachigen Gelehrten in die Türkei ausreisen und dort ihre Tätigkeit aufnehmen konnten. Es bedurfte ja u. a. des formellen Abschlusses von Verträgen, und angesichts der Tatsache, daß die neue deutsche Regierung zunächst nicht wünschte, in großem Umfang namhafte Gelehrte zu verlieren, war es (natürlich auch im Hinblick auf die scharfe Zensur, insbesondere von aus dem Ausland stammenden Postsendungen) nötig, die

Möglichkeit zu schaffen, die Verträge im neutralen Ausland abzuschließen – konkret: in der Schweiz, wo dann, von der ersten Gruppe der emigrierenden Wissenschaftler angefangen, die meisten Verträge zwischen Malche und den Betreffenden unterzeichnet wurden. Die Vertragsbedingungen, auf die noch zurückzukommen ist, waren zuvor generell zwischen dem türkischen Erziehungsminister einerseits, Malche, Professor Schwartz und Professor Rudolf Nissen andererseits in Ankara besprochen worden.

Bei der Suche nach geeigneten Kandidaten spielte in erster Linie der begreifliche Wunsch der türkischen Regierung eine Rolle, nur nach westlichen Maßstäben angesehene, bekannte Gelehrte für Istanbul und später dann auch für Ankara zu gewinnen. Damit waren grundsätzlich diejenigen jungen Gelehrten ausgeschlossen, die noch nicht oder gerade erst habilitiert waren und demgemäß noch nicht einmal den Titel eines, wie es damals hieß, »nichtbeamteten außerordentlichen Professors« führten. In der Tat hat die Regierung, soweit mir bekannt, in der ganzen Zeit meines Aufenthalts im Lande nur in zwei, drei Fällen eine Ausnahme von diesem Grundsatz zugelassen. Von großer Bedeutung war daneben die Tatsache, daß man längere Zeit nicht genau wußte, wer nun von deutschen Wissenschaftlern, gezwungen oder nicht gezwungen, bereit und in der Lage war, einen Ruf nach Istanbul oder Ankara anzunehmen. In einzelnen Fällen war freilich die Sachlage um deswillen klar, weil es sich um Persönlichkeiten handelte, von denen bereits amtlich bekanntgegeben worden war, daß die deutsche Regierung sie ihrer Posten enthoben hatte. Dafür konnten politische oder »rassische« Gründe maßgebend gewesen sein, und auch eine Kombination beider war nicht ganz selten.

Schwierigkeiten ergaben sich hier und da aus der Tatsache, daß die Bedürfnisse nach den objektiven Stellenplanentwürfen von Professor Malche einerseits und das individuell-persönliche Angebot an verfügbaren qualifizierten Lehrkräften aus dem Kreise der potentiellen Emigranten andererseits nicht immer übereinstimmten. Als eine Art Clearingstelle fungierte in dieser Beziehung die auf Initiative von Professor Philipp Schwartz in Zürich 1933 ins Leben gerufene sogenannte »Notgemeinschaft deutscher Wissenschaftler im Ausland«, die später nach London verlegt wurde. Diese Organisation stand die längste Zeit unter der vorzüglichen Leitung von Geheimrat Dr. Fritz Demuth. Sie war bei der Vermittlung geeigneter Kräfte – nicht nur solcher im Professorenrang, sondern etwa auch von Assistenten – außerordentlich nützlich und hilfreich und hat einen nicht unbeträchtlichen Anteil daran gehabt, daß bereits bis zum Oktober 1933, also zur Eröffnung der neuen Istanbuler Universität, der türkischen Regierung so viele Professoren für die von Ausländern zu besetzenden Lehrstühle vorgeschlagen werden konnten, daß der Vertragsabschluß in kürzester Frist erfolgte und unmittelbar darauf die akademische Tätigkeit selbst von den Neuberufenen aufgenommen wurde. Es blieben nur relativ wenige Lücken, die später ausgefüllt wurden.

DIE ANSTELLUNGSVERTRÄGE

Was den Inhalt der Verträge anlangt, die im Namen der türkischen Regierung mit den deutschen Emigranten-Professoren abgeschlossen wurden, so stellten sie einen fairen Kompromiß zwischen den Vorstellungen dar, die sich vor allem die älteren Kollegen unter uns gemacht hatten, und dem, was die türkische Regierung für angemessen und finanziell tragbar hielt. Dabei ist zu bedenken, daß die Gehälter der einheimischen Professoren damals weniger als die Hälfte oder sogar nur etwa ein Viertel von dem ausmachten, was uns, den Ausländern, zugestanden wurde; diese Tatsache gab anfänglich Anlaß zu Neid und daher zu Antireformbestrebungen bei manchen türkischen Kollegen. Unsere Monatsbezüge, leicht differenziert nach Familienstand und Kinderzahl, beliefen sich auf 500 bis 600 Türkpfund, und zwar netto, das heißt ohne Berücksichtigung der direkten Steuern, von denen wir ausdrücklich befreit wurden. Nach dem damaligen Wechselkurs entsprach das einem Betrage von 1000,– RM; die Kaufkraft eines türkischen Pfundes – einer sogenannten »Lira« – war allerdings weit höher, als sie sich nach dem offiziellen Devisenkurs errechnete. Vor allem die Preise für heimische Nahrungsmittel und Genußmittel wie Zigaretten, Alkoholika u. dgl. betrugen im Durchschnitt nur etwa die Hälfte der deutschen. Auch die Mieten und die Preise von Bekleidungsgegenständen waren vergleichsweise niedrig; Anzüge und Mäntel, aber auch Hemden und Schlafanzüge sowie Schuhe ließ man sich prinzipiell nach Maß anfertigen, und zwar meist bei Schneidern bzw. Schuhmachern griechischer Herkunft, die schnell, billig und gut arbeiteten.

Bis zum Kriegsausbruch war zumindest für die Jüngeren unter uns das Gehalt durchaus angemessen bzw. ausreichend. Die Vertragsdauer betrug fünf Jahre. Der Professor war verpflichtet, sich zu bemühen, die türkische Sprache so schnell wie möglich zu erlernen und für seine Fächer Lehrbücher zu schreiben. Daneben gab es eine Klausel, in der die Frage der Umzugskostenvergütung geregelt war, eine Frage, die dann leider zu gewissen Meinungsverschiedenheiten zwischen den türkischen Behörden und einigen Professoren führte, da speziell die älteren Kollegen Möbel, insbesondere auch Fachbibliotheken besaßen, wie sie in diesem Umfang der Mehrzahl der türkischen Kollegen damals noch fremd waren. So ergab sich die Notwendigkeit, seitens der Professoren bei der Abrechnung der Umzugskosten gewisse Konzessionen zu machen.

In diesem Zusammenhang sei die folgende, in mancher Beziehung für die damalige Denkweise türkischer Bürokraten charakteristische kleine Begebenheit berichtet: Aus Zweckmäßigkeitsgründen wurden die Verhandlungen über die definitive Umzugskostenregelung in den Händen eines Kollegen konzentriert, und mir fiel die nicht ganz einfache und angenehme Aufgabe zu, als »Sprecher« der ausländischen Professorengemeinschaft zu fungieren.

Die persönlichen Reisekosten waren mit 250 Lira = 500 RM je Kopf pauschaliert worden; es handelte sich also nur noch um die Sachkosten. Da, wie angedeutet, die Regierung nicht mit so hohen Zahlungen gerechnet hatte, wie eine volle Erstattung sie erfordert hätte, einigte man sich im Kompromißwege auf 90% der zunächst nur geschätzten Gesamtforderungen mit der Maßgabe, daß, falls in einzelnen Fällen keine oder geringere Kosten anfallen sollten, diese »Ersparnis« uns in Form einer Nachzahlung anteilsweise zugute kommen sollte. Nun beging der Direktor des Instituts für technische Chemie, Professor Reginald Oliver

Herzog, der seine Möbel nicht hatte nach Istanbul kommen lassen, während seines Weihnachtsurlaubs in der Schweiz Selbstmord. Infolgedessen stand der für ihn eingesetzte Umzugskostenbetrag von einigen tausend Türkpfund zur Verteilung an die anderen Professoren zwecks Verringerung des oben erwähnten 10%-Abschlags zur Verfügung. Als ich aber darüber mit dem Generalsekretär der Universität (etwa dem Kurator oder Kanzler einer deutschen Hochschule vergleichbar) verhandelte, stellte sich heraus, daß die fragliche Summe von einem Universitätsbeamten, der Herzogs Unterschrift gefälscht hatte, bereits abgehoben worden war. Obgleich man nicht bestritt, daß ein klarer Betrugsfall vorlag, wurde die Herausgabe der Summe an uns mit dem Hinweis definitiv verweigert, das Geld sei doch faktisch »nicht mehr da«. Daß der Staat für Fehlhandlungen seiner Beamten verantwortlich sein könnte, kam meinem durchaus gutwilligen Gesprächspartner nicht in den Sinn; dieser beschränkte sich vielmehr darauf zu bemerken, daß man dem schuldigen Beamten zwar das unterschlagene Geld von seinen Bezügen ratenweise abziehen könne, diese aber so gering seien, daß die Angelegenheit dadurch auch nach einem Jahrzehnt noch nicht voll geregelt sein würde.

Zu Beginn waren viele von uns etwas besorgt, ob denn die Türkische Republik sich in Finanzfragen als so zuverlässig erweisen würde, wie man uns das in Aussicht gestellt hatte. Bei diesen Befürchtungen mögen gewisse negative Erinnerungen an das Verhalten des untergegangenen Osmanischen Reichs, darunter ein förmlicher Staatsbankrott, mitgespielt haben. Aber weder böser Wille noch Zahlungsunfähigkeit ließen es mehrere Wochen dauern, bis wir unser erstes Gehalt ausbezahlt erhielten. Der Grund lag vielmehr – wie in vielen sonstigen Fällen und wie ähnlich auch heute noch in manchen, keineswegs nur unterentwickelten anderen Ländern (an einer sehr großen und reichen amerikanischen Universität habe ich einmal drei Monate auf mein erstes Gastprofessorgehalt warten müssen!) – in einem hypertrophen Bürokratismus. Dieser bereitete einem, solange man noch nicht wußte, wie man ihm entgehen konnte, oft schwere Stunden. Zu unserer Beruhigung sagte man uns damals, als wir im wesentlichen davon lebten, daß A dem B, B dem C, C dem D und dieser wieder dem A borgte, daß es zwar etwas schwer sei, die Gehaltszahlung in Gang zu bringen, daß aber, wenn die Sache einmal zu laufen begonnen habe, die Zahlungen absolut regelmäßig erfolgen würden und eher die Gefahr bestände (falls das als eine Gefahr anzusehen sei), auch dann noch auf den Gehaltslisten geführt zu werden, wenn man schon gestorben, also gewissermaßen zu den »Toten Seelen« im Gogolschen Sinne zu rechnen sei. In der Tat haben wir uns über Regelmäßigkeit und Pünktlichkeit der Gehaltszahlungen dann nicht zu beklagen gehabt; diese waren, wie Malche seinerzeit Röpke sagte, der mir das noch kurz vor meiner Ankunft in Istanbul aus der Schweiz brieflich mitteilte, für die Regierung der jungen Republik »schon eine Frage des nationalen Prestiges«. Dementsprechend hat die Regierung, dem Geist Atatürks getreu, größten Wert darauf gelegt, uns gegenüber korrekt zu handeln – ein weiterer Grund dafür, dem Lande dankbar zu sein und es gegen ungerechtfertigte Vorwürfe zu verteidigen. Daß nach unserem Fortgang – besonders 1978/79 – sich wiederholt erhebliche und langdauernde Stockungen im internationalen Zahlungsverkehr ergaben, dürfte großenteils Folge einer überstürzten Industrialisierungspolitik gewesen sein, bei der wie auch bei manchen öffentlichen Bauten ökonomisch irrationale Motive eine Rolle gespielt haben.

MOTIVE UND AUSMASS DER EMIGRATION

Für die Zusammensetzung des Kreises der in die Türkei emigrierten Wissenschaftler und Künstler waren, abgesehen von einer Klassifikation nach den vertretenen Disziplinen bzw. Kunstbereichen, von der noch zu sprechen sein wird, in politischer Hinsicht unterschiedliche Momente maßgebend.

Ein erstes Merkmal war angesichts des für die nationalsozialistische Propaganda so bedeutsamen Antisemitismus der »rassische« Faktor. Dieser war bekanntlich nach nazistischer Auffassung keineswegs mit dem konfessionellen identisch: Weder Konfessionslosigkeit noch früher – oft schon im Kindesalter – erfolgter Übertritt zu einer christlichen Glaubensgemeinschaft hatte für die Entlassungsentscheidungen der neuen Machthaber irgendeine Bedeutung. Des weiteren spielten in vielen Fällen christlich-jüdische Mischehen insofern eine Rolle, als Entlassungen auch nichtjüdischer Professoren und Künstler ausgesprochen oder doch angedroht wurden, wenn diese sich nicht von ihrem »nichtarischen« Ehepartner trennen wollten. Vielleicht ist es nicht ohne Interesse, daß eine große Zahl in die Türkei emigrierter jüdischer oder »halbarischer« Kollegen in solchen Mischehen lebte, und zwar war der Prozentsatz der letzteren mit nahezu 50% aller jüdischen Ordinarien (die wenigen unverheirateten eingeschlossen) weit höher als im Durchschnitt der damaligen Reichsbevölkerung. An Versuchen, den nationalsozialistischen Machthabern wissenschaftlich und/ oder politisch-sozial wertvoll erscheinende Persönlichkeiten dazu zu bewegen, sich von ihren »nichtarischen« Frauen oder Ehemännern scheiden zu lassen, um ihre Position in

Deutschland erhalten oder wiedererhalten zu können, hat es nicht gefehlt, doch sind sie in sehr vielen, vielleicht kann man sogar sagen: den meisten Fällen gescheitert. In diesem Zusammenhange möchte ich mit tiefer Genugtuung und Dankbarkeit hervorheben, daß meine »arische« Frau nie an eine Trennung von mir gedacht hat und ohne Zögern, wenngleich vermutlich – ebenso wie ich – nicht ohne große Besorgnisse wegen der Zukunft, zusammen mit unseren zwei Kindern den ungewissen Weg in die Emigration mit mir gegangen ist.

Ein zweiter Faktor, der allerdings ausschließlich konfessionell determiniert war, bezog sich auf den kämpferischen, oft als »politisch« gekennzeichneten Katholizismus. Während die katholische Zentrumspartei, nicht zuletzt infolge der – um es vorsichtig auszudrücken – laschen, kurzsichtigen Haltung ihres Führers, des Prälaten Ludwig Kaas, in ihrem potentiellen Widerstand gegen das Hitler-Regime aktuell versagte und erst zu spät erkannte, daß das von ihr angestrebte und dann wesentlich dank der Aktivität Franz von Papens bald darauf ja auch erreichte Reichskonkordat Hitler weit mehr nützte als den deutschen Katholiken, setzten einige von diesen den Kampf gegen den Nazismus, sei es innerhalb, wie etwa der Münsteraner Bischof Graf von Galen, sei es außerhalb der Reichsgrenzen, mutig fort. Zu der zweiten Gruppe gehörte unter anderem Friedrich Dessauer, von Haus aus Biophysiker und Radiologe, Verfasser vieler naturphilosophischer Schriften, lange Zeit führendes Mitglied der Zentrumsfraktion des Reichstags und Professor in Frankfurt. Dessauer, äußerlich gekennzeichnet durch schwere Verbrennungen, die er sich bei seinen ersten Röntgenversuchen zugezogen hatte, war mir schon aus der Zeit unserer Frankfurter Lehrtätigkeit bekannt. Ich erinnere mich beispielsweise an eine Unterredung, die wir 1930 gelegentlich einer größeren Veranstaltung bei Tisch führten und in der es um das Schicksal eines gemeinsamen Bekannten ging – des ehemaligen Ministerialdirektors im Reichsfinanzministerium Beusch –, der von einem Tag auf den anderen seines Amtes und seines politischen Einflusses verlustig gegangen war. Nachdenklich und ohne zu ahnen, daß ihm eines gar nicht mehr fernen Tages das gleiche Schicksal beschieden sein könnte und würde, sagte Dessauer damals zu mir: »Es ist schon von dramatischer Furchtbarkeit und Unmenschlichkeit, wie durch äußere Umstände, einen Machtwechsel, ein Mann so plötzlich aus einer hohen Position verdrängt und sozusagen ins Nichts hinabgestoßen werden kann.« Wozu ergänzend zu bemerken ist, daß man bei politisch motivierten Entlassungen im Kaiserreich wie in der Weimarer Republik selbstverständlich ein Ruhegehalt oder eine ähnliche Entschädigung gewährte, während im Nazi-Deutschland vielen entlassenen Beamten nur einige Jahre eine Pension und nichtbeamteten öffentlich Bediensteten – wie beispielsweise mir – nicht einmal ein Übergangsgeld für ein paar Monate gezahlt wurde.

Eine dritte Gruppe von Emigranten, die weder selbst noch durch ihren Ehepartner »rassisch« belastet und auch nicht einem sei es religiös, sei es (sofern sich das trennen läßt) politisch motivierten aktiven Protestantismus oder Katholizismus zuzurechnen waren (zusammen rund ein Viertel aller Ordinarien bzw. etwa ein Drittel aller Professoren- und sonstigen Türkei-Emigranten), bestand aus Persönlichkeiten, die mit Herz und Hirn politisch und damit zugleich vielfach auch wirtschaftspolitisch liberal waren. Unter ihnen fanden sich verständlicherweise nicht wenige Sozialwissenschaftler, wie insbesondere meine Freunde und Kollegen Gerhard Kessler, Wilhelm Röpke und Alexander Rüstow. Bei letzterem war die Emigration beinahe als erblich anzusehen: In der Tat war bereits sein Großonkel Wilhelm Rüstow nach der mißglückten Revolution von 1848 aus Preußen in die Schweiz ausgewandert. Dieser Großonkel war, ebenso wie Alexanders Vater, hoher Offizier gewesen. Seine auch in zahlreichen Publikationen – wie etwa einer »Geschichte der Infanterie« – bewiesenen strategischen Fähigkeiten haben sich meiner Meinung nach freilich, anders als die Tendenz zu unbeugsamer Liberalität und Humanität, auf den Großneffen nicht vererbt.

Viertens schließlich ist derjenigen zu gedenken, die überzeugte Sozialdemokraten waren. Das traf für »rassisch« Belastete wie Unbelastete zu. Aus dem Kreise der zweiten Gruppe seien vorgreifend schon erwähnt der frühere Stadtbaurat von Berlin, Martin Wagner, sowie der ehemalige Oberbürgermeister von Magdeburg (zugleich Reichstagsabgeordneter) Ernst Reuter, der spätere Regierende Bürgermeister von (West-)Berlin. Kommunisten hat es dagegen in unserem Kreise praktisch nicht gegeben. Die mir im nachhinein als solche bekanntgewordene einzige Ausnahme bildete der junge Historiker Ernst Engelberg, der erst nach Kriegsausbruch in die Türkei kam. Er war, wenn ich mich recht erinnere, eine Zeitlang an der Fremdsprachenschule der Universität beschäftigt. Wir, d.h. vor allem Kessler und ich, mußten ihn einmal wegen eines groben Vertrauensbruchs verdächtigen, doch dachten wir an Verbindungen zur Nationalsozialistischen, nicht zur Kommunistischen Partei. Um so erstaunter waren wir, als sich bald nach Kriegsende herausstellte, daß Engelberg, der sich überstürzt von uns verabschiedete, in die damals noch sogenannte Sowjetische Besatzungszone Deutschlands gegangen war und kurz darauf einen Ruf an die Universität Leipzig erhalten hatte. Von dort sandte er mir nach einigen Jahren einen Sonderdruck eines (nicht uninteressanten) Aufsatzes aus einer kommunistischen historischen Zeitschrift. Im übrigen besitze ich von ihm lediglich noch die Quittung über einige Bücher (darunter Thomas Manns »Bekenntnisse eines Unpolitischen«), die er seiner Zeit von mir entliehen hatte.

Will man den zahlenmäßigen Umfang der Türkei-Emigration abschätzen, so begegnet man verschiedenen Schwierigkeiten. Erstens kamen viele, ja wohl die meisten, mit Angehörigen, die man im Durchschnitt vielleicht mit drei beziffern kann. Sodann gab es, besonders unter Naturwissenschaftlern, Medizinern und Philologen, zahlreiche Professoren, die wissenschaftliche und/oder technische Assistenten mitbrachten, von denen ich zwar viele kannte, an die ich mich aber im einzelnen nicht mehr zu erinnern vermag. Drittens erschienen im Laufe der Jahre manche Emigranten, die zu den Akademikern und Künstlern, von denen ich so gut wie ausschließlich berichte, keine oder nur sehr lose Beziehungen hatten und die ich, schon weil ich lediglich einen kleinen Teil von ihnen kannte, hier beiseite lassen muß. Und viertens schließlich ist auch bei der damit angedeuteten Beschränkung noch zu berücksichtigen, daß im Laufe der Jahre personelle Veränderungen des Bestandes erfolgten, sei es, daß ein Professor in ein anderes Land ging, sei es, daß er starb und nun im einen wie im anderen Falle ein Nachfolger berufen werden mußte. Gerade unter den Wirtschaftswissenschaftlern trat ein häufiger Wechsel ein, so daß zwar immer nur fünf Professoren zur gleichen Zeit an unserer Fakultät lehrten, aber über den ganzen Zeitraum von zwei Dezennien gesehen, sieben oder acht.

Rein quantitativ überwog die Gruppe der Hochschullehrer die der Künstler im weiteren Sinne beträchtlich. Sie umfaßte nach meiner Schätzung etwa 70 Personen insgesamt, von denen bei weitem die meisten Ordinarien, eine kleine Zahl Extraordinarien waren. Zur selben Zeit dürften jedoch nur etwa fünfzig bis sechzig Professoren in Istanbul und Ankara tätig gewesen sein, daneben etwa zehn bis zwanzig wissenschaftliche und technische Mitarbeiter. Die Zahl von Künstlern in leitenden Positionen hat sich dagegen auf weniger als zehn belaufen, zu denen freilich noch einige Persönlichkeiten in mittlerer Stellung hinzukamen.

DAS LAND, AUS DEM WIR KAMEN

Sehe ich von den – gewiß nicht gering zu schätzenden – Unterschieden ab, die zwischen dem Deutschen Reich und Österreich bzw. den Nachfolgestaaten der alten Österreichischen-Ungarischen Monarchie bestanden, so läßt sich für die meisten deutschsprachigen Gelehrten, Künstler und Politiker, die in die Türkei emigrierten, sagen, daß sie im Laufe ihres Lebens mehrere politische, gesellschaftliche und ökonomische Katastrophen und Umwälzungen erlebt hatten. Für diejenigen, die, wie auch ich, zur Zeit der Emigration das dritte Jahrzehnt ihres Lebens erst kurze Zeit vorher begonnen oder gerade vollendet hatten, sahen naturgemäß die Dinge anders aus als für die Älteren unter uns. Die große Mehrzahl der Professoren war zwischen einigen vierzig und einigen fünfzig Jahre alt. Ihnen dürfte die Auswanderung um so schwerer gefallen sein, je näher sie den Sechzig standen.

Wie sah sich im Rückblick das Land an, aus dem wir kamen?

In unserer Jugend hatten wir (und im folgenden stütze ich mich durchgängig auf meine eigenen Erfahrungen und Gefühle), zumindest solange wir zur Schule gingen, Glanz und Herrlichkeit des Wilhelminischen Reichs erlebt. Wir hatten blind einem Nationalismus gehuldigt, wie ihn die Schule tradierte und förderte, doch muß gerechterweise gesagt werden, daß sowohl vor dem Ersten Weltkrieg als auch während desselben und selbst noch in den ersten fünf, sechs Jahren nach seiner Beendigung Nationalismus, wenn auch unter dem Decknamen »Vaterlandsliebe«, in so gut wie allen kriegführenden Staaten großgeschrieben wurde. Zwar hörte man hier und da auch von Kriegsgegnern, man hörte von auf die Herstellung einer parlamentarischen Demokratie gerichteten Bestrebungen der sogenannten linken Parteien, vor allem der sozialdemokratischen, die ja in den letzten Wahlen vor Kriegsausbruch einen sehr hohen Anteil der Reichstagsabgeordneten gestellt hatte. Aber im großen Ganzen waren wir alle von einem glühenden Patriotismus beseelt, eben hauptsächlich dank dem Einfluß der Schule, und wenn es mir auch gelegentlich vergönnt gewesen war, Einblicke in sogenannte »untere Schichten« zu tun, so war ich mir doch in keiner Weise der Zusammenhänge zwischen dem bestehenden politischen System, der durch dieses gestützten »hochkapitalistischen« Wirtschaftsordnung und dem Elend der breiten Schichten der Arbeiterschaft, aber auch der unteren Beamten- und Angestelltenschichten bewußt. Dabei ist zu bedenken, daß die Arbeiter zu Beginn des 20. Jahrhunderts sich immerhin bereits in relativ weit besseren materiellen Verhältnissen befanden als zu Anfang der »industriellen Revolution«, der für Deutschland im wesentlichen zusammenfiel mit der Gründung des Deutschen Reiches. Als kennzeichnend für die politisch-historische Erziehung an den höheren deutschen Schulen zu der Zeit, als ich diese besuchte, mag es angesehen werden, daß noch im Frühsommer 1918, als ich am Realgymnasium zu Hannover, das im Vergleich zum dortigen Kaiser-Wilhelm-Gymnasium eher als zurückhaltend in Sachen Patriotismus galt, die sogenannte Notreifeprüfung ablegte, das Thema unseres Abituraufsatzes lautete: »Warum verdienen die Taten der Heerführer vor allen das höchste Lob?« – und das, als der weitgehend dem politisch-militärischen Vabanque-Spiel Erich Ludendorffs zu verdankende Zusammenbruch der deutschen Westfront nur mehr eine Frage von wenigen Wochen war!

Das Sicherheitsgefühl, verbunden mit einer unerschütterlichen Fortschrittsgläubigkeit, das bis 1914 herrschte, war außerordentlich stark, und die bloße Tatsache, daß man in meiner Jugendzeit noch mit veritablen Goldmünzen zahlen konnte, schuf das Fundament für den Glauben an die absolute Wertbeständigkeit der Währung, und zwar sowohl des Außen- als auch des Binnenwertes – der Kaufkraft – des nationalen Geldes.

Das Land, das man am meisten bewunderte, aber nach Kriegsausbruch dann auch am meisten haßte, war Großbritannien, damals wie heute besser bekannt unter dem nicht ganz korrekten Namen England. Der »Haßgesang« des jungen deutsch-jüdischen Dichters Ernst Lissauer auf England, der bald nach Kriegsausbruch große Mode wurde und den charakteristischen Refrain hatte: »Wir haben alle nur einen Feind: England!«, deutete diese Haß-Liebe-Beziehung zu dem großen Imperium an, eine Beziehung, die ja im Grunde in gleicher Weise auch einen Mann wie Friedrich List schon beseelt hatte. Was Frankreich betraf, so war allerdings trotz des siegreichen Kriegs von 1870/71, ja vielleicht auch eben deswegen, dieses Land für uns der »Erbfeind« geblieben, und daß die Gefühle jenseits des Rheins ihrerseits nicht eben pro-deutsch waren, ist leicht zu verstehen. Wie dem aber auch immer sei: Selbst als das Kriegsglück sich endgültig zugunsten der Entente zu neigen begann, glaubten viele, ja wohl die meisten – ähnlich wie im Frühjahr 1945 – immer noch an die Möglichkeit eines grandiosen Endsiegs, und dies, obwohl noch keine dem Goebbelsschen Propagandaministerium vergleichbare Institution bestand (die Rolle der »Wunderwaffe« hatte damals, zumal nach seinem unbeschränkten Einsatz, das U-Boot übernommen).

Der Zusammenbruch Anfang November 1918 erfolgte mit einer Schnelligkeit, von der jemand, der die Geschehnisse nicht miterlebt hat, sich kaum eine Vorstellung machen kann. Ich selbst, mit knapp achtzehn Jahren noch eingezogen als Angehöriger des letzten Kriegsjahrgangs, habe es erlebt, wie buchstäblich innerhalb weniger Minuten die bis dahin vorbildliche Disziplin am 9. November 1918, dem Revolutionstage, zusammenbrach, wie von den Vorgesetzten, insbesondere den Offizieren, sich niemand mehr sehen ließ, und »man« ganz einfach beschloß, nach Hause zu gehen.

Ich war damals noch nicht an der Front, denn der Umsturz ereignete sich dafür vierzehn Tage zu früh, aber dieser wurde für mich alsbald Anlaß zu neuem Denken. Sofort vermochte diese Sinnesänderung sich freilich bei mir und vielen Kameraden nicht durchzusetzen. So erinnere ich mich etwa, daß, als der Dienst – nunmehr zu den Demobilisierungsarbeiten in die Büros verlegt (für mich zu dem »Hauptmann der Kraftfahrtruppen X«) – wieder aufgenommen wurde, ich es mir nicht abgewöhnen konnte, meine Vorgesetzten in der mir eingebleuten militärischen Art zu grüßen; darauf erhielt ich von dem biederen sozialdemokratischen Soldatenrat, der bei uns fungierte, den Anpfiff: »Laß das ›Männchen-machen‹ gefälligst! Für sowas haben wir keine Revolution gemacht!«

Politisch umgelernt, oder richtiger: Verständnis für Politik erworben habe ich bald darauf durch einige ältere Freunde, so namentlich den hannoverschen Buchhändler Ludwig Ey und den ebenfalls in meiner Vaterstadt ansässigen Journalisten Johannes Frerking, die mich langsam davon zu überzeugen wußten, daß der Zusammenbruch des Reiches kein Zufall, sondern eine zwingende Notwendigkeit gewesen war. Als ich dann kurz darauf die Universität bezog (zuerst die von Jena, dann die von München), merkte ich bald, daß es zwar eine geistig bewegliche, aufgeschlossene Gruppe linker Studenten gab, daß aber die überwiegende Mehrzahl der Studierenden – darunter freilich sehr viele Kriegsteilnehmer, die unter dem Verlust der früher genossenen ständischen Privilegien litten und im übrigen von dem verständlichen Wunsch beseelt waren, ihr teilweise schon vor dem Kriege begonnenes Studium so rasch wie möglich zu beenden –, von einer keineswegs verhehlten konservativen oder richtiger reaktionären Gesinnung waren, wie das auch für die meisten Professoren zutraf. Ungeniert feierte man die Morde an Matthias Erzberger und Walter Rathenau, ungeniert wurden die alten Reichsfarben Schwarz-Weiß-Rot gegen die neuen, im Grunde ja auf 1848 zurückgehenden, also in diesem Sinne ebenfalls alten, traditionsreichen Farben Schwarz-Rot-Gold (mit billigem Witz meist als »Schwarz-Rot-Mostrich« bezeichnet) ausgespielt, die man, ohne – außer in wenigen Grenzfällen – dafür zur Rechenschaft gezogen zu werden, beschimpfte, wo immer möglich.

Gewiß war wenigstens an einzelnen Universitäten, wie etwa Heidelberg und Frankfurt, ein Fortschritt gegenüber jenem Geist festzustellen, der bis dahin die deutschen Hochschulen und nicht nur sie monopolistisch beherrscht hatte; für die Mehrheit blieb jedoch fast alles beim alten. Die Art und Weise, wie man unverhohlen krasse Imperialismusverherrlichung mit Geschichtsfälschungen verband, ist mir kaum an einem anderen Buch so deutlich geworden wie an dem in zahlreichen Auflagen verbreiteten »England«-Buch des Berliner Historikers Eduard Meyer, der unter anderem den bekannten »Untergangs«-Philosophen Oswald Spengler stark beeinflußt hat. Aber noch einmal: der Geist des Nationalismus und Revanchismus war damals keineswegs nur in Deutschland zu finden. Als ich mehrere Jahre nach dem letzten Kriege einmal in Cambridge (England) in dem Gastzimmer, das mir von der dortigen Universität zur Verfügung gestellt worden war, einen Schrank mit einer vollständigen Kollektion der alten, wohlbekannten satirischen Zeitschrift »Punch« entdeckte und darin blätterte, stellte ich fest, daß im Grunde zwischen dem Deutschenhaß der Briten und deren bissigen Verzerrungen des deutschen Volkscharakters einerseits, den maßlosen Angriffen, die während des Krieges von deutscher Seite gegen die Feinde im allgemeinen, das »falsche Albion« im besonderen gerichtet wurden, andererseits kaum irgendwelche materiell bedeutsamen Unterschiede bestanden. Ich habe England schon früher kurz erwähnt und möchte hier noch folgende kleine, aber charakteristische Erinnerung hinzufügen: Bis 1914 hatte der deutsche Abschiedsgruß ganz allgemein »Adieu« gelautet. Nun sollte er im Zuge der allgemeinen Verdeutschungskampagne in ein nichtfranzösisches Wort umgewandelt werden. Das heute weitverbreitete »Tschüs!« war noch nicht erfunden, und das »Auf Wiedersehen!« kam erst später dran. So wurde als »deutscher Gruß« allen Ernstes der gebetsähnliche Wunsch gebraucht: »Gott strafe England!«, der in Plakatform auch viele Geschäfte »zierte« und einen Hinweis darauf gab, wo »der« Feind zu suchen sei, gegen den der Krieg sich in erster Linie richtete, wie das ja auch in dem erwähnten »Haßgesang« Ernst Lissauers zum Ausdruck kam.

Ungeachtet gewisser Begebnisse in den ersten Monaten nach dem Zusammenbruch, die sich hier und da auch später noch wiederholten, kann nicht bestritten werden, daß die Revolution von 1918/19 relativ unblutig verlief. Trotz der angedeuteten Fortdauer konservativ-reaktionärer Gesinnung in weitesten Kreisen des Bürgertums, das in Gemeinschaft mit den bis dahin privilegierten Ständen den Kern des wilhelminischen Erbguts zu sichern trachtete, gelang es doch, namentlich in den ersten Jahren, wesentliche Fortschritte besonders in der Sozialgesetzgebung, in Kunst und Wissenschaft zu verwirklichen. Aber einmal beschränkten diese Fortschritte sich im wesentlichen auf die, im Rückblick nostalgisch oft generell als »Golden (oder: roaring) twenties« bezeichneten Jahre 1924 bis 1929, zum anderen mußten sich ihre Protagonisten je nach Geschmackslage der Kritiker als Bolschewisten, vaterlandslose Gesellen, Juden oder Judenknechte beschimpfen lassen, und drittens überwog in den meisten geisteswissenschaftlichen Fächern, wie Germanistik, Geschichte und Philosophie nach wie vor der alte konservativ-nationalistische Geist.

Im Laufe des Jahres 1930 begann dann die Wende, doch hätte schon das, was sich vor der kurzen Scheinblüte abspielte, von der soeben die Rede war, ein Menetekel sein können. Was sich nach 1919, vor allem aber 1922/23 unter dem Stichwort »deutsche Hyperinflation« begab, war etwas so Gigantisch-Abenteuerliches, daß niemand, der die Dinge nicht miterlebt hat, sich davon eine leidlich zutreffende Vorstellung machen kann. Als Mitte November 1923 ein amerikanischer Dollar schließlich 4,2 Billionen Mark kostete, war eine mit harten Restriktionen verbundene Währungsstabilisierung schon um deswillen unausweichlich geworden, weil die alte »Papiermark« in wachsendem Maße, vor allem seitens der Landwirtschaft, repudiiert, mit anderen Worten: als Zahlungsmittel nicht mehr anerkannt wurde – man war zu den primitiven und umständlichen Methoden des direkten Warenaustauschs zurückgekehrt. Gegen Ende dieser Inflationsperiode erfolgten die Lohn- und Gehaltszahlungen alle zwei, drei Tage – vormittags! –, und da sich die Preise mehr und mehr nach dem sogenannten Valutastand, speziell dem Dollarkurs, richteten, dieser aber um 12 Uhr mittags bekanntgegeben wurde, beeilte sich jedermann, nach Empfang seines Gehalts dieses so schnell wie möglich in welche Güter auch immer umzusetzen. Ungute Spekulationen, Schiebergeschäfte aller Art waren an der Tagesordnung; nicht zu Unrecht meinte damals der bekannte Hamburger Bankier Max Warburg, heutzutage sprächen junge Leute von »Valuta«, die bis vor kurzem noch geglaubt hätten, das sei ein hübscher italienischer Mädchenname.

Als es dann nach der Stabilisierung der Mark zum großen Krach kam, wie er unvermeidlich geworden war, da begann sich eine Stimmung auszubreiten, die – je nach den betroffenen Schichten – sich in Ernüchterung, erleichtertem Aufatmen oder aber in Verzweiflung äußerte, Verzweiflung insbesondere in den Kreisen der Rentner. Man sollte in bezug auf diese allerdings besser von »Rentiers« sprechen, da man ja heute unter einem »Rentner« den Sozialrentner und nur ihn zu verstehen pflegt. Dagegen galt bis zur großen

Inflation 1920/23, insbesondere in den vorangegangenen wirtschaftlich mehr oder minder ruhigen Friedensjahren des Kaiserreichs, als »Rentier« jemand, der von den Erträgnissen seiner persönlich-freiwilligen Ersparnisse im wohlverdienten Ruhestand leben konnte; dabei war es zweifellos kein Zufall, daß man hier auch bei uns den französischen Terminus anwandte, denn der französische Sparbürger war das Vorbild aller Rentiers der westlichen Welt. Durch die große Inflation waren nun alle diese Ersparnisse praktisch ausgelöscht, und die kleine Aufwertung, die man schließlich – übrigens gegen den hartnäckigen Widerstand der Luther-Regierung – schließlich zugestand, war besonders für die älteren Angehörigen des ursprünglich sehr breiten Mittelstands nur ein Tropfen auf den heißen Stein. Diese Kreise stellten eines der Reservoirs dar, aus denen sich die NSDAP später rekrutierte. Dabei spielten ökonomischer Unverstand und durch intensive, nationalistische Demagogie geförderte geschichtlich-politische Unwissenheit eine große Rolle. Man sah eben nicht, daß die Fundamente der beispiellosen Geldentwertung bereits während des Krieges durch den damaligen konservativen Reichsschatzsekretär Karl Helfferich mittels einer inflatorischen Kriegskostenfinanzierung gelegt worden waren und daß diese Politik während des sogenannten Ruhrkampfs 1923 unter der Führung des Reichskanzlers Wilhelm Cuno – des früheren Generaldirektors der Hapag – ihre verhängnisvolle, unverantwortliche Fortsetzung erfahren hatte.

Ich will hier auf die bekannten und durch die jüngere sozial- und wirtschaftsgeschichtliche Forschung hinlänglich belegten Zusammenhänge zwischen den Interessen der damaligen Industriemagnaten und denen der begüterten Aristokratie, speziell der ostelbischen, einerseits, den Bestrebungen der Reichswehr und der rechtsradikalen Organisationen andererseits nicht eingehen; vielmehr begnüge ich mich damit, auf diese Beziehungen hinzuweisen und zu betonen, daß für mich das Ende der Demokratie und damit der Weimarer Republik in dem Augenblick begann, als eine, wenn auch schmale Mehrheit des deutschen Volkes sich 1925 bei der Wahl des zweiten Reichspräsidenten – nach Eberts Tod – gegen den Zentrumsführer Wilhelm Marx und für den ehemaligen Generalfeldmarschall von Hindenburg aussprach. Daß dieser seinerseits von politisch-wirtschaftlichen Interessentengruppen in eine immer einseitigere, reaktionär-autoritäre und verfassungsrechtlich fragwürdige Richtung gedrängt wurde, zeigte sich gegen Ende der Republik immer deutlicher. Besiegelt wurde der Untergang der Weimarer Demokratie nicht erst am 30. Januar 1933 mit der Ernennung des bis dahin von Hindenburg so genannten »böhmischen Gefreiten« Hitler zum Reichskanzler, sondern schon am 20. Juli 1932, als der damalige Reichskanzler Franz von Papen mit Hindenburgs Billigung seinen berühmten Staatsstreich gegen Preußen ausführte und damit diesen Tag erstmals zu einem Unglücksdatum der deutschen Geschichte stempelte. Von da an ging es mit rasender Schnelligkeit bergab. Hatte Heinrich Brüning geglaubt, durch seine rücksichtslose Deflationspolitik den tatsächlich weit überspannten Reparationsforderungen der Alliierten begegnen und diesen beweisen zu können, daß das deutsche Volk zur Zahlung größerer Wiedergutmachungsleistungen nicht in der Lage sei, so zeigte sich bald, daß die ständige Vergrößerung des viele Millionen umfassenden Arbeitslosenheeres, in dem sich nicht zuletzt zahllose von vollkommener Verzweiflung erfüllte Jugendliche befanden, die Fortführung einer solchen Politik nicht gestattete. Man unterschätzte jedoch Macht und Einflußmöglichkeiten rechtsradikaler Kreise, und das ziellose, aber verständliche Aufbegehren der Massen ähnlich wie die Verbitterung der durch Krieg und Inflation depossedierten Klein- und Mittelbürger wurden geschickt von Hitler und seinen Mitarbeitern ausgenutzt, um mehr und mehr Anhänger zu gewinnen, bis ihm, dem gewiegten Taktiker, schließlich die Führung der Reichsregierung in den Schoß fiel.

Über die Schuldfrage, insbesondere auch die Aufteilung der Schuld auf bestimmte Gruppen und Einzelpersonen, wird bis auf den heutigen Tag gestritten – ich will darüber hier nicht sprechen. Sicher ist nur, daß selbst nach der sogenannten Machtergreifung von 1933, ja, im Grunde bis zum Beginn des Krieges, zahlreiche Hitler-Gegner sich über die wahre Bedeutung dieses Mannes und der durch ihn begründeten und geführten »Bewegung« getäuscht haben. Auch wir Emigranten, die wir doch durch den Zugang zur ausländischen Presse, die uns im Gegensatz zu den meisten deutschen »Volksgenossen« offenstand, besser orientiert waren als die Mehrheit der letzteren, haben uns anfänglich diesen Täuschungen hingegeben und geglaubt, der Diktator werde nach kurzer Zeit abgewirtschaftet haben. Bekanntlich haben nicht zuletzt auch die meisten ausländischen Staatsmänner damals ganz überwiegend versagt; von ihnen war es im Grunde nur Winston Churchill, der rechtzeitig, aber ohne Erfolg, vor den Gefahren gewarnt hat, die die Politik eines »appeasement« nicht lediglich für sein Land, sondern für die ganze zivilisierte Welt nach sich ziehen müßte. Die anderen wiegten sich in der trügerischen Hoffnung, »it can't happen here« – dies der warnend-sarkastische Titel eines 1935 veröffentlichten Romans des bekannten amerikanischen Schriftstellers Sinclair Lewis, in dem der Autor gerade umgekehrt zu zeigen sucht, daß und wie auch in einem Land wie die Vereinigten Staaten die demokratische Verfassung in eine brutale Diktatur umgewandelt werden könnte.

Gleich nach der – formal dank Hindenburg legalen – Installierung des Hitler-Kabinetts ergingen die ersten Gesetze, die die demokratischen Grundrechte praktisch außer Kraft setzten, erging unter anderem das schon erwähnte »Gesetz zur Wiederherstellung des Berufsbeamtentums«, das in Wirklichkeit Ziele verfolgte, die dem angeblichen Zweck diametral entgegengesetzt waren, nämlich die schnellstmögliche Durchsetzung des Staatsapparates sowie des Schul- und Hochschulwesens mit im Sinne des neuen

Regimes zuverlässigen, bedenkenlos zupackenden PGs (= Parteigenossen). Auf der ersten, noch relativ kleinen Liste, auf der die Namen von Professoren standen, die man von einem Tag auf den anderen entließ, fand sich neben dem meinen u. a. der meines Marburger Freundes und Fachkollegen Wilhelm Röpke.

Was es bedeutete, wenn man als nichtbeamteter Hochschullehrer, der von seinem Lehrauftrag und den damals noch üblichen, aber für einen jungen Dozenten, der keine Pflichtvorlesungen halten durfte, natürlich noch sehr bescheidenen Kolleggeldern zu leben gezwungen war – bei mir zusammen brutto rund 400 RM monatlich! –, nach Ablauf eines Monats ohne jedes laufende Einkommen dastand, wird man sich heute nur schwer vorzustellen vermögen. Es war schlechterdings ausgeschlossen, darauf zu hoffen, man werde in Kürze eine einigermaßen adäquate andere Betätigungsmöglichkeit finden. Die buchstäblich einzige Chance, die mir von einer früheren Doktorandin – Hildegard Dietrich aus Fritzlar – vermittelt wurde, war die, für eine Salzgroßhandlung als eine Art von »agent voyageur« tätig zu werden. So entstand langsam in mir der Gedanke einer Emigration, wenn ich diese auch monatelang noch voll ungläubiger Verzweiflung als »unmöglich« zurückwies, bis sich die Auswanderung als unausweichliches Muß herausstellte.

Andere, die die Gefahren sahen, aber glaubten, sie selbst seien aus diesen oder jenen Gründen nicht davon betroffen, blieben in der alten Heimat, wenigstens für eine gewisse Zeit. Eine dritte Gruppe zog es, wie bereits erwähnt, vor, sich freiwillig »abzusetzen« und zu versuchen, draußen eine Möglichkeit zur Arbeit zu finden, die ihnen wenigstens den Grundlebensunterhalt sicherte. Daß bei all diesen Gruppen Alter, Familienstand, Sprachkenntnisse und nicht zuletzt auch Existenz oder Nichtexistenz von Vermögensreserven eine sehr wichtige Rolle spielten, versteht sich wohl von selbst.

Die Unsicherheit, die herrschte, trieb viele dazu, sich dem Nationalsozialismus anzuschließen, die von Haus aus nicht dazu prädestiniert waren, die »Ideale« der Partei zu billigen oder gar lauthals zu propagieren. Wenn ich auch, worauf sogleich zurückzukommen ist, im allgemeinen mit meinen engeren Freunden Glück hatte, so war es doch erschreckend genug zu beobachten, wieviele Kollegen und Bekannte von einem Tag auf den anderen »umfielen« mit Begründungen, an die sie in der Tiefe ihres Herzens wohl selbst nicht glaubten, und – allerdings in geringerem Maße – zu sehen, wie Männer, von denen man das nie vermutet hätte, sich »am Tage danach« durch ein bis dahin unter dem Rockaufschlag verborgenes Parteiabzeichen offiziell als Mitglieder der NSDAP auswiesen. Einige von diesen waren wirklich nur später sogenannte »Mitläufer«, andere fühlten sich durch die frühere Regierung, Geschäftsleitung oder was immer zu Unrecht zurückgesetzt; aber das mich zutiefst Bestürzende war, daß auch hervorragende Geister, die als solche in bzw. von der Weimarer Republik allgemein anerkannt, mit entsprechenden Ehrungen überhäuft und mit hohen Gehältern ausgestattet worden waren, ohne großen Übergang den »Anschluß« suchten und fanden. Ähnlich erschreckend war es für mich, um das vorgreifend zu bemerken, bei meiner Rückkehr nach dem Ende des »Tausendjährigen Reichs« feststellen zu müssen, wieviele, die eindeutig von dem Nazi-Regime profitiert hatten, mir nun zu versichern suchten, daß sie immer dessen Gegner gewesen seien, wie sie unter diesem gelitten und wie oft sie uns Emigranten beneidet hätten, weil wir von den Bombardements verschont geblieben seien und ähnlichem mehr. Daß vielen von uns ebenfalls schwere, zum Teil abenteuerlich-grausame Leiden nicht erspart geblieben waren, daß wir (und ich denke dabei weniger an die Türkei-Emigranten als an andere) unter Klima-, Sprach- und Geldschwierigkeiten, der Angst vor Ausweisungen, der Sorge um die Erneuerung eines Ausweispapiers und/oder einer Arbeitserlaubnis und vielen anderem gelitten hatten – davon war bei jenen Gesprächen nicht die Rede, sondern nur bei denen, die wir mit den guten alten Freunden führten, und da lediglich am Rande.

Ich selbst hatte in mehrfacher Hinsicht Glück. Zwar verlor ich schon frühzeitig meine Stellung, fand ja aber in vergleichsweise kurzer Zeit eine neue Betätigungsmöglichkeit und konnte noch in Ruhe und ohne allzuviele Schwierigkeiten meine Übersiedlung in das fremde Land vorbereiten und durchführen. Anderen, die erst später auswandern mußten bzw. konnten, wurden erhebliche Hemmnisse in den Weg gelegt, sofern sie nicht überhaupt im letzten Augenblick noch an der Emigration verhindert und in Konzentrationslager und Gasöfen transportiert wurden. In einer Hinsicht hatte ich es besonders leicht: Unter Devisenverkehrsbeschränkungen, die mir wie manchen anderen (vor allem älteren) Kollegen den Transfer eines Vermögens unmöglich gemacht hätten, litt ich um deswillen nicht, weil meine ganzen Ersparnisse von rund 5 000 Mark auf den Umzug und die persönlichen Reisekosten draufgingen. Als mir diese Beträge dann in der Türkei erstattet wurden, hatte ich den gleichen Betrag wieder in Händen, mit dem ich das »Dritte Reich« verlassen hatte, und als ich Anfang der fünfziger Jahre dann heimkehrte, war meine Vermögensreserve infolge der zwischenzeitlichen starken Inflation in der Türkei etwa abermals gleich hoch wie zwei Jahrzehnte zuvor, freilich mit erheblich verringerter Kaufkraft und bei weit größeren familiären Belastungen.

Was die menschlichen Beziehungen betrifft, so erlebte ich mit meinen in Deutschland zurückbleibenden Freunden und Bekannten, von ein, zwei Ausnahmen abgesehen, keine Enttäuschungen.

Mit besonderer Dankbarkeit gedenke ich meines Lehrers, bei dem ich mich habilitiert hatte und dessen Nachfolger ich 1952, zwei Jahrzehnte nach meinem Exodus, werden sollte: Wilhelm Gerloff. Dieser, ein aufrechter Liberaler der alten

Schule, hat sich mir gegenüber in vorbildlicher, geradezu freundschaftlicher Weise verhalten, und wir haben, nachdem ich ausgewandert war, so lange miteinander korrespondiert, wie das ohne Schaden für ihn irgend möglich war.

Zwei Beispiele für seine untadelige und mutige Haltung: Etwa 1937 fand in Athen ein Kongreß des Internationalen Statistischen Instituts statt. Gerloff und ich trafen uns dort zum ersten Male seit meinem Fortgang von Frankfurt wieder und führten viele Gespräche miteinander. Eines Abends fragte er mich, ob ich mit ihm essen gehen wolle, fügte aber hinzu, daß er allerdings schon mit Ernst Wagemann, dem damaligen Leiter des Instituts für Konjunkturforschung und wohl auch noch des Statistischen Reichsamts, verabredet sei. Als ich vorsichtig einwandte, daß es unter diesen Umständen vielleicht geraten sei, daß ich nicht mit von der Partie wäre, erklärte er pointiert und teilte das unmittelbar darauf auch Wagemann mit, er wolle mit mir zusammen sein, und wenn das Wagemann nicht passe, müsse dieser eben auf seine, Gerloffs, Gesellschaft verzichten. Wagemann, ohnehin kein radikaler Nazi, erklärte sich ohne Widerrede einverstanden, und wir verbrachten dann mit ihm und Irving Fisher, dem berühmten Wirtschaftstheoretiker von Yale, einen äußerst anregenden Abend. Das zweite Beispiel für Gerloffs mannhafte Haltung war folgendes: Gerloff, von Haus aus und in seinen persönlichen Bedürfnissen ein bescheidener Mann (was freilich nicht hinderte, daß er einen prachtvollen Besitz in Oberursel am Taunus sein eigen nannte), stellte mir kurz vor meiner Auswanderung einen Teil seiner in der Schweiz befindlichen kleinen Vermögensreserve zur Verfügung, und zwar als unbefristetes, zinsloses Darlehen. Das war nicht nur deswegen hoch anzuerkennen, weil wir ja beide nicht wußten, ob bzw. wann ich ihm das Geliehene zurückzuzahlen in der Lage sein würde, sondern vor allem, weil heimlicher Devisenbesitz unter strenge gesetzliche Strafen gestellt war.

Glücklicherweise brauchte ich allerdings von diesem Angebot dann keinen Gebrauch zu machen. Das gilt auch für die Hilfe, die zwei andere Kollegen, beide von jenseits des Rheins, mir spontan anboten – Kollegen, mit denen mich seit der Mitte der Zwanziger Jahre eine über gemeinsame berufliche Interessen hinausgehende Freundschaft verband: Henry Laufenburger und François Perroux, ersterer damals »chargé de cours« an der Straßburger, Perroux an der Lyoneser Universität; beide waren damals noch jung und verfügten nur über begrenzte Geldmittel. Nach Rücksprache untereinander boten sie uns für je zwei Angehörige meiner Familie Unterkunft bis zu der Zeit bei sich an, da ich eine neue Beschäftigung gefunden haben würde. Daß ich das Angebot dieser beiden Freunde nicht in Anspruch zu nehmen brauchte, weil ich so schnell »Zuflucht am Bosporus« fand, mindert den menschlichen Wert jener Freundschaftsbeweise natürlich nicht im geringsten.

Im übrigen blieb ich ungeachtet aller kriegsbedingten Kommunikationsschwierigkeiten mit meinen französischen Freunden, die beide Mitte der dreißiger Jahre an die Pariser Sorbonne berufen wurden, in stetem Kontakt. Nach 1945 hielten sowohl Laufenburger als auch Perroux mehrfach Vorträge an der Universität Istanbul, ähnlich wie ich durch ihre Vermittlung Einladungen an die Sorbonne und das Collège de France (an dem Perroux in den fünfziger Jahren einen Lehrstuhl erhielt) bekam. Laufenburger, der später nach Genf übersiedelte, starb infolge eines Unglücksfalles verhältnismäßig jung. Meine Freundschaft mit Perroux, einem der originellsten und schöpferischsten französischen Nationalökonomen seiner Generation, dauert bis zum heutigen Tage an.

Bevor ich nun von einigen meiner Freunde und Bekannten außerhalb des Hochschulbereichs spreche, seien noch ein paar Bemerkungen gemacht, die sich auf das Verhalten mir menschlich weniger nahe stehender Kollegen in der Zeit zwischen meiner Absetzung und meiner Emigration beziehen. In vielen Fällen zeugte dieses Verhalten von einer teils verständlichen, teils stark übertriebenen Furcht vor den neuen Machthabern, in anderen von einem durch keinerlei moralische Hemmungen gebändigten Ehrgeiz. Von extremen Fällen, wo die Betreffenden mit mir und anderen »nichtarischen« Professoren, denen sie viel zu verdanken hatten, bis zum »vorletzten Tag« in engen Beziehungen standen, dann aber urplötzlich Nazis in höchster Potenz wurden, will ich hier nicht weiter sprechen. (Als ich in einem solcher Fälle nach dem Kriege von einer Fakultät um eine gutachtliche Äußerung gebeten wurde, lehnte ich das, da »befangen«, ab, und verwies die Fakultät an andere, informierte, nicht-emigrierte Kollegen. Zu einem der damals viel gefragten »Persilscheine« war ich allerdings ebenfalls nie bereit, dies im Gegensatz zu zahlreichen gutmütigen Emigrationskollegen, die darin manchmal recht großzügig verfuhren.) Aber an einem bezeichnenden Beispiel sei dargetan, was es mit der schlappen Haltung oder Rückgratlosigkeit zahlreicher Professoren für eine Bewandtnis hatte.

Mein Lehrer Wilhelm Gerloff wurde 1932 innerhalb einer relativ kurzen Frist, ganz gegen alle akademische Tradition, zum zweiten Male zum Rektor der Frankfurter Universität gewählt, da man den Wunsch hatte, im kommenden Unterrichtsjahr, das sehr stürmisch zu werden versprach, eine demokratisch gesinnte und zugleich starke Persönlichkeit an der Spitze der Universitätsverwaltung zu sehen. Dann kam kurz nach der »Machtergreifung« der berühmte »Tag von Potsdam«, der die künftige enge Zusammenarbeit des greisen Feldmarschall-Präsidenten mit dem von ihm ernannten jungen Reichskanzler äußerlich symbolisieren sollte. Aus diesem Anlaß fand in der Aula der Universität die Feier statt, die in der Hauptsache aus einer Übertragung der Reden Hindenburgs und Hitlers am Sarge Friedrichs des Großen bestand. Anschließend hielt Gerloff als Rektor eine kurze Ansprache, etwa des Inhalts, man habe soeben Worte des Gedenkens an den Geist von Potsdam gehört; er wolle daran erinnern, daß es daneben auch einen Geist von Weimar gäbe, den in dieser Stunde zu beschwören ihm als Rektor einer Universität, die den Namen Johann Wolfgang Goethes trage, wohl anstände. Wer Ohren hatte zu hören, der hörte, und in der Tat begab sich noch am selben Abend eine Delegation des akademischen Senats zu Gerloff in dessen Privatwohnung, um ihn aufzufordern, wegen seiner »hinterlistigen Verunglimpfung« der neuen Regierung von seinem Amte zurückzutreten. Gerloff weigerte sich zunächst, konnte aber dem auf ihn ausgeübten Druck auf die Dauer nicht widerstehen. Sein Nachfolger wurde Walther Platzhoff, ein jüngerer Historiker, der durch skurrile, nationalistische Ausführungen schon früher mehrfach aufgefallen war, in dem man aber nicht einen überzeugten Nationalsozialisten vermutet hätte.

Am »Tag von Potsdam« betrat ich die Frankfurter Universität, der ich seit 1925, zunächst als Assistent, angehört hatte, für anderthalb Jahrzehnte zum letzten Male. Zwar hatte man mir die Teilnahme an der eben erwähnten Feier nicht verwehrt, ja, man hätte mein Fernbleiben wohl sogar als feindselige Demonstration gewertet. Aber ich las an diesem Tage mit tiefster Erschütterung am Schwarzen Brett einen Anschlag des NS-Studentenbundes, in dem unter anderem die Forderung erhoben wurde, künftig alle Publikationen von jüdischen Professoren als »Übersetzungen aus dem Hebräischen« zu kennzeichnen (eine Sprache, die mir unbekannt war). Diese Diffamierung von Menschen, die nie etwas anderes als Deutsch als ihre Muttersprache betrachtet und geliebt hatten, zeigte mir endgültig, daß mein Wirken an einer Institution, die nur um des äußeren Scheines willen fortfuhr, sich »Johann Wolfgang Goethe-Universität« zu nennen, nicht mehr möglich war. Wie sehr man sich jedoch damals wie später vor übermäßigen Verallgemeinerungen hüten mußte – konkret: wie unterschiedlich im einzelnen die Haltungen von Angehörigen der Universität sein konnten, mögen zwei Beispiele zeigen:

Es gab damals in Frankfurt einen Zivilrechtler, der zwar streng konservativ gesinnt war, aber nicht zu denen gehörte, die dem neuen Regime unkritisch gegenüberstanden und dem blinden Hurra-Patriotismus verfielen, dem so viele andere »national-Gesinnte« sofort huldigten. Mit diesem Kollegen, Hans Otto de Boor, war ich zwar teils beruflich, teils gesellschaftlich gelegentlich zusammengetroffen, doch verbanden uns keineswegs nähere persönliche Beziehungen. Kaum hatte er jedoch aus der Presse erfahren, daß ich meine Stellung verloren hatte, da stattete er mir zu dem einzigen Zweck einen Besuch ab, um mir zu sagen, daß er mit mir fühle und das, was man mir angetan habe, als schweres Unrecht ansehe. Er war im Grund ein kühler Mensch; um so mehr habe ich seine warmen Worte, die er mir damals sagte, mit Freude und Dankbarkeit entgegengenommen.

Und nun das Gegenbild: der protestantische Studentenpfarrer. Ich kannte diesen verhältnismäßig jungen Geistlichen aus langer gemeinsamer ehrenamtlicher Arbeit in der sogenannten »Studentenhilfe«, deren stellvertretender Leiter ich war (der »spiritus rector« war ein äußerst dynamischer, eigenwilliger junger Historiker, Kurt Rheindorf). Er hatte darüber hinaus meine Kinder getauft. Ich schätzte ihn sehr. Aber seit meiner Absetzung ließ er sich kein einziges Mal mehr bei uns sehen. Dagegen führte er das Geleit des Ochsenkarrens an, der jene Bücher von Thomas Mann, Brecht, Feuchtwanger usw. trug, die dann auf dem Römerberg, vor dem nicht zuletzt aus Goethes »Wahrheit und Dichtung« bekannten Brunnen mit der Justitia-Figur, verbrannt wurden. Fast unnötig zu sagen, daß besagter Pfarrer unmittelbar nach Ablauf der »tausend Jahre« sich auf sein früheres Christentum wieder besann, im Zuge jener Welle, die aus verständlichen Gründen gleich nach dem Zusammenbruch viele ergriff, jedoch bald nach der Währungsreform zum Stillstand kam.

Besonders hervorheben möchte ich in diesem Zusammenhange noch, daß ich zwar mehrfach Zeuge gewalttätiger

Aktionen nazifreundlicher Studenten war, selbst aber erstaunlicherweise nicht darunter zu leiden hatte. Um einen Eindruck von der grauenhaften Verwirrung der Geister zu geben, in denen sich die von Partei und Regierung verbreiteten Lügen, Halbwahrheiten, romantischen Ideen, Brutalität und Reste von formaler Persönlichkeitsrespektierung in grotesker Weise vermischten, gebe ich im folgenden Auszüge aus einem Brief wieder, den ich kurz vor meiner Emigration von einem früheren Schüler erhielt und der keineswegs uncharakteristisch für die Haltung nicht weniger rechtsradikaler Studierender mir gegenüber war:

»Dr. E. Nauck 4.4.33
Betzdorf Sieg

Sehr geehrter Herr Professor!

Fast 400 Nazis sind mit Wissen und Willen der Korruptions-Regierungen ermordet, über 3000 zu Krüppeln geschlagen und geschossen worden... Nicht ein einziger unserer Peiniger ist bis jetzt – 65 Tage nach der nationalen Revolution – gefoltert, gerädert oder gevierteilt worden. Sehen Sie – das ist unsere Humanität. Könnte man die nationale Revolution nicht als die Revolution der Humanität bezeichnen?

Billigen Sie den Bolschewisten auch heute noch guten Glauben zu, nachdem sie hunderte und tausende von Unschuldigen vergiften wollten? Für mich ist jeder Anhänger des Bolschewismus ein Stück Vieh, das möglichst bald geschlachtet werden muß. Diese Ansicht vertrete ich als humaner Mensch...

Was sagen Sie zu den Defraudanten Otto Braun und Dr. Klepper, zu dem Hurenbock Grzesinski, zu dem bestochenen Eidbrecher Weisman ... Ja, man stirbt nicht für Posten und Pfründen, man stirbt nur für Ideen...

Würden Sie meine ... Fragen beantworten? Ich bin, wie immer, sehr geehrter Herr Professor, in unwandelbarer Ehrerbietung,

Ihr
dankbarer Schüler
(gez.) Nauck«

Keinerlei menschliche Enttäuschungen erlebte ich mit jenen zahlreichen »außeruniversitären« Freunden und Bekannten, die teils gleich mir auswanderten, wenn auch nicht nach der Türkei, teils, mehr unfreiwillig denn freiwillig, in Deutschland blieben. Nur von einigen wenigen kann hier die Rede sein.

Da gab es zunächst jene, die darunter zu leiden hatten, daß sie mit einer »nicht-arischen« Frau verheiratet waren, es aber ablehnten, sich durch eine Scheidung die Möglichkeit zum »Mitmachen« und zu beruflichem Aufstieg zu erkaufen. Hierher gehörte beispielsweise Ferdinand Kramer, ein hochbegabter Architekt, der nach einiger Zeit seiner Frau Beate in die Vereinigten Staaten folgte, nach dem Kriege aber wieder in seine Vaterstadt Frankfurt zurückkehrte, wo er viele Jahre als Leiter des Bauamtes der Universität tätig war. Dieser Gruppe zuzurechnen ist auch Erich Zachau, der mit einer Kusine zweiten Grades von mir verheiratet war und mit ihr und seinen Kindern Schweres im »Dritten Reich« zu erdulden hatte, nach dessen Zusammenbruch Mitglied des Direktoriums der Bank Deutscher Länder bzw. deren Nachfolgerin, der Deutschen Bundesbank, wurde und bis zu seinem Tode (1978) zu meinen besten, treuesten Freunden gehörte.

Ein anderer dieser guten alten Freunde ist Herbert Lauffer, mir schon aus den Zeiten bekannt, in denen er unter Otto Klepper in der Preußenkasse in jungen Jahren eine leitende Position errungen hatte. Lauffer und seine Frau sind für mich einer der Beweise dafür, daß man, freilich unter materiellen Einbußen und schwerem seelischen Druck, die Nazizeit lebend überstehen konnte, ohne in die Partei einzutreten oder sonst irgendwelche ins Gewicht fallende Konzessionen zu machen. Er schlug sich mehr schlecht denn recht durch die langen Jahre nach seiner Entlassung aus dem preußischen Staatsdienst, war nach 1945 zunächst in der niedersächsischen, dann in der hessischen Regierung – zuletzt unter Troeger als Staatssekretär im Finanzministerium – tätig und stand anschließend mehrere Jahre an der Spitze der – damals freilich noch nicht berüchtigten – Hessischen Landesbank (»Helaba«). Es ist kennzeichnend für den aufrechten Mann Lauffer, daß er anfangs der sechziger Jahre, statt dem auf unbesonnene Expansion der Bank abzielenden Druck der Regierung nachzugeben, freiwillig von seinem Präsidentenposten zurücktrat. Die Entwicklung der Dinge hat ihm dann nur zu sehr Recht gegeben und seine, wenn man will, konservative Einstellung gegenüber den Aufgaben einer Staatsbank als angebracht bestätigt. Daß er später von dem zur Aufklärung des »Helaba-Skandals« eingesetzten parlamentarischen Untersuchungsausschuß kaum erwähnt, geschweige denn einvernommen wurde, ist für mich eine der vielen Unbegreiflichkeiten dieser peinlichen Affäre.

Zu den alten Frankfurter Freunden, denen ich nach 1950 wieder begegnete, die aber leider frühzeitig gestorben sind, gehörten vor allem Eugen Claasen und Gerhard Bersu. Claassen, zu Beginn unserer Freundschaft (Ende der zwanziger Jahre) Leiter des eng mit der alten »Frankfurter Zeitung« verbundenen Frankfurter Societätsverlags, verstand es, sich mit einem eigenen Verlag (zuerst zusammen mit Henry Goverts) über das »Dritte Reich« hinüberzuretten, ohne sich im geringsten bei den Nazis anzubiedern. Materiell wurde ihm das erleichtert durch den nachhaltigen finanziellen Erfolg, den ihm die deutsche Ausgabe des bekannten Romans »Gone with the wind« von Margaret Mitchell einbrachte. Nach seinem Tode hat seine Frau Hilde, mit der wir bis auf den heutigen Tag befreundet sind, den Verlag noch mehrere Jahre fortgeführt. Claassen gehörte zu den anregendsten, witzigsten und gebildetsten Menschen, die mir begegnet sind; er war ein vorbildlicher Verleger, wovon nicht zuletzt die Briefe mit seinen Autoren Zeugnis ablegen, die seine Frau dankenswerterweise in einem umfangreichen Bande unter dem Titel »In Büchern denken« 1970 veröffentlicht hat.

Bersu war ein international anerkannter Archäologe und dennoch und ungeachtet einer feinen Ironie, die ihm einige kleine Geister übelnahmen, ein bescheidener, überdies sehr humorvoller und gütiger Mensch. Er war seit 1931 und dann wieder seit 1950 Erster Direktor der Römisch-Germanischen Kommission in Frankfurt. In der Zwischenzeit waren er und seine Frau Maria, eine Kunsthistorikerin, mit der uns nach wie vor freundschaftliche Beziehungen verbinden, fünf Jahre in Großbritannien interniert. Er konnte dann jedoch zwei Jahre auf der Isle of Man und drei Jahre in Dublin sich wieder seinen wissenschaftlichen Arbeiten widmen und ist bis zu seinem Tode, gerade auch in Irland, menschlich und wissenschaftlich hoch geschätzt und mit Ehrungen bedacht worden.

Von den zahlreichen ehemaligen Schülern, die sich gegen alle Versuchungen des Hitlerismus gefeit zeigten, nenne ich hier nur zwei. Der eine war mein ehemaliger Assistent Ludwig Jung. Er war mir 1930 durch Carlo Mierendorff empfohlen worden, der gleich Theo Haubach zu jenem Kreis aufrechter hessischer Sozialdemokraten gehörte, aus dem so viele Teilnehmer des mißglückten Attentats auf Hitler vom 20. Juli 1944 kamen. Jung stand bis zuletzt mit mir in brieflichem Kontakt, kam auch einmal 1937 nur zu dem Zwecke nach Prag, um mich dort zu sprechen, und nach dem Kriege nahmen wir sogleich unsere alten Beziehungen wieder auf. Er war eine Zeitlang Ministerialrat in der Bizonenverwaltung, konnte sich aber mit dem Geist der Bürokratie wenig befreunden und arbeitete noch ein paar Jahre in der privaten Wirtschaft, ehe ihn ein frühzeitiger Tod ereilte. Zu dem Darmstädter Freundeskreis gehörte auch Gustav Feick, gleich Jung ein früherer Schüler von mir, gleich ihm menschlich aufrichtig, zuverlässig und ein Sozialdemokrat von altem Schrot und Korn, den die Verlockungen des »Dritten Reichs« nicht zu korrumpieren vermochten. Er wurde bald nach Kriegsende Kämmerer von Darmstadt und gestand mir bei unserem ersten Wiedersehen offen, daß er manche Dinge täte, die nach den damaligen Gesetzen eigentlich nicht zulässig waren, die er aber dennoch – es handelte sich um Wohnungsbauförderung – mit gutem Gewissen tat, weil er, sicher zu Recht, davon überzeugt war, daß eine schnelle Lösung des Wohnungsproblems zu den sozial und politisch wichtigsten Aufgaben der unmittelbaren Nachkriegszeit gehörte.

Ich möchte diese Betrachtungen über unseren Freundeskreis nicht schließen, ohne zu erwähnen, daß sich in der kleinen, nach modernen Gesichtspunkten von dem progressiven Stadtbaurat Ernst May entworfenen, vom Volksmund »Zickzackhausen« genannten Siedlung Frankfurt-Niederrad, in der ich von 1927 bis 1933 wohnte, durch Zufall oder Neigung eine ganze Reihe von Intellektuellen zusammengefunden hatte, die zum Teil später recht bekannt werden sollten und ihrerseits großenteils zur Emigration gezwungen waren. Hierher gehörte außer dem Pathologen Philipp Schwartz, den ich ja bereits mehrfach erwähnte und der die ganze Türkei-Emigration in Bewegung setzte, unter anderem Michael (»Mischa«) Schneider, der Cellist des weltberühmten Budapester Streichquartetts, ein junger Litauer mit viel Charme und größtem musikalischen Ernst, der mit einer intelligenten rotköpfigen Sächsin verheiratet war, die am damaligen Institut für Sozialforschung arbeitete und leider frühzeitig in den Vereinigten Staaten eines unheilvollen Todes starb. Mischa Schneider habe ich dann lange nach dem Kriege noch einmal gelegentlich eines Konzerts wiedergesehen und -gesprochen, das er mit dem Quartett in der »Library of Congress« in Washington gab. Wie Schneider – ein »Nichtarier« – war auch der hochbegabte Sinologe Karl-August Wittfogel, der ebenfalls zu dem Niederräder Kreis gehörte, in die Vereinigten Staaten geflohen, freilich aus anderen Gründen: Er war ein wohlbekannter, damals noch durchaus linientreuer Kommunist. Daß diese Tatsache kein Hindernis für seine akademische Karriere in Amerika war, erklärte sich wohl daraus, daß einerseits lange Zeit »fellow travellers« dort wohlgelitten waren und Wittfogel andererseits, wenn meine Informationen zutreffend sind, sich in der Zeit der McCarthyschen Hexenjagden von manchen seiner früheren Parteifreunde distanzierte. Das dürfte damit zusammengehangen haben, daß er schon damals sich von seiner früheren sowjetfreundlichen Linie abzuwenden begann. Politische Motive waren es auch, die unseren Niederräder Nachbarn Hans Mühlestein veranlaßten, sich »abzusetzen«; er hatte es freilich als gebürtiger Schweizer leichter als die anderen, sich zur Flucht zu entschließen, die für ihn ja eine Heimkehr bedeutete. Mühlestein, von Haus aus Kulturhistoriker und Etruskologe, mit einer äußerst anziehenden dunkelhaarigen Rätoromanin verheiratet, war mit einer ungewöhnlichen Phantasiekraft ausgestattet. Diese kam auch in seinen, an Erzählungen E. Th. A. Hoffmanns gemahnenden Träumen zum Ausdruck, die er gleich nach dem Aufwachen aufzuzeichnen und in kleinerem Kreise vorzulesen pflegte. Er ist nach dem Zusammenbruch aus der Schweiz in die damalige »Ostzone« übersiedelt und hat dort eine Professur übernommen. Mit ihm habe ich seit 1933 keinerlei Kontakt mehr gehabt.

Nach den Freunden und Bekannten seien noch einige wenige Politiker erwähnt, die ich vor 1933 kannte und deren Verhalten bzw. Erlebnisse mich nur zum Teil in Erstaunen versetzten.

Keineswegs erstaunlich war natürlich, daß der preußische Finanzminister Otto Klepper sogleich nach dem Umsturz das Land verließ – richtiger: verlassen mußte. Ich kannte ihn schon seit den Zwanziger Jahren, als er Präsident der Preußischen Zentralgenossenschaftskasse war. Kraft des Charismas, das ihm eignete, wußte er schon damals intelligente, progressive junge Kräfte beiderlei Geschlechts in ungewöhnlichem Maße um sich zu scharen. Er war gewiß in mancher Hinsicht eine zwielichtige Erscheinung, aber ich möchte seiner nicht zuletzt deshalb hier gedenken, weil er nach glaubwürdigen, mir mündlich übermittelten Informationen in der entscheidenden Sitzung des preußischen Staatsministeriums, die unmittelbar vor dem vorerwähnten Staatsstreich Papens am 20. Juli 1932 stattfand, sich energisch dafür einsetzte, den Reichspräsidenten Hindenburg wegen Verletzung seiner ihm verfassungsmäßig obliegenden Verpflichtungen gefangenzusetzen und die preußische Polizei zu mobilisieren. Es ist allerdings fraglich, ob es ohne blutigen Bürgerkrieg möglich gewesen wäre, auf diese Art und Weise noch einer Entwicklung erfolgreich zu begegnen, die dann faktisch binnen einem halben Jahr zur Herrschaft, und zwar zur Alleinherrschaft, des Nationalsozialismus führte. Daß die preußische Regierung, daß vor allem der preußische Ministerpräsident Otto Braun und sein Innenminister Carl Severing, obwohl sie damals noch des ganz überwiegenden Teils der (Severing unterstellten) Polizei sicher sein konnten, keinen Widerstand anordneten und bei ihrer gesetzwidrigen »Absetzung« durch die Schergen Papens selbst keinen leisteten, ist für mich auch heute noch – und nach der Lektüre ihrer Memoiren – unbegreiflich; ein Gleiches gilt für die Tatsache, daß aktive Generale sich nach dem mißglückten Attentat und Putschversuch vom 20. Juli 1944 umbringen ließen oder Selbstmord begingen, ohne zuvor den Revolver, über den sie ja noch verfügten, gegen die zu verwenden, die sie verhafteten.

Klepper hat sich unter schwierigsten Verhältnissen in allen möglichen kleineren und mittleren exotischen Ländern als Berater herumgeschlagen, ehe er schon bald nach dem Zusammenbruch des »Dritten Reichs« in die Heimat zurückkehrte. Ich traf ihn in Frankfurt wieder, wo er die »Wirtschaftspolitische Gesellschaft von 1947« gründete, hatte jedoch den Eindruck, daß er in der Emigration zu viel gelitten hatte, um mit seiner früheren Energie nochmals aktiv in der Politik zu werden. Jedenfalls hat er in der Ära Adenauer keine Rolle mehr gespielt. Er starb relativ früh, aufrichtig betrauert von einem kleinen Kreis früherer Mitarbeiter. Eine seiner Grundüberzeugungen, die sich in der kleinen Schrift »Die bittere Wahrheit« (Stuttgart 1952, S. 11) findet, war, »daß nicht der Krieg, sondern der Friede den höheren Grad von menschlicher Gestaltungskraft erfordert«.

In einer Hinsicht Kleppers Nachfolger noch vor dem »Dritten Reich« war Johannes Popitz, jener führende Kopf des Reichsfinanzministeriums, unter dem ich als sogenannter »wissenschaftlicher Hilfsarbeiter« von 1923 bis 1925 lernte, was es heißt, praktische und zugleich pragmatische, eben deshalb aber auch erfolgreiche Finanzpolitik zu betreiben: eine faszinierende Persönlichkeit, die schon in jungen Jahren, noch im Kaisereich, eine für einen Bürgerlichen ungewöhnlich steile Karriere gemacht hatte. Er besaß, erst als Ministerialdirektor und später als Staatssekretär des genannten Ministeriums, lange Zeit einen großen Einfluß, bis er 1929 zusammen mit dem sozialdemokratischen Minister Rudolf Hilferding, obgleich ihn politisch nahezu alles von diesem trennte, von seinem Posten zurücktrat. Es war für mich kaum verständlich, daß er nach dem Papenschen Staatsstreich 1932 – zunächst kommissarisch – das preußische Finanzministerium übernahm, das als einziges nach der »Gleichschaltung« der Länder im »Dritten Reich« als selbständiges Ministerium in Preußen beibehalten wurde und das Popitz unter Hitler bis zum bitteren Ende leitete. Dieses Ende kam für ihn freilich früher als das des »Dritten Reichs«: Er war, nicht zuletzt dank seiner Freundschaft mit dem Berliner Nationalökonomen Jens Jessen, in die Ereignisse des 20. Juli 1944 verwickelt und wurde noch im Frühjahr 1945 auf bestialische Weise hingerichtet.

Daß Popitz kein Nazi, sondern ein Konservativer alten Schlages war, vermag ich aufgrund langjähriger persönlicher Bekanntschaft mit ihm (wir blieben auch nach meinem Fortgang aus dem Reichsfinanzministerium in stetem Kontakt) zu bezeugen. Aber obgleich er so lange das politische Getriebe in der Reichshauptstadt aus nächster Nähe und in einflußreicher Position hatte beobachten können, war er sich noch im Sommer 1932 keineswegs darüber im klaren, was die NSDAP, was insbesondere Hitler für Deutschland bedeuten würde. Er hegte vielmehr damals wie nicht wenige andere Konservative die Überzeugung, daß es mittels einer Zusammenfassung aller sogenannten »nationalen Kräfte« gelingen würde, die Reparationslasten – deren Beseitigung ja auch für Brüning das vorrangige politische Ziel war – mittels einer international garantierten Anleihe abzulösen, und daß dies am ehesten durch eine konservative, vielleicht auch reaktionäre, aber eindeutig rechtsstaatlich fundierte Regierung unter Abänderung gewisser Bestimmungen der Weimarer Verfassung zur erreichen sei. Diese seine Fehleinschätzung der politischen Verhältnisse hat Popitz mit dem Tode gebüßt, nachdem er noch während des Kriegs vergeblich versucht hatte, Göring durch Bestechung (Geschenke wertvoller Gemälde aus preußischen Museen, die ihm, Popitz, als Finanzminister unterstanden) zu »vernünftigen« Aktionen im Sinne eines erträglichen Friedensschlusses zu bewegen. Ich möchte noch hinzufügen, daß Popitz in zahlreichen Fällen viel getan hat, um ehemalige Mitarbeiter, die er von ihrer Arbeit her kannte und geschätzt hatte, zu schützen bzw. ihnen bei der Emigration zu helfen. Nicht zuletzt galt das für seinen Freund, meinen früheren unmittelbaren Vorgesetzten Herbert Dorn, der, nachdem er sich vor allem mit Reparations- und Doppelbesteuerungsfragen im Finanzministerium befaßt und später als Ministerialdirektor die Leitung der Steuerabteilung übernommen hatte, noch kurz vor dem Ende der Weimarer Republik zum Präsidenten des Reichsfinanzhofs ernannt worden war.

Ministerialdirektor im Reichsfinanzministerium, und zwar Leiter der Haushaltsabteilung, war zu meiner Zeit auch Lutz Graf Schwerin von Krosigk; später, unter Papen, Schleicher und Hitler, war er Reichsfinanzminister. Von Hause aus ein streng »national« gesinnter Mann, hätte er theoretisch genausogut zum Kreisauer Kreis gehören können wie mancher andere ostelbische Konservative; aber ihm fehlte das ethische Pathos eines Helmuth James von Moltke, um nur das geistig-moralische Haupt jenes Kreises zu nennen. Obwohl Hitler-Gegner, blieb Schwerin-Krosigk Minister des Diktators, und er lieferte das bestürzende Beispiel eines Mannes, der, an politisch bedeutsamer Stelle stehend, sich als vollkommener Nichtpolitiker erwies. Als solchen, und zugleich als tüchtigen, sogar gewissen neuen ökonomischen Theorien zugänglichen Etatsfachmann hatte ich ihn stets betrachtet, ohne je auf den Gedanken zu kommen, er sei ein potentiellerHitler-Gefolgsmann. Um meine Beurteilung Krosigks zu verstehen, lese man die verschiedenen Bücher, die er nach dem Kriege veröffentlicht hat, vor allem die Schrift mit dem Titel »Staatsbankrott«, wobei zu bedenken ist, daß der Autor als Reichsfinanzminister 1932 – 1945 an dem wirtschaftlichen und politischen Bankrott des Reiches ja wahrlich nicht unschuldig war. Schwerin-Krosigk, persönlich gewiß ein untadeliger Mann, ermangelte wie viele andere in erschreckendem Maße jener gerade in Deutschland so raren Tugend der Zivilcourage: Er hat die Fehler und Verbrechen des »Dritten Reiches« durchaus erkannt, aber er hat – ähnlich wie der Reichsjustizminister Gürtner – nie die Kraft zu dem Entschluß gefunden, aus seiner Position als Mitglied der Regierung Hitler auszuscheiden, obwohl, nach seinem eigenen Zugeständnis, nicht einmal persönlich-finanzielle Not ihn von einem solchen Schritt abzuhalten gebraucht hätte. Nach Hitlers Selbstmord war Schwerin-Krosigk noch für ein paar Wochen Minister unter Dönitz. Da dieser von Hitler testamentarisch lediglich als Reichspräsident vorgesehen war, also nicht auch zugleich als Kanzler, fiel Schwerin-Krosigk die von ihm selbst so bezeichnete Rolle des »leitenden Ministers« zu. Als faktisch letzter Reichskanzler hat er freilich keinerlei Bedeutung mehr erlangt.

DAS LAND, IN DAS WIR KAMEN: ERSTE EINDRÜCKE

Das Land, in das wir kamen, war den meisten von uns völlig oder so gut wie völlig unbekannt; eine große Ausnahme bildete, wie erwähnt, der Chemiker Fritz Arndt. Wir wußten allenfalls, daß es keinen Sultan und keinen Kalifen mehr dort gab, daß das alte Osmanische Reich nach den zahllosen Kriegen, an denen es sich beteiligt hatte und in denen es, bis auf den letzten Unabhängigkeitskrieg, immer auf der Verliererseite gestanden hatte, durch Kemal Pascha (= Atatürk) zu einer Republik umgestaltet worden war – aber das waren auch so ziemlich alle unsere Kenntnisse.

Als ich, mit einem Schiff von Genua kommend, an einem frühen nebligen Herbstmorgen von Bord aus zum ersten Mal Istanbul in seiner einzigartigen Schönheit erblickte, ahnte ich nicht, daß die meisten von uns in dieser Stadt ein oder gar zwei Jahrzehnte verbringen würden. Denn gleich so vielen anderen, die in der Heimat zurückgeblieben und keine Nazis waren, glaubte auch ich, es handele sich bei dem Hitlerismus, zumal da ja auch starke konservative Kräfte im ersten Hitler-Kabinett vertreten waren, um einen Spuk, der schlimmstenfalls zwei, drei Jahre dauern würde. In dieser Fehleinschätzung fühlten wir uns bestärkt, als es 1934 zum Röhm-Putsch kam. Erst allmählich begannen wir die Lage realistischer einzuschätzen, und bei den meisten setzte sich die Überzeugung durch, daß das »Tausendjährige Reich«, wenn auch nicht gerade tausend, so doch zehn oder mehr Jahre Bestand haben könnte.

Die Türkische Republik, deren Boden wir Mitte Oktober 1933 betraten, war als solche gerade ein Jahrzehnt alt. Es traf sich, daß wir ein, zwei Wochen nach unserer Ankunft an einem Teil der glänzenden Festlichkeiten teilnehmen konnten, die aus Anlaß der zehnten Wiederkehr des Republikgründungstags Ende Oktober 1933 überall, besonders aber natürlich in Ankara und Istanbul veranstaltet wurden. Alle ausländischen Professoren erhielten vom damaligen Außenminister, Dr. Tevfik Rüştü Aras, eine Einladung zu einem Empfang, den die Regierung zu Ehren der vom damaligen »Kriegskommissar« Marschall Kliment Woroschilow angeführten russischen Delegation im Schloß Dolmabahçe in Istanbul gab. Dolmabahçe erinnert zwar von außen etwas an Zuckerbäckerwerk, aber zum einen tut das für meinen Geschmack der berühmte Mailänder Dom auch und zum anderen ist das türkische Schloß innen derart glanzvoll ausgestattet und hat einen so wundervollen Blick auf den Bosporus, daß es im Grunde der Prototyp eines orientalischen Traumschlosses ist. Dieser Eindruck verstärkt sich begreiflicherweise, wenn man an einem überreichlichen Büffet türkische Speisen auf echt goldenen Tellern mit ebenfalls aus schwerem Gold bestehenden Bestecken angeboten bekommt.

Das erste, was sich für diejenigen, die noch nicht im Besitz eines Fracks waren, als notwendige Folge jener Einladung ergab, war ein Besuch beim Schneider, und tatsächlich lieferte uns dieser – einer der Griechen, die damals im gehobenen Schneiderhandwerk dominierten – das Kleidungsstück binnen drei Tagen. Angetan mit diesem, betrat ich etwas befangen den riesigen Festsaal, der mit den türkischen und russischen Emblemen in Blumen- und Fahnengestalt verschwenderisch geschmückt war. Man wird sich unschwer vorstellen können, wie es uns Deutschen, die gerade aus dem Nazireich gekommen waren, zumute war, als wir neben dem türkischen Halbmond das russische Hammer-und-Sichel-Wappen erblickten, nach der türkischen Nationalhymne die Klänge der im Nazi-Deutschland so verpönten »Internationale« vernahmen und gleich darauf sahen, wie der offizielle Ball mit einem Tanz Marschall Woroschilows mit Madame Aras und des türkischen Außenministers mit Frau Woroschilow eröffnet wurde. Dabei ist zu bedenken, daß zu jener Zeit Atatürk ungeachtet seiner Bestrebungen, sich dem Westen zu nähern, die uralte Feindschaft zwischen seinem Lande und Rußland begraben wollte, ähnlich wie ihm daran gelegen war, die seit altersher zwischen Türken und Griechen bestehenden antagonistischen, an Haß grenzenden Gefühle durch einen mehrere Hunderttausende umfassenden friedlichen Austausch von griechischen und türkischen Bevölkerungsteilen zu beschwichtigen.

Daß der Begründer der Türkischen Republik, Atatürk, ein außerordentlich gewandter und erfolgreicher Politiker war, ist speziell für einen Deutschen um so erstaunlicher, als er sich zuvor als ein hervorragender General ausgezeichnet hatte; denn bei uns und in den meisten anderen europäischen sowie den südamerikanischen Ländern – ja, auch in den Vereinigten Staaten von Amerika, wenn man an Eisenhower denkt – bilden die Fälle, in denen erfolgreiche Generale (geschweige geschlagene wie Mac-Mahon oder Hindenburg) sich als kluge, weitsichtige Politiker erwiesen, die seltene Ausnahme von der wenig erfreulichen Regel.

Atatürk ist sich von Anfang an darüber im klaren gewesen, daß er nur mit Hilfe radikaler Reformen sein Land so umzugestalten vermöchte, wie das seinen Idealen entsprach. So hatte er beispielsweise, kurz bevor wir in das Land kamen, mit starkem persönlichen Einsatz dafür gekämpft, daß man die bis dahin übliche arabische Schrift durch die lateinische ersetzte. In Dorf und Stadt hatte er der Bevölkerung klarzumachen versucht, um wieviel einfacher und folglich leichter es sei, mit den »neuen« Buchstaben zu schreiben.

Atatürk war aber auch ein Meister der Sprache, wie man ihn, den General, vielleicht nur mit Helmuth von Moltke (dessen »Briefe aus der Türkei«, in deren Diensten dieser ja

1835–39 gestanden hatte, früher in vielen deutschen Schullesebüchern zu finden waren) einerseits, mit de Gaulle, insbesondere in seinen dreibändigen »Mémoires de Guerre« (1954 ff.), andererseits vergleichen kann. Er hat sich bemüht, die bis in die zwanziger Jahre, ja noch zu Beginn unserer Tätigkeit herrschende türkische Sprache gründlich zu reformieren. Die von ihm erfundene sogenannte Sonnentheorie, mit der er Ursprünge und Eigenarten der türkischen Sprache als verschieden von den arabischen Sprachen zu erklären bemüht war, lasse ich hier beiseite. Es genüge, darauf hinzuweisen, daß dank seiner Initiative eine bis heute andauernde, neuerdings freilich meines Erachtens stark übertriebene Sprachreformbewegung in Gang kam, deren erklärtes Ziel es war, die türkische Umgangs-, aber auch die Schriftsprache fortschreitend von den arabischen und persischen Fremdworten zu reinigen, mit denen sie – jedenfalls die »Hochsprache« – durchsetzt war. Auf diese Weise sollte die Landbevölkerung in den Stand versetzt werden, sich leichter mit ihren städtischen Mitbürgern zu verständigen und nicht zuletzt auch amtliche Dokumente einschließlich der Gesetze zu verstehen. Auf diese Sprachreform wird bei anderer Gelegenheit zurückzukommen sein. Hier seien als weitere Beispiele für die Reformbestrebungen des Republikgründers das Verbot des Fez-Tragens sowie die Einführung von Familien- und Straßennamen erwähnt. Der Fez war eine aus rotem Filz bestehende Kopfbedeckung, mit der sich noch Jahrzehnte nach ihrer Abschaffung manche europäischen und amerikanischen Karikaturisten Türken vorzustellen beliebten. Die neueingeführten Familien- und Straßennamen bedeuteten nicht zuletzt für Fremde eine große Erleichterung, denn bis dahin war es meist erst nach langen, komplizierten Hinweisen auf Vater, Großväter, Onkel usw. möglich herauszubekommen, um welchen der Tausende von Osmans, Hassans, Hayris usw. es sich handelte, und die Straßenbenennung hat den Postverkehr zweifellos erheblich verbessern helfen. Die bedeutsamsten, weitestreichenden

Reformen Atatürks aber betrafen zweifellos den Status der islamischen Religion und ihrer Verkünder, der »imams«, einerseits, die Wirtschaftspolitik andererseits. Davon wird später ausführlich die Rede sein. Hier möchte ich zunächst von einigen charakterlichen Eigenarten der türkischen Bevölkerung sprechen, die einem schon nach kurzem Aufenthalt in die Augen sprangen.

Je länger wir in der Türkei waren, um so mehr fiel uns auf, wieviel stärker als wir selbst das Volk dort psychologisches Einfühlungsvermögen besaß. Ich erwähne diese Beobachtung um deswillen, weil man im Ausland ganz allgemein die türkische Gastfreundschaft und nur sie als besonderes Charakteristikum der Türken hervorhebt. Aber die Besonderheiten des türkischen Volkes erschöpfen sich bei weitem nicht in dieser, gerade auch gegenüber Deutschen traditional betätigten Gastfreundschaft. Tatsächlich ist das Denken und Handeln der durchschnittlichen Türken in mannigfacher Beziehung grundsätzlich verschieden von dem der Westeuropäer – die Bewohner der Mittelmeerstaaten ausgenommen – und dem der Nordamerikaner.

Die Türken sind, um es schlagwortartig auszudrücken, menschlicher, spontaner, wärmer und höflicher. Sie selbst empfinden den Unterschied, und es traf durchaus den Kern der Sache, wenn ich nach meiner Rückkehr nach Deutschland in Gesprächen mit türkischen Gastarbeitern wiederholt auf meine Frage, was ihnen in der Bundesrepublik gefiele und was nicht, die Antwort erhielt: »Die Deutschen sind außerordentlich tüchtig und fleißig, aber sie sind kalt oder doch kühl (»soğuk«)«. Insbesondere das bekannte Wort des Korans: »Die Eile ist des Satans« wird auch heute noch von allen Bevölkerungsschichten anerkannt. Das Bemühen, die Motive des Gesprächs- und Handelspartners zu verstehen, und das Vergnügen, Diskussionen mit Nachbarn oder Passanten zu führen und dabei möglichst viel über deren persönliche Verhältnisse, einschließlich etwa ihres Einkommens und Vermögens, zu erfahren oder auch nur zu erraten, gehören gleichfalls hierher.

Kaum daß ich ein paar Monate in Istanbul gelebt und wenigstens gewisse Anfangsgründe der Sprache mir angeeignet hatte, wurde mir klar, warum man so oft die Deutschen – übertrieben generalisierend – mit dem Schimpfwort »boches« belegt hatte, das im Ersten Weltkrieg von den Franzosen für sie geprägt worden war. In der Tat: Viele von uns, die in die Türkei emigriert waren, benahmen sich mindestens anfänglich als »boches«, will sagen ungeschlacht, verletzend grob, wenn nicht gar roh, und überheblich. Die uns wegen unserer Arbeitssucht oder -wut entgegengebrachte Anerkennung darf eben nicht mit menschlicher Bewunderung gleichgesetzt werden. Ganz allmählich lernten wir, uns möglichst wenig »ungehobelt wie ein boche« zu benehmen. Es gehört zu meinen unvergeßlichen ersten Eindrücken, wie ein in Istanbul schon seit Jahren ansässiger junger Deutscher mich davor warnte, die Mietrechnung bei meinem Bootsverleiher etwa mit den Worten: »Hier ist die Rechnung, da ist das Geld« unverzüglich bezahlen zu wollen. Man müsse, so wurde ich belehrt, mindestens ein, zwei Minuten über das Wetter sprechen, sich nach dem Gesundheitszustand von Eltern, Frau und Kindern erkundigen, um dann allmählich auf die eigentliche Sache zu kommen. Jemandem, der wie ich von Natur aus recht ungeduldig ist, fiel es sehr schwer, sich an diese »Umwegsstrategie« zu gewöhnen; aber mit der Zeit erkannte man, daß sie unerläßlich war, wollte man sich das Vertrauen und die Bereitschaft der Türken zur Hilfe in Notfällen erwerben.

Geduld ist auch in verschiedenen anderen Bereichen eine charakteristische und oft nützliche Eigenschaft der Türken. Sie zeigt sich nicht zuletzt in der Außenpolitik und im Marktverhalten. Obwohl nicht zu bestreiten ist, daß es auch unter Europäern und Amerikanern Menschen gibt, die deshalb geschickte Unterhändler sind, weil sie über gute Nerven verfügen oder aber ihre Ungeduld zu verbergen wissen, habe ich aufgrund vieler Beobachtungen den Eindruck gewonnen, daß Türken im Durchschnitt weit bessere, ja geradezu meisterhafte Diplomaten und hervorragende Psychologen sind, die kaum je nervöse Unruhe an den Tag legen oder doch deren scheinbares Hervorbrechen in Wahrheit nur als einen Zug im Spiel benutzen.

Was die außenpolitischen Fähigkeiten türkischer Unterhändler anlangt, so ist zunächst auf die Erfolge hinzuweisen, die Ismet Inönü als Chefdelegierter der türkischen Friedensdelegation 1923 auf der Konferenz von Lausanne errang. Wenn es ihm damals gelang, den Erstfrieden von Sèvres (1920), der eine weitgehende Verstümmelung des Landes nach der Niederlage von 1918 vorsah, in wesentlichen Punkten modifizieren zu lassen und die Würde des Staates zu wahren, so nicht zuletzt deshalb, weil er keine Nerven zu besitzen schien, mit der ihm eigenen Schwerhörigkeit geschickt zu operieren wußte (er nutzte sie auch in manchen späteren Verhandlungen) und schließlich den immer ungeduldiger werdenden Verhandlungspartnern Zugeständnisse abhandelte, die sie ursprünglich nicht zu gewähren fest entschlossen gewesen waren. Ähnlich erfolgreich handelte und verhandelte die Türkei während des Zweiten Weltkriegs.

Auch auf kommerziellem Gebiete zeigten sich die positiven Seiten des geduldigen Ausharrenkönnens der Türken. Hier haben sich zwar inzwischen im Zusammenhang mit anderen Veränderungen der Wirtschaft gewisse Wandlungen vollzogen; zu unserer Zeit jedoch dominierte das uns, die wir aus Deutschland, Österreich oder der Schweiz kamen, völlig unbekannte Feilschen, das individuelle Aushandeln von Preisen auf den meisten Gebieten des Einzelhandels. Als Neuankömmling oder »greenhorn« wurde man bald von türkischen Bekannten oder Fremden, die schon längere Zeit im Lande wohnten, darauf hingewiesen, daß es unumgänglich sei, in allen Geschäften den zuerst genannten, vielleicht auch auf dem Etikett verzeichneten Preis erheblich zu drücken. Es war jedoch zumal für Anfänger schwierig zu ahnen, wo ungefähr der »richtige Preis« lag, wieviel man also abhandeln könne oder müsse. Dieses Feilschen heißt auf Türkisch »pazarlık« (von »pazar« = Markt oder Basar). Es ist eine Art Spiel, an dem beide Parteien Gefallen haben, ja es als Unterhaltung empfinden, die freilich als Zeitvertreib nur in einem Land gelten kann, in dem der Zeit (noch) kein großer ökonomischer Wert beigemessen wird. Auch ein Aushang mit den Worten »Fiyatlarımız maktudur« (»unsere Preise sind fest«) besagte damals nicht viel. Die Schwierigkeit bestand darin zu wissen, ob man bei zehn, zwanzig oder gar dreißig und mehr Prozent »Rabatt« nun den »richtigen« Endpreis erhandelt hatte.

Zur Veranschaulichung möge folgendes Beispiel dienen: Kurz nach Kriegsende erschien zum ersten Mal seit vielen Jahren wieder ein amerikanisches Kriegsschiff im Hafen von Istanbul. Zu den Vorbereitungen für den Empfang der amerikanischen Gäste gehörte nicht nur ein strenges Verbot für alle Dirnen, sich während der Anwesenheit der fremden Matrosen – deren Gesundheit man auf diese Weise schützen wollte – auf die Straße zu begeben, was dazu führte, daß plötzlich einige Viertel im Zentrum der Stadt wie ausgestorben dalagen; es erging vielmehr auch eine Mahnung an alle Geschäftsleute, sich loyal zu verhalten und die amerikanischen Besucher nicht zu überfordern. Aber die eingeborene Vorliebe für das »pazarlık« und der Nimbus, den die Vereinigten Staaten, insbesondere deren Streitkräfte und ihre im Dollar manifestierte ungeheuere Wirtschaftskraft damals genossen, waren so groß, daß kaum ein Händler sich an die offiziöse Empfehlung hielt.

An einem jener Tage hatte ich ein Geburtstagsgeschenk zu erstehen und begab mich in den sogenannten Großen oder Gedeckten Basar, in dem sich viele Hunderte von kleinen und mittleren Geschäften mit türkischen, armenischen, jüdischen und griechischen Händlern befinden und der seit eh und je eine besonders starke Anziehungskraft auf fremde Besucher ausübt – mit einigem Recht, denn dort herrscht, zumindest äußerlich gesehen, noch jene »romantische« Atmosphäre vor, die einem etwa aus »Tausendundeinenacht« bekannt ist. Ich suchte einen mir seit längerem gut bekannten Händler auf, um eines jener schön bestickten Handtücher zu erwerben, wie sie früher von Haremsdamen angefertigt wurden. Da ich aber meinen Bekannten in einem eifrigen Gespräch mit zwei amerikanischen Marinesoldaten begriffen sah, wollte ich ihn, der mich als einen alten Geschäftsfreund sogleich bevorzugt bedienen wollte, erst seine Transaktionen mit den Amerikanern abschließen lassen, und so beobachtete ich folgendes: Die Matrosen zeigten sich unter anderem ebenfalls an bestickten Handtüchern interessiert und erkundigten sich nach dem Preis. Der Händler zeigte ihnen das Preisetikett an diesen Tüchern, auf dem ein Betrag von 50 Türkpfund angegeben war, doch fügte er sogleich hinzu, daß alle Amerikaner Freunde der Türken seien und er sich daher im vorliegenden Falle mit 30 Pfund begnügen wolle. Überrascht und erfreut griffen die Matrosen sogleich zu, zahlten und entfernten sich. Nun kam ich an die Reihe, und der Preis, der mir, als altem »Freund«, der überdies die Landessprache (und: die Landesbräuche!) beherrschte, als erstes Angebot unterbreitet wurde, lautete auf 10 Pfund, von dem ich dann immerhin noch 2 weitere Lira abhandeln konnte. Man sieht: das »Preisspektrum« war außerordentlich breit.

Obwohl sich inzwischen der »Fest-Preis« weitgehend durchgesetzt hat, gibt es immer noch Gebiete, auf denen zumindest für Eingeweihte ein Handeln möglich und üblich ist. Dazu gehören etwa die Taxifahrpreise, was auf den ersten Blick erstaunlich erscheinen mag, da es doch Taxiuhren gibt. Aber die Wirklichkeit sieht eben anders aus, es sei denn, man wollte von einem der großen Hotels in der Umgebung des Taksim-Platzes in Istanbul zu einem der etwa zehn bekanntesten und am meisten frequentierten Punkte fahren, für die die Tarife auf einer Tafel angegeben sind. Von diesen Fällen abgesehen, ist man entweder auf Erfahrungen informierter Freunde angewiesen oder aber man wird von den Chauffeuren ausgebeutet, denn die Taxameter funktionieren praktisch nie. Als mich vor kurzem bei einem Besuch in Istanbul ein Fahrer, der offensichtlich von großem Stolz auf die – leider meist recht häßlichen – Betonbauten im »neu-europäischen« Stil erfüllt war, fragte, ob ich die Stadt nicht sehr verändert fände, antwortete ich ihm wahrheitsgemäß: »Doch, es gibt wirklich viele Veränderungen. Aber eins ist gleichgeblieben: Die Taxi-Uhren funktionieren heute noch ebensowenig wie vor drei, vier Jahrzehnten, als ich hier wohnte.« Diese Antwort wurde nicht etwa böse aufgenommen, sondern mit einem verständnisvollherzlichen Lachen quittiert.

Meine Betrachtungen über die hohe Kunst der Psychologie, der Geduld und des geschickten Verhandelns wären unvollständig, gedächte ich nicht einer mit all dem verbundenen Fähigkeit der Türken, die allenfalls Südeuropäern, nicht aber Nord- und Westeuropäern oder Nordamerikanern zu würdigen möglich ist: die Fähigkeit zu dem, was auf türkisch »keyif« heißt. Moltke hat gemeint, dieses schwer übersetzbare Wort bedeute »Laune machen«; ich ziehe die Übertragung »Muße genießen« vor. Die Fähigkeit zu einem solchen Genuß – nur zum Teil dem italienischen »dolce far niente« vergleichbar – eignet den Angehörigen der oberen wie der niederen Klassen, allerdings Männern mehr noch als Frauen. Männer, die sich dem »keyif« hingeben, kann man namentlich in den unzähligen kleinen Cafés beobachten, wo sie im Sommer im Schatten der Bäume stundenlang beim schwarzen Kaffee sitzen, bald von diesem einen Schluck, bald einen Zug aus der Wasserpfeife (der »nargile«) nehmen, selten ein Wort mit dem Nachbarn wechseln, zumeist schweigen, in die Sonne blinzeln und sich an der Landschaft erfreuen, ohne sich bei diesem Nichtstun anscheinend je zu langweilen (Moltke meinte: »ohne irgendetwas zu denken«). Man genießt die Natur, man genießt die Ruhe, die allerdings heute mehr und mehr durch Musik aus dem Radio gestört wird. Früher war es daneben üblich, sich dadurch zu »entspannen«, daß man die in altorientalischen Häusern häufig zu findende schöne, ornamental ausgestaltete Zimmerdecke, auf einem Divan oder einer Ottomane liegend, stundenlang träumerisch betrachtete – eine Methode, die nicht weniger wirksam sein dürfte und gewiß viel billiger ist als das, was dem auf der Couch liegenden Amerikaner von »seinem« Psychoanalytiker unter dem Stichwort »to relax« empfohlen wird. Aber auch hier haben die wirtschaftlich-gesellschaftlichen Reformen und die moderne Technik, vor allem auch die heutige Innenarchitektur, die alten türkischen »Tugenden« fortschreitend eingeengt.

Selbst – vielleicht allerdings auch gerade – in den Zeiten des nationalen Niedergangs in den letzten Jahrzehnten des Sultanats blieben weitere Charakterzüge der türkischen Bevölkerung, wie ein Drang zu Unabhängigkeit, ein ausgeprägter Nationalstolz, militärische Tüchtigkeit sowie von den zivilen Eigenschaften Leidenschaftlichkeit und, in Verbindung damit, stärkste Eifersucht unberührt, letztere heute auch in den Reihen der Gastarbeiter deutlich zu beobachten. Für den nicht dem Islam angehörenden Außenstehenden ist allerdings schwer verständlich, daß innerhalb der Polygamie die Eifersucht der Frau auf den Mann nur selten einen Störfaktor dargestellt hat. In diesem Zusammenhange sei folgendes berichtet:

Schon in den zwanziger Jahren wurden das deutsche Handels- und das italienische Strafrecht en bloc rezipiert. Noch bedeutsamer war die Totalrezeption des schweizerischen »Code civil«, der an die Stelle des alten (islamischen) »Scheriatrechts« trat; dadurch wurde die bis dahin herrschende Vielehe ungesetzlich. Faktisch aber setzte sich, zumal auf dem Lande, die Monogamie nur langsam und schrittweise durch. Die Konsequenz war, daß Jahr für Jahr noch Zehntausende von Kindern auf die Welt kamen, deren

Väter überzeugt davon waren, diese seien, obgleich von verschiedenen Frauen stammend, alle legitime Sprößlinge, da sie ja »Ehen« entstammten, die vom Geistlichen, d. h. einem »imam«, geschlossen waren. Um die Erbrechte solcher »bona fide-Kinder« zu schützen, beschloß das Parlament alle paar Jahre ein Gesetz, durch das eine pauschale Legitimierung ex post für solche Kinder erfolgte. Um 1940 ordnete die Regierung eine Enquête an, um Umfang, Motive usw. von Vielehen festzustellen. Der Hauptgrund für die Beibehaltung der Polygamie war natürlich, daß ein Bauer auf diese Weise billige Arbeitskräfte bekam, die ihm überdies nicht fortlaufen konnten. Eine der Tatsachen, die mich bei der Lektüre der vorzugsweise von den örtlichen Staatsanwaltschaften angefertigten Enquêteberichte mit Erstaunen erfüllten, war die nahezu für alle Regionen getroffene Feststellung, daß das häusliche Zusammenleben der verschiedenen einem Mann angetrauten Frauen sich mehr oder weniger reibungslos vollzog. Eifersucht schien also, wie oben angedeutet, insoweit keine Rolle zu spielen, vielmehr bestand eine von allen Beteiligten akzeptierte Arbeits- und Pflichten- bzw. Freudenteilung. So erinnere ich mich an den folgenden Ausspruch einer »Drittfrau«: »Die eine von uns arbeitet für unseren(!) Mann auf dem Feld, die zweite kocht und wäscht, und die dritte (ich) besorge die kleinen Kinder.«

Eine Institution, die wir erst allmählich kennen und zu beurteilen lernten, war das »evlatlik« – ein nur schwer sinngerecht übersetzbares Wort, da »Pflegekindwesen« den Sachverhalt nicht ganz zutreffend wiedergibt. Man versteht darunter die Tatsache, daß Eltern – ganz überwiegend Angehörige der ärmsten Schichten der ländlich-bäuerlichen Bevölkerung – eines ihrer weiblichen Kinder wohlhabenden städtischen Familien anvertrauen und auf ihre Elternrechte gegen eine nicht sehr große (einmalige) Summe verzichten. Dafür müssen die Pflegeeltern ihrerseits das Kind, das die Aufgaben eines gehobenen Dienstmädchens zu erfüllen hat, in jeder Hinsicht betreuen und im Falle seiner

Verheiratung für eine angemessene Mitgift sorgen. Im einzelnen lagen die Dinge von Familie zu Familie außerordentlich verschieden. Bei mehreren türkischen Kollegen, die solche »evlats« als Hausgehilfinnen und -genossinnen hatten, bestand geradezu ein Eltern-Kinder-Verhältnis, so daß beispielsweise, wenn dafür die geistigen Voraussetzungen gegeben waren, das Pflegekind eine mittlere Schulbildung erhielt, beim Essen als zur Familie zugehörig betrachtet wurde und dergleichen mehr. In anderen Fällen freilich, zum Beispiel bei einer unserer Hauswirtinnen, war es so, daß die Pflegekinder kaum anders behandelt wurden als eine Art von – sehr mäßig bezahlten – Sklavinnen.

Wie erwähnt, betraf oder betrifft die Institution des »evlatlik« nur Mädchen; ich jedenfalls habe nie ein männliches Pflegekind gesehen. Diese Tatsache gibt mir Anlaß zu einigen Worten über die unterschiedliche Beurteilung von Mädchen bzw. Frauen einerseits, Knaben bzw. Männern andererseits.

Zu unserer Zeit war die soziale Geringschätzung von Frauen noch überwiegend zu beobachten, wenn auch bescheidene Anfänge zu einer Veränderung im Zuge der verschiedenen von Atatürk eingeleiteten Reformen erkennbar wurden. Soweit ich das beurteilen kann, ist auch gegenwärtig noch zumindest in Kleinstädten und auf dem Lande von einer Gleichberechtigung der Geschlechter keine Rede. Schon rein äußerlich zeigte bzw. zeigt sich das darin, daß die Frau dort trotz des Verbots, den alten Schleier (»çarşaf«) zu tragen, tief verschleiert in der Öffentlichkeit erscheint und zum Zeichen ihrer untergeordneten Position immer einige Schritte hinter ihrem Mann geht. Nicht nur in kleinbürgerlichen Haushalten war und ist es weitgehend noch üblich, daß die Ehefrau den von der Arbeit heimkehrenden Mann mit Pantoffeln und einem Glas »Rakı« (Schnaps) empfängt. Ungeachtet der schon vor mehreren Jahrzehnten begonnenen »Kulturrevolution« durfte die Frau sich auch noch in den dreißiger und vierziger Jahren vielfach in Gegenwart männlicher Gäste nicht mit an den Tisch zum Essen setzen, sondern hatte stehend darauf zu achten, daß die Gäste und natürlich auch der Hausherr ihre Teller und Gläser gefüllt oder wiedergefüllt erhielten.

Allerdings darf man nun nicht glauben, die türkische Frau, insbesondere in ihrer Stellung als Mutter, hätte früher keinerlei Einfluß auf das Familienleben besessen oder besäße ihn auch heute nicht. Nicht zuletzt zeigte sich vielmehr ein solcher Einfluß bei der weitgehend von ihren Wünschen und Planungen abhängigen Verehelichung der Kinder. Diese ließen überdies (und lassen vielfach auch heute noch) niemals die Ehrerbietung außer acht, die sie der Mutter schulden. Dafür ein kleines Beispiel: Einer unserer türkischen Bekannten aus der damaligen Zeit, fast vierzig Jahre alt und stellvertretender Direktor der Istanbuler Zweigniederlassung der Zentralbank, pflegte, wenn wir mit ihm und seiner Schwester einen Abend in einem auf der europäischen Seite der Stadt gelegenen Lokal verbracht hatten, gegen Mitternacht unruhig zu werden und zum Aufbruch zu mahnen, obgleich man, selbst wenn man den letzten Dampfer versäumte, immer noch mit einem Motorboot bequem nach unserem Wohnviertel Kadiköy herüberfahren konnte. Der Grund war, daß er seine verwitwete Mutter nicht zu lange warten lassen mochte, die ihm die Haustür öffnen mußte, da sie ihm keinesfalls den Schlüssel, das Symbol der häuslich-familiären Machtstellung, aushändigen wollte.

Inzwischen hat sich die damals noch in den ersten Anfängen befindende Frauenemanzipation erheblich verstärkt. Gab es noch um 1950, bei meinem Fortgang, kaum einen Dozenten oder Assistenten in unserem Bekanntenkreise, dessen Frau berufstätig war, so stellte ich 1973 bei einem Besuch gelegentlich des 50. Jahrestags der Republikgründung bei ein paar Einladungen fest, daß nunmehr, ähnlich wie bei uns, die überwiegende Mehrzahl der Frauen von Hochschullehrern arbeitete, und darüber hinaus, daß verhältnismäßig viele Frauen in gehobenen Stellungen in der

Justiz, als Ärztinnen, als Professorinnen und – wie freilich auch früher – als Lehrerinnen tätig sind. Ergänzend in diesem Zusammenhange noch zwei Bemerkungen: Einmal ist in der Türkei zu beobachten, daß im Vergleich zur Bundesrepublik und anderen westeuropäischen Ländern das Heiratsalter der Frauen wesentlich niedriger liegt, was vermutlich teilweise damit zusammenhängt, daß Mädchen schon aus klimatischen Gründen früher reif werden als bei uns; zum anderen scheint die europäisch-amerikanische Tendenz zu einer Verkürzung der (Erst-) Ehedauer auch die Türkei erfaßt zu haben, wo zumindest in den mittleren und gehobeneren Schichten heute die Scheidungsziffer gegenüber der Zeit bis zur Jahrhundertmitte nicht unerheblich gestiegen ist.

Schließlich mögen hier noch ein paar Worte über deutsch-türkische Mischehen angebracht sein. Natürlich verbietet sich ein generelles Urteil. Nach meinen Beobachtungen gab es zwar einige in jeder Hinsicht außerordentlich glückliche Verbindungen dieser Art; die meisten jedoch wurden nach relativ kurzer Zeit wieder gelöst. Anscheinend hatten sie über jene Schwierigkeiten hinaus, die die Ehen unserer Zeit generell kennzeichnen, mit speziellen zu kämpfen, die auf die großen Unterschiede im Gesellschaftsleben: Stellung der Frau, Eigenarten des türkischen Familienlebens, andere (auch religiöse) Gebräuche usw. zurückzuführen sind. Kurzum, die Chancen eines vorzeitigen Zerbrechens ehelicher Verbindungen zwischen Türken und nichtmohammedanischen Ausländern scheinen mir relativ groß zu sein, namentlich dann, wenn die Frau der nichttürkische Teil ist.

Als Beispiel für Verhältnisse und Geisteshaltungen, die für den durchschnittlichen Europäer nur schwer verständlich sind, aber auch den türkischen modernen Städter schockieren dürften, sei schließlich noch folgendes berichtet, wobei ich mich auf Erzählungen eines mir gut bekannten türkischen Staatsanwalts namens Şerif stütze, der zeitweilig mein Partner in einem Amateur-Streichquartett war: In manchen ostanatolischen Gegenden, in denen die Menschen offenbar seelisch schon durch die Einsamkeit und die Kargheit der Landschaft zu einer gewissen Melancholie getrieben werden, ist es für einen Mann, der sich von einem anderen durch Wort und/oder Tat in seiner Ehre gekränkt fühlt, nicht ungewöhnlich, sich dadurch zu rächen, daß er sich nachts an der Haustür des Beleidigers aufhängt; er nimmt dabei wohl zutreffend an, daß dieser durch eine solche extreme Tat nicht nur in tiefen Schrecken versetzt und vielleicht zur Reue veranlaßt, sondern auch bei den übrigen Dorfbewohnern – die natürlich über den Fall informiert sind – an Achtung und Ansehen verlieren werde.

WER WAREN DIE DEUTSCHSPRACHIGEN EMIGRANTEN?

Ich spreche bewußt von deutschsprachigen und nicht einfach von deutschen Emigranten, weil, wie schon früher angedeutet, neben Reichsdeutschen auch Österreicher und deutschsprechende Angehörige anderer Volksgruppen der ehemaligen k. und k. Monarchie während der in Frage kommenden Zeit in der Türkei tätig waren. Unabhängig von der Staatsangehörigkeitsfrage jedoch scheint es geboten, zu unterscheiden zwischen Wissenschaftlern (meist Professoren) einerseits, Künstlern und anderen Emigranten andererseits.

Die Wissenschaftler

Aus verständlichen Gründen spreche ich zunächst von denjenigen Kollegen, die wie ich dem heute sogenannten Fachbereich Wirtschaftswissenschaften oder aber dem der Rechtswissenschaft angehörten. (Die juristische Fakultät hatte anfangs, wie früher auch in zahlreichen deutschen und französischen Universitäten, neben der rechtswissenschaftlichen die wirtschaftswissenschaftliche Ausbildung der Studierenden, wenngleich im Vergleich zu heute in relativ bescheidenem Rahmen, wahrzunehmen.)

Zu meinen engsten Mitarbeitern in den ersten Jahren gehörten Wilhelm Röpke, Alexander Rüstow, Gerhard Kessler und Alfred Isaac.

Mit Röpke verband mich schon in der letzten Zeit vor unserer gemeinsamen Emigration eine Freundschaft, die durch die räumliche Nähe von Marburg, wo Röpke als einer der jüngsten Ordinarien Deutschlands lehrte, und der Universität Frankfurt, an der ich 1927–31 als Privatdozent, 1932–33 als »nichtbeamteter außerordentlicher Professor« tätig war, gefördert wurde. Er war sicherlich, obwohl damals erst 34 Jahre alt, der bekannteste unter den nach der Türkei emigrierten deutschsprachigen Nationalökonomen. Äußerlich glich Röpke damals so sehr einem Jung-Siegfried, wie ihn sich die Nazis als Idealfigur vorstellen mochten, daß manche nur schwer verstehen konnten, daß ein solcher Mann nicht »mitmachte«. Sie übersahen dabei die Tatsache, daß Röpke wie vor, so nach der Machtergreifung Hitlers keinesfalls gewillt war, irgendwelche Konzessionen an den Diktator und seine Lehren zu machen. Er war eben ein Liberaler von altem Schrot und Korn und überdies davon überzeugt, daß der Spuk des »Dritten Reichs« über kurz oder lang verschwinden und er, Röpke, dann wieder wichtige Aufgaben in Deutschland und für Deutschland zu erfüllen haben werde.

In diesem Optimismus, der noch zur Zeit des Röhm-Putsches 1934 sehr ausgeprägt war, wurde er leider auf lange Zeit hinaus enttäuscht. Röpke hat übrigens wohl niemals die Absicht gehabt, sich in der Türkei auch nur auf mittlere Frist häuslich einzurichten. Er hat sich dort, schon aus klimatischen Gründen, nicht sehr wohl gefühlt, wurde aber sowohl von seinen türkischen als auch von seinen deutschen Kollegen mit Hochachtung und Freundschaft bedacht. Mir half er durch zahlreiche Gespräche, die wir miteinander führten, über gewisse wissenschaftliche Probleme klarzuwerden oder auch passende Titel für Aufsätze und Bücher zu finden. Denn Röpke, der ein ungewöhnlich gebildeter Mann war und überdies einen glänzenden, einprägsamen Stil schrieb, hatte die gelegentlich etwas journalistisch anmutende Fähigkeit, »in Schlagzeilen zu denken«, wie er das selbst mir gegenüber einmal formulierte. Hatten wir uns schon vor 1933 in relativer Nachbarschaft befunden, weil ja zwischen Marburg und Frankfurt nur knapp 100 Kilometer liegen, so fügte es das Schicksal, daß wir in Istanbul – genauer: in dem auf der asiatischen Seite der Stadt gelegenen Vorort Kadiköy, damals noch eine Art Dorf mit eigenartigem Charme und einem bezaubernden Blick auf das Marmarameer und die europäischen Stadtteile – nur mehr durch ein Haus voneinander getrennt wohnten. (Ähnliches galt auch für Rüstow, Isaac und später Dobretsberger, so daß immer drei der vier nationalökonomischen Emigranten-Professoren in derselben Straße wohnten, was die persönliche und sachliche Kommunikation natürlich sehr erleichterte.)

Röpke besaß eine ungewöhnliche Gabe, Anekdoten in witzig-gefälliger Form zu erzählen. Einer seiner mir unvergeßlichen Aussprüche, als Entgegnung gedacht auf eine Kritik von mir, seine Erzählung einer bestimmten Begebenheit entspreche doch nicht ganz der – von mir miterlebten – Wirklichkeit, lautete entwaffnend: »Was falsch passiert ist, muß eben richtig erzählt werden.« Er hatte viele internationale Beziehungen, insbesondere zur Schweiz, zu England und den Vereinigten Staaten, und er war von Herzen froh, als er schließlich 1937 Istanbul mit Genf vertauschen konnte. Aus Heimweh nach mitteleuropäischem Klima und Lebensstil schimpfte er in der für ihn charakteristischen Art und Weise mir gegenüber gelegentlich über den »ewig saublauen Himmel« Istanbuls. Als bekanntestem unter den Wirtschaftswissenschaftlern fiel ihm anfangs eine führende Rolle beim Aufbau des nationalökonomischen Unterrichts zu. Er war der erste Direktor des von uns gegründeten Wirtschaftswissenschaftlichen Instituts, aus dem sich dann später, unter tätiger Mitwirkung speziell unseres türkischen Kollegen Ömer Celâl Sarc, eine selbständige Wirtschaftsfakultät entwickelte.

Röpke hat noch während seines Türkeiaufenthalts neben einigen anderen Arbeiten die Grundgedanken für seine große Trilogie konzipiert, von der der erste Band, »Die Gesellschaftskrisis der Gegenwart«, 1942, die »Civitas Humana« 1944 und die »Internationale Ordnung« 1945 in der

Schweiz erschienen. Bald darauf folgten »Maß und Mitte« (1950) sowie »Jenseits von Angebot und Nachfrage« (1958) – alles Bücher, die zahlreiche Leser in der ganzen Welt, nach dem Zusammenbruch der Naziherrschaft auch, ja gerade in Deutschland fanden. In wirtschaftstheoretischer sowie vor allem in wirtschaftspolitischer Hinsicht gingen wir freilich bald verschiedene Wege. Er hielt an seinen neoklassischen Ideen auch noch – oder vielleicht sollte ich besser sagen: gerade – nach dem Erscheinen der Keynesschen »General Theory« (1936) fest und war bis zu seinem Tode ein Erzliberaler, der etwa die moderne Konzeption einer »Fiscal Policy« polemisch zugespitzt mit »Fiskalsozialismus« übersetzte. Gegen Ende seines Lebens wandte er sich in politischer Hinsicht leider von seinen alten liberalen Idealen weitgehend ab und sah nunmehr sehr konservative Prinzipien als essentiell für die Aufrechterhaltung einer Gesellschaft als unerläßlich an, wie er sie sich aus kulturellen und humanitären Erwägungen wünschte. Ungeachtet der zwischen uns sich herausbildenden Meinungsverschiedenheiten blieben unsere freundschaftlich-persönlichen Beziehungen bestehen, und wir fuhren fort, uns gegenseitig unsere Publikationen zuzusenden, wenn wir es auch in unseren Dankbriefen vermieden, auf ihren Inhalt näher einzugehen. Röpke wurde in seiner wissenschaftlichen Arbeit sehr unterstützt durch seine Frau Eva, die sich in den letzten Jahren auch durch Herausgabe einer leider recht begrenzten Anzahl von Briefen ihres Mannes und durch einen Beitrag zu einer Publikation der Universität Marburg sehr verdient gemacht hat um die Aufrechterhaltung des Gedächtnisses an einen der großen liberalen Ökonomen deutscher Herkunft.

Was Alexander Rüstow betrifft, so kannte ich ihn vor 1933 nur flüchtig, wußte jedoch, daß auch er ein außerordentlich vielseitig gebildeter und im strengsten Wortsinne liberaler Mann war. Neben seiner Tätigkeit erst als Grundsatzreferent im Reichswirtschaftsministerium, wo er sich durch die Ausarbeitung des Referentenentwurfs des ersten deutschen Kartellgesetzes seine wirtschaftspolitischen Sporen verdient hatte, und später im Verein deutscher Maschinenbauanstalten hatte er an der Berliner Handelshochschule als Dozent gewirkt. Noch weit weniger als Röpke – obwohl er viel länger als dieser in Istanbul blieb – hat Rüstow es vermocht, in der Türkei heimisch zu werden. Auch sein Interesse an der türkischen Sprache war gering. Dennoch brachten ihm seine Schüler und vor allem seine türkischen Kollegen zum Ausdruck, wie deutlich sie spürten, daß ihnen in Alexander Rüstow ein bedeutender, ungewöhnlicher Mann gegenüberstand. Er war in der Tat eine der imponierendsten dominierenden Persönlichkeiten, denen ich begegnet bin.

Rüstow hat sich ehrlich bemüht, gemäß seiner vertraglichen Verpflichtung Lehrbücher für die von ihm vertretenen Fächer zu verfassen, und daneben wurden kultursoziologische Aufsätze von ihm in türkischer Sprache veröffentlicht. Obwohl er in Istanbul weitgehend eine Art von Elfenbeinturm-Dasein führte, war er dem Lande, in dem er von 1933 bis 1949 blieb, außerordentlich dankbar – und das mit Grund; hatte ihm doch sein Aufenthalt dort die nötigen sachlichen Mittel und die Muße gegeben, um sein großes, kurz nach Kriegsende in der Schweiz veröffentlichtes dreibändiges Werk »Ortsbestimmung der Gegenwart« zu schreiben. Nicht nur in seinem Text, sondern auch, ja manchmal gerade in seinen ausführlichen Anmerkungen legt dieses monumentale Opus Zeugnis ab von einer stupenden Breite des Wissens und einem Bemühen um peinliche Exaktheit in der Darstellung, deren ökonomisch-politische Analysen von scharfer Beobachtung, Anschaulichkeit und oft von visionärer Kraft zeugen. Man braucht den Ergebnissen nicht in allen Einzelheiten zuzustimmen, um diese Leistung zu bewundern. Ich halte die »Ortsbestimmung« für eines der bedeutendsten Werke, die von deutschsprachigen Sozialwissenschaftlern in der Emigration geschrieben wurden. Das gilt meines Erachtens vor allem für die kritischen Teile im zweiten Band.

Rüstow war in den letzten zwei Jahrzehnten seines Lebens wohl am ehesten als eine Mischung von Soziologe und Kulturwissenschaftler zu kennzeichnen, doch ist im Grunde jedes Etikett, das man ihm anheften könnte, allenfalls partiell zutreffend. Obwohl sich seiner Bedeutung bewußt und von der Richtigkeit seiner Diagnosen und Prognosen zutiefst überzeugt, war er alles andere denn »eingebildet«, vielmehr besaß er eine große persönliche Bescheidenheit und überdies viel Wärme und menschliche Güte. Ich bin stolz auf die Widmung, die sich in dem mir überreichten dritten Band seiner »Ortsbestimmung« findet: »Fritz Neumark, dem Emigrationskollegen der Istanbuler Jahre und dem unermüdlichen Mahner, mit kameradschaftlichem Dank.« Ich möchte nur hoffen, daß das große Rüstowsche Werk, das letztlich von einem humanitären Optimismus getragen ist, sich gegenüber den jüngst zu beobachtenden Bemühungen, Oswald Spenglers Abendlanduntergangs-Phantasien wiederzubeleben, als das stärkere, weil »gesündere« erweisen wird.

Gerhard Kessler war ich zuerst in Jena im ersten Semester meines Studiums (1919) begegnet, als er, frisch aus dem Weltkrieg heimgekehrt, durch seine äußerst lebendige Vortragsweise eine Fülle von Studenten anzog, um die er sich auch außerhalb der Übungen und Seminare sachlich wie menschlich ungewöhnlich intensiv zu kümmern pflegte, wodurch er anderen und mir zum unvergessenen Vorbild wurde. Dank seiner Anregungen war ich überhaupt erst zur Nationalökonomie gekommen. Ursprünglich hatte ich die Absicht gehabt, Germanistik, besonders Literaturwissenschaft, zu studieren; die Neigung zu dieser habe ich mir bis heute bewahrt. Es fügte sich dann aber so, daß die meisten Jenenser Vertreter dieses Faches, das mich schon auf der Schule interessiert hatte, ungewöhnlich langweilige, wenn auch gelehrte Kollegs hielten. Eine Ausnahme von dieser

Regel bildeten der Literarhistoriker Albert Leitzmann und vor allem der junge Germanist Hans Naumann, der über moderne deutsche – im wesentlichen expressionistische – Dichtung mit derselben Begeisterung las, mit der er zu meiner herben Enttäuschung im »Dritten Reich«, inzwischen nach Frankfurt, später nach Bonn berufen, für dann politisch genehme Ideen eintrat. Unter Kesslers Einfluß, der sich in erster Linie mit Sozialpolitik befaßte, die mich sogleich anzog – mein allererstes wirtschaftswissenschaftliches Kolleg hatte »Probleme des Wohnungswesens« zum Gegenstand –, sattelte ich von der Germanistik zur Nationalökonomie um, und ich habe dann Ende 1921 mit einer Dissertation zum Dr. rer. pol. promoviert, deren Thema gerade Aktualität zu erlangen begann, nämlich »Begriff und Wesen der Inflation«. Kessler prüfte mich zwar im Mündlichen, mein Doktorvater jedoch war der noch mit dem Geheimratstitel geschmückte Professor Julius Pierstorff, dem ich während meines letzten Studienjahrs als Nachfolger des später als »Anti-Marx« (so der Titel seines Hauptwerks) bekanntgewordenen Karl Muhs »honoris causa« assistieren durfte.

Ich habe mit Kessler nach meinem Studium in ununterbrochener, wenn auch loser Verbindung gestanden. Im Frühjahr 1933 tauchte er unangemeldet und incognito in Frankfurt auf, wo er sich versteckt hielt, da man ihn in Leipzig, wohin er von Jena aus berufen worden war, tätlich bedroht, seine Wohnung teilweise zerstört hatte und er sich seines Lebens nicht mehr sicher fühlte. Der Grund für diese Verfolgung war politischer Natur: Er hatte es im letzten noch freien Reichstagswahlkampf der Weimarer Republik gewagt, für die Deutsche Staatspartei (die man etwa der heutigen F.D.P. vergleichen könnte) gegen Hitler und seine Partei zu agitieren, woraufhin er seine Professur prompt verlor.

Kessler stellte gewissermaßen das preußische Gegenbild zu dem typisch österreichischen Josef Dobretsberger dar, von dem noch ausführlich zu sprechen sein wird. Er verleugnete nicht seine Herkunft aus einem streng protestantischen Elternhaus, das im alten Ostpreußen gestanden hatte, und ebensowenig, daß er während seiner Studienzeit in Leipzig unter dem Einfluß von Nationalökonomen wie Wilhelm Stieda und Karl Bücher in eine Wissenschaftsrichtung gekommen war, die entscheidend durch die ja damals gerade in Leipzig herrschende a-theoretische »Historische Schule« unserer Disziplin geprägt war. Kessler verstand es sowohl in Deutschland als auch in der Türkei, eine Reihe von interessierten jungen Leuten um sich zu scharen und viele davon zu tüchtigen Wirtschafts- und Sozialpolitikern auszubilden. Er war ein gütiger, freilich in vieler Hinsicht auch störrischer Mensch, den man näher kennen mußte, um mit ihm gut auszukommen. Wem das aber gelang, dem war er ein treuer, wahrhaft väterlicher Freund, und die selbstverständlich-großzügige Art, wie er zahlreichen, auch ausländischen Studenten geholfen hat, entsprach seinem ausgeprägt humanen, christlichen Denken, seiner Überzeugung von der Notwendigkeit der Nächstenliebe. Von den vielen, denen er so half, erwähne ich hier nur als ein Beispiel einen jungen Indonesier namens Alfiya Yusuf Hilmi, der während des Krieges von Kessler materiell unterstützt wurde, als plötzlich die geldliche Hilfe von zuhause ausblieb. Hilmi promovierte schließlich bei ihm (und mir als Korreferenten) mit einer englisch geschriebenen Dissertation über Ölprobleme. Es war eine freudige Überraschung für mich, als ich ihn viele Jahre später mit seiner jungen türkischen Frau in Bonn wiedersah, wohin er von der Regierung seines inzwischen unabhängig gewordenen Heimatlandes als Botschafter entsandt worden war.

Neben seinem Lieblingsgebiet, der Sozialpolitik, hatte Kessler verschiedene Hobbies, wie insbesondere Familiengeschichte (einschließlich der von Hitler). Innerhalb dieser wiederum galt sein spezielles Interesse jüdischen Familiennamen, mit denen er sich in mehreren Veröffentlichungen unter wirtschaftsgeschichtlichen, sozialen und religiösen Aspekten beschäftigte. Kessler besaß einen nach Konfessionen gegliederten Satz von Zettelkästen mit Familiennamen, und eines Tages fragte ich ihn, ob er wohl auch Träger meines Namens in seinen Katalogen auffinden könnte. Schon am nächsten Tage legte er mir dann nicht weniger als fünf Kärtchen mit dem Namen Neumark vor. Dabei wollte es der Zufall, daß gleich die erste Karte die eines Matthias Neumark – Matthias ist der Vorname auch meines Sohnes –, der im 18. Jahrhundert in Königsberg studiert hatte; eine andere Karte betraf den bekannten Kirchenlieddichter Georg Neumark (1621–1681), der gleichfalls – vor seinen abenteuerlichen Erlebnissen, über die sich namentlich in älteren Auflagen des »Brockhaus« ausführliche Darstellungen finden – in Königsberg dem Jurastudium obgelegen hatte.

Kessler besaß eine ungewöhnlich große Bibliothek und hatte gewisse skurrile Angewohnheiten. Diese traten besonders deutlich hervor, nachdem seine Frau und seine beiden Töchter – anders als seine beiden Söhne, die seit langem in den Vereinigten Staaten leben – ihn unter dramatischen Umständen und mit Hilfe von Angestellten des Istanbuler deutschen Generalkonsulats während des Kriegs eines Nachts heimlich verlassen hatten. Er wohnte dann bis zu seiner Rückkehr nach Deutschland in einem großen, baufälligen Holzhaus, inmitten seiner riesigen Bücherbestände und zahlreicher Katzen, betreut von einem ehemaligen zaristischen Offizier namens Lawrow, der den Hausstand in einer gewissen Ordnung hielt.

Alfred Isaac hatte ich zuerst in Frankfurt getroffen, wo er Schüler und Assistent des bekannten Betriebswirtschaftlers Fritz Schmidt war, bevor er einen Ruf an die Handelshochschule Nürnberg erhielt. Er mußte als Jude bald erkennen, daß seines Bleibens in Deutschland nicht mehr lange war. Der Abschied fiel ihm außerordentlich schwer, da er, ebenso wie seine Frau Gertrud, eine Tochter des Kunsthistorikers

Reh, ein glühender Verehrer deutscher Kultur war. Was Kessler über Isaac nach dem Kriege an den Göttinger Kollegen Wilhelm Hasenack in einem Brief schrieb, der auszugsweise in dem Buch von Widmann zitiert ist, traf wahrlich zu: Er und seine Frau waren die freundlichsten, hilfsbereitesten und aufopferndsten Menschen, die man sich vorstellen kann.

Isaac war von Haus aus eher schüchtern, besaß aber eine große Portion Zivilcourage immer dann, wenn es um für ihn wesentliche Dinge ging. Als er erst wenige Tage in Istanbul war, beobachtete er vom Fenster seiner Wohnung aus mit Schrecken und Abscheu, wie die Kutscher der kleinen Pferdewagen – auf türkisch kurz »araba« genannt –, die damals in Vororten wie Kadiköy ein malerisches und billiges, wenn auch nicht übermäßig bequemes Personenbeförderungsmittel waren, ihre Tiere mit der Peitsche mißhandelten. Eines der ersten türkischen Worte, das er sich daraufhin beibringen ließ, war »vurma!«, zu Deutsch: »Schlag' nicht!« Mit diesem Wort bewaffnet, stürzte er sich wiederholt auf einen der stämmigen türkischen Kutscher, worüber dieser meist so erstaunt war, daß er dem Wunsch oder »Befehl« gehorchte, wenn auch nur vorübergehend.

Isaac hatte sicherlich pädagogische Talente, und er bemühte sich nicht ohne Erfolg, Türkisch zu lernen und betriebswirtschaftlich wichtige Gesetze, Einrichtungen usw. des Landes kennenzulernen; er gehörte jedoch zu jenen deutschen Betriebswirten, die man als erste oder zweite Generation der Vertreter dieser jungen Disziplin, die er als solche aber überhaupt erst in die Türkei einführte, bezeichnen kann. Er war naturgemäß noch nicht durch die Schule Erich Gutenbergs gegangen, durch den die deutsche Betriebswirtschaftslehre erst wissenschaftliche Dignität erlangte. Im übrigen waren beide Isaacs gesellige Menschen, vor allen was musikalische Veranstaltungen betrifft: Sie war eine vorzügliche Klavierpädagogin, er ein begeisterter Flötist.

Die Arbeitsteilung zwischen den drei erwähnten Kollegen und mir vollzog sich in freundschaftlich-reibungsloser Weise. Allerdings muß ich hier auf eine etwas groteske Einzelheit hinweisen: Nur für Röpke war ein – ich möchte sagen: »normaler« – nationalökonomischer Lehrstuhl vorgesehen. Rüstow, der übrigens von Haus aus Altphilologe war und erst später zu den Wirtschaftswissenschaften überschwenkte, sollte in erster Linie Wirtschaftsgeographie lehren; so stand es jedenfalls in seinem Anstellungsvertrag. Nach einiger Zeit wurde ihm allerdings die Möglichkeit eröffnet, auch wirtschaftsgeschichtliche und soziologische Kollegs zu halten, d.h. auf Gebieten zu wirken, für die er weit bessere Voraussetzungen als für die Wirtschaftsgeographie mitbrachte, obwohl er auch diese im Laufe der Zeit recht interessant zu gestalten vermochte. Für Kessler und Isaac entwickelten sich die Dinge dann relativ einfach: Isaac erhielt eine Professur für Betriebswirtschaftslehre und Kessler den Lehrstuhl für Sozialpolitik mit der Verpflichtung, sich daneben auch um die Soziologie zu kümmern.

Ich selbst habe wegen der im Vertrag vorgesehenen Kennzeichnung meines Lehrstuhls längere Zeit gezögert, ob ich diesen mit gutem Gewissen übernehmen könnte. Man hatte mir nämlich die im Stellenplan vorgesehene Professur für Sozialhygiene und Statistik zugedacht. Ich protestierte lebhaft dagegen mit der Begründung, daß ich von Sozialhygiene nichts und von Statistik nur wenig verstünde. Ich wurde dann aber von türkischer Seite beruhigt und dahin belehrt, es käme im Grunde gar nicht darauf an, wie mein Lehrstuhl benannt sei, sondern nur darauf, daß ich befähigt und gewillt sei, irgendwelche wirtschaftwissenschaftlichen Vorlesungen mit Niveau zu halten. Zögernd nahm ich an, und praktisch haben sich die Dinge dann auch so abgespielt, daß ich – glücklicherweise! – nie eine sozialhygienische Vorlesung oder Übung abzuhalten brauchte (da wäre ich mir wahrlich als Hochstapler vorgekommen) und daß ich für die Statistik nur ein, zwei Semester sozusagen nebenamtlich zuständig war, da erfreulicherweise ein jüngerer türkischer Kollege: Ömer Celâl Sarc, der übrigens in Deutschland studiert und bei Werner Sombart promoviert hatte, ein ausgezeichneter Statistiker war und mich voll entlasten konnte. Mein Arbeitsgebiet war es daher, alternierend mit Röpke und dem türkischen Professor Şükrü Baban, die Volkswirtschaftslehre, und zwar sowohl in bezug auf Theorie wie Politik, zu vertreten. Daneben las ich auch, aber anfänglich nur »sekundär«, Finanzwissenschaft, die längere Zeit in erster Linie durch einen nach meinen damaligen Standards – ich war ja gerade erst 33 Jahre alt – älteren türkischen Kollegen namens Ibrahim Fazil Pelin vertreten wurde. Dieser hatte in Frankreich studiert, war ausschließlich mit französischer Literatur vertraut und überzeugter Anhänger streng liberaler (Rüstow pflegte zu sagen: »paläoliberaler«) Ideen. Nach einigen Schwierigkeiten zu Beginn gelang es mir, mit Pelin, ein von den Studenten als strenger Examinator gefürchteter, aber im Grund herzensguter Mann, in fast freundschaftlich zu nennende Beziehungen zu kommen, und wir wechselten dann hinsichtlich der Finanzwissenschaft, die wir überdies in mehrere Teilvorlesungen aufgliederten, in ähnlicher Weise ab wie Röpke und ich auf dem Gebiet der Nationalökonomie. Nach Pelins Tod fiel mir dann die Finanzwissenschaft allein zu, doch habe ich, getreu den Mahnungen, die mir mein Lehrer Gerloff zu Beginn meiner akademischen Tätigkeit erteilt hatte, immer Wert darauf gelegt, neben der Finanzwissenschaft auch Wirtschaftstheorie und -politik zu pflegen. Meine besondere Vorliebe galt dabei der Geschichte der volkswirtschaftlichen Lehrmeinungen, die ich in regelmäßigen Abständen vortrug, was den französischen und den ihnen nachgebildeten türkischen Lehrplänen entsprach, während dieses Fach bekanntlich in Deutschland bis auf den heutigen Tag auf nur geringes Interesse stößt. In der Tat habe ich mich nach meiner Rückkehr nach Frankfurt (sowie anläßlich meiner Tätigkeit als Gastprofessor in Basel) so ziemlich als einziger um die meines Erachtens ebenso schwierige wie anziehende Dogmengeschichte gekümmert. Mehrere meiner Publikationen, wie etwa meine (zweite) Rektoratsrede (1961) über »Wandlungen in den Auffassungen vom Volkswohlstand« und der Vortrag, den ich bei einer Gedenkfeier für Edgar Salin, der sich ja auf diesem Gebiet schon in seiner Jugend ausgezeichnet hatte, 1973 in Basel hielt und der später (1975) im »Kyklos« erschien, legen Zeugnis ab von meinem im wesentlichen in der Türkei erworbenen großen Interesse für die historische Entwicklung unserer Disziplin.

Außer Röpke, Rüstow, Kessler und mir waren noch einige weitere deutsche Volkswirte für eine Berufung an die Istanbuler Universität in Aussicht genommen. So besitze ich etliche darauf bezugnehmende Briefe von Georg Jahn und Adolf Lampe, die von solchen Möglichkeiten handelten. Lampe wurde als Mitglied des unter Führung von Walter Eucken stehenden liberalen »Freiburger Kreises« nicht zuletzt dank Ludwig Erhard nach dem Kriege breiten Schichten der deutschen Öffentlichkeit bekannt. Aber weder Lampe noch Jahn fühlten sich, aus unterschiedlichen Gründen, zur Annahme eines Rufes in die Türkei in der Lage, den ich ihnen 1934 in Aussicht stellen konnte.

Wie schon erwähnt, verließ Röpke bereits nach vier Jahren Istanbul, um sich an das »Institut Universitaire de Hautes Etudes Internationales« nach Genf zu begeben, wo er bis zu seinem viel zu frühen Tode (1966) lebte und wirkte. Als es sich darum handelte, einen Nachfolger für ihn zu finden, haben wir lange darüber beraten, denn die »Marktlage« hatte sich trotz des wachsenden Drucks des Naziregimes eher verschlechtert, soweit es sich um wirklich qualifizierte Kräfte handelte. Da half uns der Zufall oder, wenn man will, das Schicksal: Wenige Tage nach dem »Anschluß« Österreichs an das »Dritte Reich«, also im Frühjahr 1938, lasen wir in einer Zeitung, daß alle Mitglieder der früheren Regierung Schuschnigg von den Nazis verhaftet worden seien oder werden sollten. Darunter mußte sich auch unser Grazer

Kollege Josef Dobretsberger befinden, der im jugendlichen Alter von 33 Jahren eine Zeitlang als Vertreter des linken Flügels der Christlich-Sozialen im Schuschniggschen Kabinett als Sozialminister tätig gewesen war, dann aber an die Grazer Universität zurückkehrte und zu der Zeit des »Anschlusses« dort das Rektoramt bekleidete. Zwar brachten die Zeitungen keine Meldung über seine Verhaftung, wohl aber über seine Absetzung als Rektor, die wir als böses Vorzeichen deuteten. Wie dem auch sei, wir – d. h. Rüstow, Kessler, Isaac und ich – überlegten sogleich, ob und gegebenenfalls wie es wohl möglich wäre, Dobretsberger für die Nachfolge Röpkes zu gewinnen. Da ich der einzige war, der ihn persönlich kannte, wurde ich beauftragt, einen inoffiziellen, vorsichtig formulierten Brief an ihn gelangen zu lassen, ihm von dem Fortgang Röpkes zu berichten und ihn zu fragen, ob er einen geeigneten Kandidaten für die Nachfolge wisse. Vorsorglich richtete ich gleichzeitig ein Schreiben an Röpke und bat ihn um sein Urteil über Dobretsberger; dieses lautete, unter Bezugnahme auf abschriftlich beigefügte Empfehlungen von Hans Kelsen und Ludwig von Mises, sehr positiv.

Schon kurze Zeit nach meiner Anfrage bei Dobretsberger erhielt ich ein Telegramm, das kurz und bündig lautete: »Interessiere mich selbst für Professur in Istanbul.« Daraus schlossen wir – freilich zu Unrecht, wie sich herausstellen sollte –, daß Dobretsberger von den neuen Machthabern nicht inhaftiert worden sei. Erst später erfuhren wir, daß er doch im Gefängnis gesessen hatte, wohin ihm seine Frau Carla meinen Brief mit der erwähnten Anfrage brachte und mir auf seinen Wunsch hin sein eigenes Interesse an der Berufung telegrafisch mitteilte. Es gelang ihm dann auf höchst komplizierte und nicht ungefährliche Weise, aus Österreich herauszukommen. Ein ihm von früher her befreundeter Beamter ließ ihn auf ein paar Tage frei (in der Tat erschien kurz nach seinem »Verschwinden« die Gestapo in seiner Wohnung, um ihn abermals festzunehmen), so daß er – freilich fast ohne Gepäck – in die Schweiz reisen konnte, begleitet von seiner mit echt österreichischem Chic und Charme begabten Frau, seiner Schwiegermutter und seinem Töchterchen Sissy, die eine der engsten Freundinnen meiner Tochter Veronica wurde.

Aus Briefen, die er mir dann aus Ascona schrieb, gehen die großen Schwierigkeiten hervor, mit denen jeder Emigrant damals kämpfen mußte. Dabei hatte es Dobretsberger noch besser als die meisten anderen, die sich in einer ähnlichen Notlage befanden: Er verfügte über zahlreiche persönliche Beziehungen aus seiner Ministerzeit und seiner Tätigkeit im Verwaltungsrat der Oesterreichischen Zentralbank und war als Nichtjude geringeren Schwierigkeiten ausgesetzt. So beschaffte ihm während der Verhandlungen mit der türkischen Regierung der damalige Präsident der Schweizerischen Nationalbank, Bachmann, eine dreimonatige Aufenthaltsbewilligung in seinem Land, das für seine Zurückhaltung in diesem Punkt bekannt war. Auf abenteuerlichen Wegen gelangte Dobretsberger dann schließlich im September 1938 nach Istanbul. Dort wurde der neue Kollege bald einer meiner besten Freunde, und diese Freundschaft hat bis zu seinem Tode gedauert. Er ist kurz vor meiner Rückkehr nach Frankfurt in seine alte Heimat zurückgekehrt; dort sahen wir uns dann wiederholt in Graz und vor allem in Wien, wo er eine mit schönsten alten Möbeln, Teppichen usw. ausgestattete Zweitwohnung besaß. Daß Dobretsberger die Türkei schon nach etwa drei Jahren wieder verließ – und das, obwohl er sich dort ungewöhnlich gut und schnell eingelebt und sich unter Kollegen wie Studenten viel Anerkennung erworben hatte –, hing nicht zuletzt damit zusammen, daß er sich durch Franz von Papen bedroht glaubte, der ja, nachdem er seine Aufgabe in Wien so hervorragend im Sinne Hitlers gelöst hatte, zum deutschen Botschafter in Ankara ernannt worden war. Dobretsberger fühlte sich insbesondere, als der Krieg sich scheinbar ganz zugunsten Hitlers zu entwickeln begann, in der Türkei nicht mehr sicher; er wurde erst in dem damaligen Palästina, später in Kairo propagandistisch gegen die Nazis tätig. Nach Kairo, das er sehr liebte, ist er nach Kriegsende mehrfach als Gastprofessor zurückgekehrt.

Josef Dobretsberger war in vielfacher Hinsicht ein glänzend begabter, ja genialischer Mensch, der in seinen akademischen Anfängen stark durch den damals in Wien lehrenden Staatsrechtler und -philosophen Hans Kelsen beeinflußt worden war, daneben aber durch die bedeutendsten Vertreter der berühmten wirtschaftstheoretischen »Österreichischen Schule«, wie Carl Menger und Eugen von Böhm-Bawerk. Dem romantisierenden Soziologen Othmar Spann dagegen stand er menschlich wie sachlich fern, und er mokierte sich oft über den bei Konvertiten ja nicht ganz selten anzutreffenden kirchlich-religiösen Übereifer dieses geistigen Nachfahren des reaktionären Adam Müller.

Dobretsberger fühlte sich früh zur Politik, und zwar einer ausgeprägt sozial ausgerichteten Politik, hingezogen. Das hat meines Erachtens viel dazu beigetragen, daß er für größere wissenschaftliche Arbeiten, zu denen er durchaus befähigt gewesen wäre, nicht die innere und äußere Muße fand. Er stand politisch ziemlich weit links, gab nach dem Kriege – in Wien – eine weitgehend kommunismusfreundliche Zeitung (mit freilich beschränkter Auflagenzahl) heraus, konnte jedoch weder auf diese noch auf andere Weise in die aktive Politik Österreichs zurückkehren. Obgleich er frühzeitig die große politische Bedeutung und die gewaltigen wirtschaftlichen Möglichkeiten eines Warenaustauschs mit China (das er mehrfach besuchte) erkannte, besaß er doch meines Erachtens keine klare politische Konzeption. Wohl aber verfügte er über ein hohes Kunstverständnis, das sich nicht zuletzt in seiner kostbaren Schmuckstück- und Goldmünzensammlung widerspiegelte. Geld- und Währungsprobleme gehörten übrigens von früh an zu den bevorzugten Themen seiner wissenschaftlichen Arbeiten.

Nach Dobretsbergers Fortgang von Istanbul waren wir wieder einmal ohne einen der planmäßigen nationalökonomischen Ordinarien. Diesmal war es Mussolini, der uns, freilich ohne sein Wissen und gewiß nicht mit seinem Willen, half, einen hervorragenden Nachfolger für Dobretsberger zu finden, nämlich Umberto Ricci, zuvor Professor für Wirtschaftstheorie an der Universität Rom. Ricci wurde als Vertreter klassisch-liberaler Lehren, die als solche denen des quasi gesetzlich angeordneten »Korporativismus« strikt entgegengesetzt waren, vom »Duce« gehaßt und nach einigen mit diesem in der Presse geführten Auseinandersetzungen seiner Professur enthoben. Ich kannte ihn flüchtig von einer Begegnung in Genf her, als ich dort auf Einladung William Rappards 1933 eine Reihe von Vorträgen am »Institut de Hautes Etudes Internationales« hielt, an dem Ricci damals als Gastprofessor wirkte. Trotz des schon in vollem Gang befindlichen Krieges gelang es Ricci, der auf unseren Berufungsvorschlag sofort einging, 1942 mit seiner Frau sicher die Gestade des Bosporus zu erreichen. Umberto Ricci gehörte zwar nicht zu den »deutschsprachigen Emigranten«, von denen dieses Buch sonst so gut wie ausschließlich handelt. Aber er fühlte sich unserem Kreise innerlich und äußerlich eng verbunden; deshalb hätte ich es für unangebracht gehalten, seiner hier nicht Erwähnung zu tun.

Umberto Ricci war, in vollkommenem Gegensatz zu Kessler, in erster Linie reiner Theoretiker, und als solcher hat er in der Türkei u. a. ein ausgezeichnetes Werk über Werttheorie publiziert, das später auch in französischer Sprache erschienen ist. Er war ein Mann von echt lateinischer Höflichkeit und Herzlichkeit, geistreich in der Unterhaltung und ein ebenso glühender Patriot wie ein erbitterter Gegner des Faschismus. Sofort nach dessen Zusammenbruch wurde ihm sein alter Lehrstuhl an der Universität Rom wieder angeboten; jedoch starb Ricci auf der damals noch beschwerlich-umständlichen Rückreise 1945 in Kairo, wo er vor dem Kriege schon einmal als Gastprofessor gewirkt hatte, an einem Herzversagen. Seine um vieles jüngere Gattin Lizetta war eine der bezauberndsten Frauengestalten, die mir in meinem Leben begegnet sind. Schon äußerlich strahlte sie einen Adel aus, der seine reale Grundlage in der Tatsache gehabt haben mag, daß ihre Ahnenreihe einen Dogen von Venedig aufweisen konnte. Und es ist charakteristisch für den seit je internationalen Charakter Istanbuls, der sich gerade auch während der Zeit unserer Anwesenheit dort (wohl im Zusammenhang mit dem Kriegsgeschehen) manifestierte, daß es nichts Ungewöhnliches war, wenn man – wie meine Frau das gelegentlich formulierte – im Theater oder Kino zwischen der Ur- oder Ur-Ur-Enkelin eines venezianischen Dogen und der Tochter eines aktiven sowjetrussischen Generals saß (eine solche war die Frau eines unserer jugoslawischen Bekannten, Frau Valja Gaži, jetzt Professorin an der Universität Zagreb).

Ich möchte nun von Kollegen aus der Rechtswissenschaftlichen Fakultät berichten, an erster Stelle von Andreas Bertholan Schwarz, Professor für Römisches Recht und Zivilrecht. Schwarz stammte aus Ungarn; er hatte zuvor in Zürich und Freiburg/Br. gelehrt und war eine der imponierendsten, wissenschaftlich bedeutendsten Persönlichkeiten in unserem Kreise. Er besaß ein seinen Fähigkeiten durchaus angemessenes ruhiges Selbstbewußtsein und hat namentlich auf seine türkischen Mitarbeiter, weniger vielleicht auf die Mehrzahl der Studierenden, einen nachhaltigen Einfluß ausgeübt. Sein ausgeprägtes Rechtsgefühl hinderte ihn nicht daran, bisweilen von der – gerade auch unter den türkischen Verhältnissen nicht unrealistischen – Hypothese auszugehen, ein Universitätsprofessor habe eine quasi naturrechtlich begründete soziale Vorzugsstellung inne. Das möge die folgende Begebenheit illustrieren: Schwarz wohnte wie viele andere deutsche Emigranten in Bebek, einem sehr hübschen, am Bosporus gelegenen Vorort. An einem Tag während des Krieges, an dem wegen militärischer Manöver für einige Stunden das Betreten bestimmter Straßen verboten war, wollte Schwarz, davon überzeugt, daß dieses Verbot für Persönlichkeiten wie ihn nicht gelte, majestätischen Ganges, nur mit einer Badehose bekleidet, die paar Dutzend Meter, die seine Wohnung vom Wasser trennten, durchschreiten, um sein übliches Morgenbad zu nehmen. Er wurde aber alsbald von der Polizei aufgegriffen und zur nächsten Station gebracht, wo er sich einem Verhör unterziehen mußte. Ungeachtet seiner dürftigen Bekleidung stand er dieses erfolgreich durch, nachdem festgestellt worden war, daß es sich bei ihm tatsächlich nicht um einen »gewöhnlichen« Bürger oder gar einen Spion, sondern einen angesehenen Professor der »Istanbul Üniversitesi« handelte. Er starb einige Jahre nach dem Kriege, als er eine Gastprofessur an seiner alten Freiburger Universität wahrnahm.

Ein weiterer deutscher Kollege an der Juristischen Fakultät war Richard Honig, der in Göttingen Professor für Öffentliches Recht und Rechtsphilosophie gewesen war – ein etwas trockener, aber wissenschaftlich solider und nicht unbedeutender Mann, der freilich nicht jene Ausstrahlungskraft hatte, die andere Kollegen besaßen.

Nur relativ kurze Zeit an der Istanbuler Rechtsfakultät tätig war der international wohlbekannte, akademisch aus Frankfurt kommende Völkerrechtler Karl Strupp. Ich vermag als Nicht-Jurist nicht zu beurteilen, welche wissenschaftliche Bedeutung Strupp zukam, hatte aber immer das vielleicht objektiv nicht berechtigte Gefühl, daß er mehr über kompilatorische Fähigkeiten als über eigene Ideen verfügte. Strupp verließ Istanbul aus gesundheitlichen Gründen schon nach etwa einem Jahr und ist nach einer wissenschaftlichen Tätigkeit in mehreren westeuropäischen Staaten Anfang 1940 in Paris, in verhältnismäßig jungen Jahren, gestorben.

Ernst E. Hirsch war wohl der jüngste unter allen an die Universität Istanbul Berufenen und der einzige, dem es gelang, den Sprung vom Privatdozenten (noch ohne Professortitel) zum Ordinarius zu schaffen. Er war pädagogisch ungemein geschickt und gehörte zu den wenigen, die in relativ kurzer Zeit die türkische Sprache so erlernten, daß sie sich ihrer zunächst in den Prüfungen, dann auch in den Vorlesungen bedienen und bald darauf selbst ihre Bücher in der Landessprache verfassen konnten. Hirsch war von Haus aus primär an Fragen des Handelsrechts interessiert. Er hat aber dann, nachdem er aus persönlichen Gründen die Istanbuler mit der Ankaraer Rechtsfakultät vertauscht hatte, das Schwergewicht seiner Tätigkeit mehr und mehr auf die Rechtsphilosophie verlegt. Außer zahlreichen Buch- und Zeitschriftenveröffentlichungen hat er eine Reihe von Gutachten für die türkische Regierung ausgearbeitet. Nach dem Kriege nahm Hirsch eine Berufung an die Freie Universität Berlin an, deren Rektorat er zweimal erfolgreich verwaltete. Sein Gesundheitszustand zwang ihn, sich frühzeitig emeritieren zu lassen. Seine Beziehungen zur Türkei, der er in hohem Maße zugetan war und die ihm ihrerseits viel verdankt, sind bis auf den heutigen Tag eng geblieben.

Eine besonders große Zahl deutschsprachiger Emigranten war an der Philosophischen Fakultät von Istanbul tätig. Einer der bedeutendsten war zweifellos Hans Reichenbach, der seit 1926 an der Berliner Universität Physik gelehrt hatte. Als Philosoph war er ein Hauptvertreter des Neupositivismus und Mitbegründer des »Wiener Kreises«, zu dem außer ihm insbesondere Moritz Schlick und Rudolf Carnap gehörten. Kurz vor Kriegsausbruch verließ er die Türkei und nahm einen Ruf an die Universität von Los Angeles an, wo er bis zu seinem Tode lehrte. Mit seinen in den Vereinigten Staaten veröffentlichten Arbeiten gewann er rasch weltweite Beachtung. Er war ein scharfsinniger, äußerst gebildeter und humorvoller Gelehrter, von dessen Gedanken ich um deswillen leicht profitieren konnte, weil wir jahrelang im gleichen Hause in Kadiköy wohnten. Unsere Kinder waren eng befreundet, obwohl sich bei den unterschiedlichen Erziehungsmethoden der Eltern (Reichenbachs waren im Gegensatz zu uns überzeugte Anhänger der Montessori-

Schule) auch erhebliche Meinungsverschiedenheiten hätten bilden können. Unter dem Einfluß des etwas älteren Reichenbach-Sohnes entwickelte sich unser Junge, ohne daß wir das ahnten, frühzeitig zu einem Atheisten; jedenfalls flüsterte er uns, als er wegen eines Armbruchs einige Tage im Deutschen Krankenhaus verbringen mußte, als großes Geheimnis zu (er war damals etwa zehn Jahre alt): »Denkt Euch, die Schwestern hier glauben noch an Gott!«

Internationale Anerkennung genoß auch der Romanist Leo Spitzer, dessen Einfluß sich bis auf die heutige Generation romanistischer Lehrer und Professoren erstreckt. Spitzer, gebürtiger Wiener, war nicht nur ein hervorragender Gelehrter, sondern auch ein vorzüglicher Pädagoge, der bereits in Marburg und Köln, den Stätten seines Wirkens in Deutschland, eine große Schar von begabten, aufgeschlossenen Wissenschaftlern um sich versammelt hatte, die man geradezu als »Spitzer-Jünger« bezeichnen konnte und die ihm großenteils in die Türkei folgten. Zu diesem Kreise gehörten u. a. Heinz Anstock (der nach dem Kriege Leiter der Deutschen Schule in Istanbul wurde), Herbert Dieckmann (der später in die Vereinigten Staaten übersiedelte), Traugott Fuchs (jetzt Professor am ehemaligen Robert College in Bebek), Hans Marchand (er übernahm nach mehrjährigem Aufenthalt in den Vereinigten Staaten eine anglistische Professur in Tübingen) und Rosemarie Burkart, die noch während des Krieges, als Spitzer schon die Universität Istanbul mit der Johns Hopkins University vertauscht hatte, die Türkei verließ, um nach ihrer Verheiratung mit dem bekannten Journalisten Kurt Heyd in Deutschland tätig zu werden. Beide, in Darmstadt lebend, gehören zu unseren nächsten Freunden, mit denen wir einen regelmäßigen Informationsaustausch über die Türkei pflegen.

Auch Erich Auerbach, der Spitzer früher schon, in der Zeit der Weimarer Republik (1929), auf den Marburger Lehrstuhl gefolgt war und seit 1936 – wiederum als Nachfolger Spitzers – in Istanbul lehrte, gehörte zu den hervorragenden

Vertretern seines Faches. Ähnlich wie Spitzer, nur etwa ein Jahrzehnt später, begab Auerbach sich in die Vereinigten Staaten; dort dozierte er hauptsächlich an der berühmten Yale University. Kurz vorher (1946) war sein Buch »Mimesis« erschienen, das großes Aufsehen erregte und lebhafte Bewunderung weit über die romanistischen Fachkreise hinaus fand.

Über ein Jahrzehnt in Istanbul tätig war der aus Gießen berufene Philosoph Ernst von Aster, der vor allem durch philosophiegeschichtliche Arbeiten bekannt geworden ist. Er hatte als Mitglied der Sozialdemokratischen Partei seinen Gießener Lehrstuhl 1933 verloren, kam nach einigen Umwegen 1936 in die Türkei und starb bald nach Kriegsende in Schweden, dem Heimatland seiner Frau.

Die Orientalistik war an der Istanbuler Universität durch Hellmut Ritter vertreten, der zuvor in Hamburg eine Professur innegehabt hatte und als eine der Leuchten seines Faches galt. Bruder des bekannten Freiburger Historikers Gerhard Ritter, war Hellmut Ritter gewiß ein etwas eigenartiger und eigenwilliger Mann, der durch seine herbe Art und sein bisweilen zum Aufbrausen neigendes Temperament vielfach Anstoß erregte. Da ich aber den Rückgang von wirklichen »Originalen«, die früher für Professoren nicht nur deutscher Hochschulen charakteristisch waren, sehr bedauere und überdies die fachlichen Qualitäten Ritters hochschätzte, habe ich ihm stets die Stange gehalten, und ich bewunderte nicht nur seine Kenntnis der orientalischen Sprachen – dazu war ich begreiflicherweise nur sehr begrenzt in der Lage –, sondern vor allem auch sein Verständnis für die orientalische Denkweise.

Gerne erinnere ich mich der Jahre unserer Bekanntschaft in der Türkei, dann aber auch unseres Zusammenarbeitens in Frankfurt, nachdem wir beide nach dem Kriege dorthin zurückgekehrt waren. Eine kleine Anekdote aus dieser Zeit mag seine Wesensart kennzeichnen: Zur Zeit meines ersten Rektorats war Ritter als Dekan der Philosophischen Fakultät Mitglied des akademischen Senats. Dort gab es zwischen ihm und anderen Senatsmitgliedern wiederholt Meinungsverschiedenheiten, bei denen er leicht in heftige Erregung geriet. Eines Tages, als ein Senator glaubte, ihm in einer Sachfrage widersprechen zu müssen, fuhr Ritter ihn mit den folgenden Worten an: »Sie wollen hier von Kultur sprechen und sind nicht einmal wie jeder gewöhnliche Türke in der Lage, zwanzig oder mehr Quellwasserarten voneinander zu unterscheiden.« Und ein weiteres Beispiel: Als die Bauverwaltung der Universität im Zuge einer Restaurierung von Seminarräumen beabsichtigte, in dem von Ritter geleiteten Orientalischen Seminar Neon-Leuchten anzubringen, erklärte Ritter dezidiert, wenn man alte arabische Handschriften im Original lesen wolle, sei Neonlicht, ja elektrisches Licht überhaupt schädlich; in Räumen, die der wissenschaftlich betriebenen Orientalistik dienten, dürften nur Petroleumlampen Verwendung finden.

Erst verhältnismäßig spät, nämlich 1943, kam Walther Kranz nach Istanbul, ein auch außerhalb Deutschlands wohlbekannter klassischer Philologe. Er vertrat zeitweilig auch Germanistik und Philosophie und stand außer mit seinen Fakultätskollegen insbesondere mit Rüstow in Verbindung, der ja ebenfalls von Hause aus Altphilologe war.

Zu den Mitgliedern der Istanbuler Philosophischen Fakultät gehörte ferner der Psychologe Wilhelm Peters, der neben seinem eigentlichen Fache auch die Pädagogik vertrat; ich hatte zu ihm aber keine persönlichen Beziehungen. Zunächst als Numismatiker am Archäologischen Institut, dann als Althistoriker an der Fakultät Istanbul wirkte schließlich Clemens (später: Emin) Bosch.

Eine Reihe von Professoren war nicht in Istanbul, sondern in Ankara an der Fakultät für Sprachen, Geschichte und Geographie tätig. Einer der hervorragendsten unter ihnen war zweifellos der Assyriologe Benno Landsberger, der internationalen Ruf genoß und vor allem während seiner nach-türkischen Tätigkeit an der Universität Chicago eine ausgedehnte Publikationstätigkeit entfaltete. Er war, ähnlich wie Ritter, ein bisweilen etwas »schwieriger« Kollege und eines der professoralen »Originale«. Weitere ausländische Mitglieder der Fakultät in Ankara waren der Indologe Walter Ruben, der Altphilologe Georg Rohde, der Hethitologe Gustav Güterbock und der Sinologe Wolfram Eberhard. Ihnen stand ich, schon aus räumlichen Gründen, nicht sehr nahe; lediglich Güterbock (der übrigens mit einer Tochter des noch zu erwähnenden Otologen Hellmann verheiratet ist) habe ich gelegentlich wiedergesehen: Er ist seit Kriegsende Professor an der Universität Chicago.

Auch abgesehen von Emigranten waren übrigens, kraft einer alten Tradition, in der Türkei stets mehrere deutsche Archäologen tätig. An erster Stelle ist hier Kurt Bittel, derzeit Kanzler des Ordens »Pour le mérite«, zu nennen, über den als einen der bekanntesten Vertreter der deutschen Archäologie man kaum viel zu sagen braucht. Er war sowohl während des Krieges als auch wieder nach dessen Ende Leiter des Deutschen Archäologischen Instituts in Istanbul und viele Jahre zugleich Professor an der dortigen Universität. Nach Widmann sind sowohl Bittel als auch Eberhard und Ritter nicht zu den »eigentlichen Emigranten« zu rechnen. Das trifft objektiv zweifellos zu, doch haben sich die Genannten – anders als manche anderen – von den »Eigentlichen« meines Wissens niemals distanziert. Dazu folgende Erläuterung:

Es gab einige in der Türkei während der kritischen Jahre tätige Persönlichkeiten, die man als »Nicht-Emigranten« bezeichnen konnte. Mit ihnen unterhielten die Emigranten keine oder nur lose Beziehungen, was aber keineswegs allein schon einen Beweis für ihre Nazi-Gesinnung darstellte. Insbesondere dann, wenn solche Menschen noch Angehörige in Deutschland hatten, um deren Sicherheit sie besorgt sein mußten, war Zurückhaltung für sie geboten und verständlich. Manche hatten allerdings auch genug Zivilcourage, um sich etwa um »Rassenunterschiede« u. dgl.

nicht oder doch nur in dem unerläßlichen Mindestmaße zu kümmern. Ich gedenke beispielsweise des jungen Ehepaares Hans und Elisabeth (»Lilo«) Grossekettler, mit dem meine Frau und ich die ersten drei, vier Jahre einen regen, freundschaftlich-geselligen Verkehr pflegten. Dann aber sagte mir Hans Grossekettler eines Tages – er war Vertreter einer großen deutschen Industriefirma – ebenso verlegen wie offen, er dürfe laut Anweisung oder »Befehl« des Deutschen Generalkonsulats sich mit uns »Nichtariern« nicht mehr in der Öffentlichkeit zeigen; er bäte um Verständnis, wenn wir unseren Verkehr »draußen« ganz einstellten und den häuslichen einschränkten. Wir kannten uns inzwischen gut genug, um zu wissen, wie das sympathische Paar wirklich dachte, so daß unsere Beziehungen ohne Mißklang reduziert, aber keineswegs ganz eingestellt wurden. Grossekettler kam kurz darauf bei einem Flugzeugunfall ums Leben. Nach dem Kriege sahen wir seine Frau und den Sohn Heinz Grossekettler wieder, und ich bin froh, wesentlich dazu beigetragen zu haben, daß dieser scharfsinnige junge Theoretiker die Laufbahn eines aktiven Marineoffiziers – nach entsprechenden Studien – mit der eines Professors für Wirschaftstheorie bzw. Finanzwissenschaft in Münster vertauscht hat.

Die gelegentlich anzutreffende Unterscheidung zwischen »Muß-Emigranten« und »freiwilligen« halte ich nur für begrenzt berechtigt. Gewiß: als Sozialisten oder politisch »unverbesserlich« bekannte Regimegegner und noch mehr natürlich Juden hatten faktisch keine Wahl: Sie mußten, um dem sicheren Tode zu entgehen, das »Dritte Reich« verlassen. Daß auch politisch und/oder »rassisch« nicht Belastete emigrierten, ist ihnen als hohes moralisches Plus anzurechnen; aber da es sich bei ihnen um Menschen mit ethisch-politischen Idealen und einem unerschütterlichen Gewissen handelte, gab es im Grunde auch für sie – obwohl sie, wenn sie es gewollt hätten, »mitmachen« konnten – keine echte Alternative. Infolgedessen traten die Unterschiede in den

Emigrationsgründen faktisch weitgehend zurück und standen in der überwältigenden Mehrzahl der Fälle freundschaftlichen Beziehungen zwischen den Angehörigen der beiden Gruppen nicht im Wege.

Von den naturwissenschaftlichen Gelehrten, die in der Türkei tätig waren, ist an erster Stelle wiederum der schon mehrfach erwähnte Fritz Arndt, Professor der Chemie, zu nennen, neben dem (und später an dessen Stelle) Friedrich Breusch wirkte, der von uns allen am längsten, nämlich bis Anfang der siebziger Jahre, in Istanbul blieb.

Arndt, dessen erstaunliche Sprachkenntnisse ihm seine Arbeit sehr erleichterten, hat es wie kaum ein anderer unter uns verstanden, sich, obwohl dem deutschen Kulturgut aufs stärkste verbunden, schnell in der Türkei heimisch zu fühlen. Dennoch war er glücklich, als er bald nach dem Kriege als Honorarprofessor in seine geliebte Vaterstadt Hamburg zurückkehren konnte. Arndt war außerordentlich geistreich, liebte Geselligkeit und war ein Schüttelreimer von hohen Graden, wie er mir später nur in Gestalt meines (ebenfalls lange Zeit in Hamburg lehrenden) Fachkollegen Hans Ritschl noch einmal begegnet ist.

Als Physiker war Harry Dember einige Jahre in Istanbul tätig – er ging dann in die Vereinigten Staaten –, und neben ihm wirkte kurze Zeit Arthur von Hippel, der Deutschland verlassen mußte, da er mit einer Tochter des (»nicht-arischen«) Nobelpreisträgers James Franck (Göttingen) verheiratet war. Ich lernte Franck kennen, als er zusammen mit dem ebenfalls seiner Göttinger Professur beraubten Mathematiker Courant besuchsweise nach Istanbul kam, und war von dieser überragenden, wärmste Menschlichkeit ausstrahlenden Persönlichkeit aufs tiefste beeindruckt. Leider ließ er sich ebensowenig wie Courant für Istanbul gewinnen; beide gingen vielmehr in die Vereinigten Staaten, nach einem Jahr auch von Hippel. Bevor er diesen gerade für hochbegabte Naturwissenschaftler verlokkenden Weg beschritt, war ferner der Mathematiker Willy

Prager ein paar Jahre an der Istanbuler Fakultät; er hatte bereits mit dreißig Jahren, nur ein Jahr nach seiner Habilitation in Göttingen, ein Extraordinariat an der Technischen Hochschule Karlsruhe erhalten.

Eine der hervorragendsten Persönlichkeiten nicht nur in seinem Fachbereich, sondern im Gesamtkreis der deutschsprachigen Emigranten war Richard von Mises, der Mathematiker und Wahrscheinlichkeitstheoretiker, der zuvor ein Ordinariat an der Universität Berlin innegehabt hatte. Er gehörte zu den zahlreichen Persönlichkeiten unter den Emigranten, die – obwohl durch weltweit anerkannte Leistungen in ihrer Disziplin ausgewiesen – alles andere als das waren, was heute manche abwertend als »Fachidioten« bezeichnen. Er war unter anderem ein großer Bibliophile, in besonderem Maße an Rilke interessiert, ganz allgemein ein Mensch mit ungewöhnlich breiter Bildung, wie man ihn nach meinen Beobachtungen im Durchschnitt häufiger bei Österreichern als bei Reichsdeutschen antraf. Mises hatte einen Kopf, der sich einem auf immer einprägte – vor allem das edle und zugleich hochmütige Profil. Ungeachtet eines beträchtlichen Altersunterschiedes bestanden zwischen uns gut-nachbarliche Beziehungen.

Richard von Mises war der Bruder des österreichischen Nationalökonomen Ludwig von Mises, mit dem er sich allerdings nicht gut verstand, wie das bei begabten Brüdern gelegentlich vorkommt. Eines Tages fragte mich Richard in vertraulichem Gespräch, ob ich seinen Bruder Ludwig kenne und wenn ja, ob ich wie dieser selbst davon überzeugt sei, daß er einer der bedeutendsten Wirtschaftstheoretiker seiner Zeit sei. Ich erwiderte etwas zurückhaltend, daß Ludwig von Mises zweifellos international wohlbekannt sei, und zwar als einer der letzten Verteidiger eines klassischen Liberalismus à la Ricardo, Say und Bastiat, daß ich seine großen Verdienste speziell auf dem Gebiet der Geldtheorie voll anerkenne, aber meinerseits, sowohl was die theoretischen Grundkonzeptionen als auch vor allem die daraus abgeleiteten wirtschaftspolitischen Postulate betreffe, vollkommen anderer Meinung als er sei.

Um den extremen, weltfremden Liberalismus Ludwig von Mises' zu charakterisieren, wie er gegenwärtig in dieser Schärfe wohl nur noch von seinem Landsmann, dem Nobelpreisträger Friedrich August von Hayek vertreten wird, sei folgende Begebenheit berichtet, die mir Röpke – der mit Mises sehr befreundet war – nach dem Kriege erzählte: Die beiden diskutierten kurz vor Kriegsausbruch auf der Bahnhofstraße in Zürich die verhängnisvolle Entwicklung in Europa; im Verlauf dieser Unterhaltung, die auch die Frage einbezog, ob man nicht besser täte, sich nach Amerika »abzusetzen« (was Mises dann auch im Gegensatz zu Röpke tat), richtete Mises an Röpke die Suggestivfrage: »Geben Sie nicht zu, daß der Hitlerismus und der Faschismus nicht möglich gewesen wären, wenn Cobden sich vor hundert Jahren nachhaltig hätte durchsetzen können?«; wobei daran zu erinnern ist, daß der Engländer Cobden, Gründer der sogenannten »Anti-Corn-Law-League«, nicht nur ein engagierter, hundertprozentiger Anhänger des Freihandels war, von dem er sich dauerhaften Weltfrieden erhoffte, sondern auch die meisten Forderungen nach einer Arbeiterschutzgesetzgebung sowie die Zulassung von Gewerkschaften ablehnte.

Noch drei weitere deutsche Professoren wirkten an der Istanbuler Naturwissenschaftlichen Fakultät: Einmal Alfred Heilbronn, der sich als Ordinarius für Botanik große Verdienste nicht zuletzt dadurch erwarb, daß er einen wunderschönen Botanischen Garten in Istanbul einrichtete. Er gehörte im übrigen zu jener Minderheit, die sich rasch in der türkischen Sprache zurechtfand. Nach dem Tode seiner ersten (deutschen) Frau heiratete er seine frühere türkische Mitarbeiterin Mehpare Başarman. Neben Heilbronn war Leo Brauner als Botaniker in Istanbul (nach dem Kriege in München) tätig: ein zurückhaltender, liebenswerter, wenn auch vielleicht nicht immer sehr liebenswürdiger Mann, der jedoch zahlreiche gute Freunde unter Deutschen und Türken zu gewinnen vermochte. – Die Astronomie vertraten E. Findlay Freundlich, später Hans Rosenberg und schließlich Wolfgang Gleissberg.

In besonders hohem Maße fühlte sich Curt Kosswig, der deutsche Zoologe, der Türkei verbunden. Er beherrschte die Landessprache bald vollkommen und hat seine große Liebe zur Türkei nicht zuletzt dadurch bewiesen, daß er, auch nachdem er nach dem Kriege etwa fünfzehn Jahre als Ordinarius an der Universität Hamburg gelehrt hatte, als Emeritus wieder in die Türkei zurückkehrte, für die er wertvolle Forschungsarbeit leistete und die ihn, ebenso wie seine Frau – vor allem, aber nicht nur wegen ihrer Flora und Fauna –, aufs stärkste angezogen hat. Ihm verdankten wir (und später viele Touristen) die Bekanntschaft mit der bezaubernden Vogelinsel (»kuş adası«), die in der Nähe von Ephesus (türkisch: »Efes«) liegt.

Erinnere ich mich der Medizinischen Fakultät in Istanbul und der dortigen Kliniken, so ist hier an erster Stelle Rudof Nissen hervorzuheben, einer der Lieblingsschüler des weltberühmten Chirurgen Ferdinand Sauerbruch, den Nissen, ungeachtet mancher vielleicht nicht ganz unberechtigter Kritiken, die an diesem etwas zwielichtigen Manne geübt wurden, bis zu dessen Tode zu verehren und zu verteidigen nicht aufgehört hat. Was Nissen als Chirurg insbesondere auf dem Gebiete der Lungenchirurgie Hervorragendes geleistet hat, vermag ich auf Grund von Aufsätzen, die ich über ihn gelesen habe, nur zu ahnen. Sicher aber ist, daß Nissen – einer der bestaussehenden Männer, die ich kenne, mit einer gleichfalls exzeptionell schönen Frau (Ruth) verheiratet – auf alle diejenigen, die mit ihm in Berührung kamen, einen tiefen, unauslöschlichen Eindruck gemacht hat. Er wurde, wie alle hervorragenden Persönlichkeiten, die Außerordentliches von sich und ihren Mitarbeitern verlangen, zugleich geliebt und gefürchtet. Wie sehr Nissen auch von der anatolischen Bevölkerung geschätzt wurde, ging allein schon aus der Tatsache hervor, daß mehrere Bäuerinnen, die von ihm erfolgreich behandelt worden waren, ihren Kindern den Namen »Nissen« gaben. Er ist kurz vor Kriegsausbruch in die Vereinigten Staaten gegangen, hat sich aber in diesem Lande, teilweise wegen der für einen Europäer unüblichen Gewohnheiten vieler dortiger Arztkollegen, nie ganz wohl gefühlt. Um 1950 ging er als Professor und Direktor der Chirurgischen Abteilung des Kantonsspitals nach Basel und verbrachte dort, wie er mir gelegentlich sagte, die glücklichsten Jahre seines Lebens. Er war der Bruder meines leider früh verstorbenen guten Freundes Ferdinand Nissen, der, gleich mir Nationalökonom, bis 1933 Assistent des menschlich und politisch hochanständigen, wissenschaftlich jedoch wenig bedeutenden Frankfurter Nationalökonomen Paul Arndt war. Obwohl äußerst intelligent, hat Ferdinand Nissen – nach einem mißglückten Habilitationsversuch bei Alfred Amonn in Bern – sich entschlossen, die begonnene akademische Laufbahn nicht fortzusetzen. Er ging vielmehr von der Schweiz nach Amerika und hat sich nach Überwindung beträchtlicher Anfangsschwierigkeiten dort mit großem Erfolg in Wirtschaftspraxis und -verwaltung betätigt. Die Freundschaft mit ihm und seiner Frau, die inzwischen leider ebenfalls starb, bleibt uns unvergeßlich.

Neben Rudolf Nissen waren es insbesondere der Gynäkologe Wilhelm Liepmann und der Ophthalmologe Joseph Igersheimer, die sich während ihrer Tätigkeit als Professoren und Klinikdirektoren in Istanbul einer großen Beliebtheit erfreuten. Liepmann, der eine unter Ärzten nicht seltene burschikose, aber nie verletzende Art hatte, war der Fachwelt durch den Auf- und Ausbau des damals noch neuen Faches »Frauenkunde« bekannt geworden, den er während seiner Tätigkeit in Berlin durchführte. Er starb nach nur vierjähriger Tätigkeit in Istanbul. Ich habe ihn erst dort kennengelernt, während ich Igersheimer schon früher in Frankfurt begegnet war; dessen ruhig-freundliche Art schuf ihm nicht nur zahlreiche Freunde unter Kollegen, sondern wirkte auch psychologisch günstig auf seine Patienten.

Ich war Igersheimer aus folgendem Grunde zu tiefem Danke verpflichtet: Während des Krieges, als Igersheimer schon in die Vereinigten Staaten (Boston) übersiedelt war, erkrankte mein Sohn plötzlich an einer Netzhautablösung. Professor Naci Bengisu, der junge türkische Nachfolger Igersheimers, hielt eine sofortige Operation für nötig, die er dann selbst ausführte. Es handelte sich dabei um einen (damals) recht komplizierten Eingriff, den ein Holländer anfangs der Dreißiger Jahre erfunden hatte. Igersheimer hatte von ihm diese Methode erlernt und seine Kenntnisse an die türkischen Kollegen weitergegeben. Auf diese Weise hat Igersheimer (indirekt) meinen Jungen vor der Gefahr des Erblindens bewahrt. Eine ungewöhnliche Komplikation ergab sich daraus, daß unser Sohn während seines Krankenhausaufenthalts, bei dem man zu jener Zeit noch etwa zehn Tage mit verbundenen Augen regungslos im Bett liegen mußte, eines Nachts von einem der in der Türkei keineswegs seltenen Erdbeben aus dem Schlaf gerissen wurde und nun vor der wahrlich nicht einfachen Wahl stand, entweder die Binden von seinen Augen zu reißen und dadurch den Erfolg der ganzen Operation zunichte zu machen, sich aber ins Freie retten zu können, oder abzuwarten, ob das Beben fortdauerte und sich womöglich verstärkte. Glücklicherweise konnte ihn eine Krankenschwester dazu bewegen, ruhig liegen zu bleiben, und das Erdbeben erwies sich als relativ schwach und ungefährlich.

Von Igersheimer gibt es noch folgende kleine Geschichte aus der allerersten Zeit seines türkischen Aufenthalts: Der damalige Schah von Iran, Reza Pahlevi, war zu einem Staatsbesuch gekommen und erzählte gelegentlich Atatürk, er habe Augenbeschwerden. Daraufhin riet dieser ihm, doch zu einem »seiner« deutschen Spezialisten zu gehen. Der Schah folgte diesem Rat, und Igersheimer stellte fest, daß das iranische Staatsoberhaupt lediglich eine neue Brille brauchte, deren Gläser er ihm nach einer sorgfältigen Untersuchung verschrieb. Als er sich sodann ins Vorzimmer zurückbegab, fragte ihn der dort wartende Adjutant des Schahs, welches denn nun die von Igersheimer verschriebene neue Brillenfassung sei. Igersheimer meinte, eine solche könne sich Seine Majestät ja mit Hilfe irgendeines Optikers selbst heraussuchen, doch damit wollte sich der Adjutant keineswegs zufriedengeben. Kniefällig bat er vielmehr Igersheimer, doch noch einmal mit einer Auswahl von Gestellen zurückzukommen, denn er, der Adjutant, habe es versäumt, ihm zu sagen, daß sein Herr ihm einen entsprechenden Auftrag gegeben habe; wenn Igesheimer seinem Wunsche nicht entspreche, würde er, der Adjutant, buchstäblich mit Fußtritten aus dem Zimmer verjagt und seines Postens enthoben werden. Dazu ist zu bemerken, daß der – politisch sicher sehr geschickte – Schah, der erste seiner Dynastie, aus einfachen Verhältnissen stammte (er war Sergeant in der iranischen Armee gewesen) und offenbar noch altorientalische Methoden bevorzugte.

Ähnlich wie Igersheimer wurde auch der Professor für Zahnheilkunde Alfred Kantorowicz zum Schah befohlen, dem er zu dessen vollster Zufriedenheit ein neues Gebiß anfertigen ließ. Kantorowicz hatte sich in Deutschland auf der einen Seite dadurch, daß er frühzeitig auf die Notwendigkeit einer systematischen Schulzahnpflege hingewiesen hatte, einen Namen gemacht und sich auf der anderen dadurch den besonderen Zorn der Nazis zugezogen, daß er – überdies Jude – sich offen als Linkssozialist betätigt hatte. Wie es ihm gelang, nach einigen Monaten aus dem Konzentrationslager, in das man ihn gleich nach der »Machtübernahme« gesteckt hatte, herauszukommen und nach Istanbul zu gelangen, weiß ich nicht. Er überstand aber diese Zeit, über die er sich niemals näher äußerte, vermutlich um deswillen leidlich, weil er seit eh und je ein großer Sportler gewesen und von einer unbändigen Energie war. Er war es auch, der als einer der ersten den »Uludağ« (d.i. »großer Berg«) in Anatolien als hervorragend geeignet für den damals in der Türkei noch fast unbekannten Skisport »entdeckte« – unter anderen gehörten meine Frau und Rosemarie Heyd-Burkart zu den Pionieren, die sich unter höchst primitiv-anstrengenden Bedingungen im Winter 1934/35 erstmals auf den Berg wagten.

An der Istanbuler Fakultät lehrte ferner Erich Frank, ein hervorragender Internist, der von Breslau aus als Leiter der II. Medizinischen Klinik berufen wurde, an der er bis zu seinem Tode wirkte. Er war ein ruhiger, etwas verschlossener Typ, der, wie auch Nissen erwähnt hat, vor allem ein hervorragender Diagnostiker war. Es lag ein Schatten über seinem beruflichen Leben insofern, als er, kurz bevor (1921) von F. G. Banting, C. H. Best und J. J. R. Macleod das Insulin entdeckt wurde, bei seinen Forschungen zu etwa dem gleichen Resultat gekommen war wie seine amerikanischen Kollegen, aber seine Experimente noch nicht ganz abgeschlossen hatte. So entging ihm der Nobel-Preis, der 1923 an Banting und Macleod fiel. Die Verehrung und Liebe, die Frank in der Türkei entgegengebracht wurden, äußerten sich nicht zuletzt in der Tatsache, daß ihm, als er 1957 in Istanbul starb, ein Staatsbegräbnis zuteil wurde.

Unter den in Istanbul tätigen medizinischen Praktikern befand sich auch der Spezialist für Hals-, Nasen- und Ohrenkrankheiten Karl Hellmann. Er war einer der wenigen, deren Verträge nach Ablauf der zweiten Fünfjahresfrist nicht erneuert wurden. Ich vermag nicht zu beurteilen, inwieweit das sachlich gerechtfertigt war. Vermutlich spielte bei dieser Entscheidung der Regierung auch eine Erkrankung Hellmanns eine Rolle. Hellmann ist relativ bald nach seiner Übersiedlung nach Israel gestorben.

Der Radiologe Friedrich Dessauer hatte in Istanbul eine schwierige und nicht unangefochtene Position, weil er, obgleich von Haus aus Physiker, in die Medizinische Fakultät integriert wurde. Er ging schon nach kurzer Zeit

(1937) nach Fribourg (Schweiz), obwohl die türkische Regierung ihm einen Zehnjahresvertrag anbot. Entscheidend für Dessauers Entschluß war eine Erkrankung, die ihn zwang, die Tätigkeit mit strahlenden Substanzen definitiv aufzugeben. Daß er sich in der Schweiz jeder politischen Tätigkeit enthielt, war Konsequenz einer entsprechenden Auflage, die das neutrale Land jedem Ausländer bei dessen Anstellung machte. Einer von Dessauers Assistenten war der Mediziner Erich Uhlmann, der zuvor als junger Privatdozent in Freiburg/Br. gewirkt hatte. Die persönlichen Beziehungen zwischen Chef und Mitarbeiter waren nicht die besten, und so konnte es nicht wundernehmen, daß Uhlmann bald nach Chicago übersiedelte, wo er mit großem Erfolg als Röntgenarzt tätig war; dort starb er relativ jung. Dessauers Nachfolger in der Leitung des Istanbuler Radiologischen Instituts wurde der Wiener Röntgenexperte Max Sgalitzer, der nach fünfjähriger Tätigkeit ebenfalls in die Vereinigten Staaten emigrierte.

Auch in Ankara gab es eine größere Zahl deutschsprachiger Mediziner. Zu ihnen gehörte der Chirurg Eduard Melchior, der gleich Frank zuvor in Breslau gewirkt hatte und überall als tüchtiger Operateur galt, wenn ihn auch nicht der Glanz umstrahlte, der Nissen zuteil wurde.

Als zweiter »Ankaraner« sei der Otologe Max Meyer genannt, der vor und nach dem Kriege in Würzburg lehrte und durch manchmal etwas überbetont forsches Auftreten dartun wollte, daß er mindestens ebenso kampfeslustig war wie irgendein »Arier«, obgleich – vielleicht auch: weil – er seiner Herkunft nach Jude war. Abgesehen von dieser kleinen, menschlich verzeihlichen Schwäche war Meyer ein guter Arzt, ein verläßlicher Freund und als – trotz allen bitteren Erlebnissen – glühender Patriot überglücklich, als er bald nach dem Kriege wieder an seine alte Universität zurückkehren konnte.

Ebenfalls in Ankara tätig war Alfred Marchionini, ein typischer Ostpreuße, der sich eines ausgezeichneten Rufs als

Spezialist für Haut- und Geschlechtskrankheiten erfreute und nach vieljähriger Wirksamkeit in der Türkei, der er sich sehr verbunden fühlte, zunächst nach Hamburg und dann nach München ging, wo er zweimal das Rektoramt bekleidete. Als solchen traf ich ihn, als ich meinerseits Frankfurter Rektor war, anfangs der fünfziger Jahre wieder; er hatte damals in München mit großem Erfolge eine deutsch-französische Woche organisiert, die mit ihren interessanten Vorträgen und Diskussionen sowohl wissenschaftlichen Zwecken als auch einer (Wieder-)Annäherung der deutschen und der französischen Wissenschaftler diente.

Von den in Ankara wirkenden medizinischen Praktikern ist sodann Albert Ecksteins zu gedenken, ein begeisterter Arzt, der vor dem »Dritten Reich« Leiter der Kinderklinik in Düsseldorf war und sich durch seine zuverlässig-ruhige und liebevolle Art bei den Kindern ebenso wie bei deren Eltern sehr beliebt machte. Ich war ihm persönlich insofern zu Dank verpflichtet, als er einmal dringend davon abriet, meinem Jungen die Mandeln herausnehmen zu lassen, da sich die beobachteten Störungen sicher nach Überwindung der Pubertät von selbst geben würden – eine Diagnose, die sich später als vollkommen richtig erwies. Leider starb Eckstein nur wenige Monate nach seiner Rückkehr nach Deutschland, wo er eine Professur in Hamburg übernommen hatte. (Daß übrigens die deutschsprachigen Emigranten-Gelehrten nach meinen Beobachtungen in unverhältnismäßig großer Zahl relativ jung – zwischen Mitte der Fünfzig und Mitte der Sechzig – starben, ist sicher teilweise darauf zurückzuführen, daß ihre Gesundheit durch die Aufregungen speziell gleich nach 1933 und dann im Kriege stark in Mitleidenschaft gezogen worden war.)

Was die theoretischen medizinischen Fächer anlangt, so wurde die Physiologie in Istanbul von dem ausgezeichneten Gelehrten Hans Winterstein vertreten. Er war von Statur klein, und es war manchmal frappierend, ihn neben seiner Frau zu sehen, die – eine Generalstochter – nicht nur ein etwas burschikoses Wesen besaß, sondern ihren Mann – physisch – auch um Haupteslänge überragte. Winterstein besaß eine große Allgemeinbildung. Eines seiner Hobbys, über das er auch wissenschaftliche Studien veröffentlicht hat, waren Schlaf und Traum, und zwar nicht oder jedenfalls nicht ausschließlich als Gegenstand psychoanalytischer Untersuchungen. Auch er gehörte zu denen, die, bald nach dem Kriege nach Deutschland (München) zurückgekehrt, in der Heimat früh verstarben.

Die Pathologie war in Istanbul doppelt besetzt, und zwar durch zwei Persönlichkeiten, die menschlich und wissenschaftlich denkbar verschieden waren.

Der »eigentliche« Pathologe war der schon mehrfach erwähnte Philipp Schwartz: der spiritus rector des ganzen Türkei-Projekts. Schwartz, ein gebürtiger Ungar, wies, wie nach meinen Beobachtungen zahlreiche seiner Landsleute, genialische Züge auf. Er hatte viel Phantasie, eine unerschöpfliche Arbeitskraft, machte sich aber durch seine ironische oder vielmehr sarkastische Art manche zu Feinden, die das gar nicht sein wollten. Mit tiefem Bedauern muß man feststellen, daß dieser ungewöhnliche Mann unter Türken und Deutschen früher oder später Mißtrauen, ja Abneigung begegnete, die er im Grunde überwiegend nicht verdient hatte, und daß er wegen gewisser menschlicher Schwächen nicht überall den Dank empfing, auf den er angesichts seiner großen Leistungen für die Emigranten objektiv Anspruch gehabt hätte. Ich gehörte zu seinen frühesten Freunden noch aus der Frankfurter Zeit, habe aber dann, als er nach dem Kriege (1954) die Türkei verließ, um seine pathologischen Arbeiten an einem amerikanischen Hospital in Warren, Pa., weiter zu betreiben, den Kontakt zu ihm verloren; einen kurzen Besuch, den er mir Mitte der fünfziger Jahre in Frankfurt machte, ausgenommen, habe ich ihn bis zu seinem Tode (1977) nicht wiedergesehen. Seine großen fachlichen Verdienste sind u. a. in einem Aufsatz mit dem Titel »Philipp Schwartz 80 Jahre alt« gewürdigt worden, den der Mainzer Kinderneurologe J. Pechstein in den »Fortschritten der Medizin« (93. Jahrg., Nr. 25, 1975, S. 1139ff.) veröffentlicht und in dem er Schwartz als »wissenschaftlichen Creator« gefeiert hat.

Der zweite Istanbuler Pathologe war Siegfried Oberndorfer, der in seinem ganzen Wesen die wohlbekannten Eigenarten des Müncheners reflektierte. Er kam etwas später als Schwartz nach Istanbul, wurde dort Direktor des Instituts für Experimentelle Pathologie und leitete zusätzlich in späteren Jahren das neu errichtete Institut für Krebsforschung. Tragischerweise starb er selbst kurz vor Kriegsende an einer ungewöhnlichen Krebsart. Nach Aussagen aller, die davon etwas verstehen mußten, war er ein hervorragender Vertreter seines Faches. Meine persönlichen Erfahrungen mit ihm bestanden unter anderem darin, daß ich Oberndorfer – genauer: dessen Schallplattensammlung – meine Bekanntschaft mit dem unsterblichen Karl Valentin verdanke, über dessen skurrile, hintersinnige Monologe und Dialoge sich Oberndorfer selbst dann noch köstlich amüsieren konnte, wenn er sie zum fünfzigsten oder hundertsten Male hörte.

Auch zwei Hygieniker gab es an der Medizinischen Fakultät in Istanbul. Einer von ihnen war der gebürtige Hannoveraner Julius Hirsch, der früher in Berlin gearbeitet hatte und nun Direktor des Hygienischen Instituts wurde. Er ist nach Kriegsende nach Basel übersiedelt und war dort bis zu seinem Tode in der bekannten pharmazeutischen Firma Geigy tätig. Er und noch weit mehr seine Frau, eine waschechte Berlinerin, haben sich jedoch in dem Schweizer Milieu niemals ganz heimisch fühlen können. Sein wichtigster türkischer Mitarbeiter und Nachfolger, der später als Rektor den Aufbau der neuen Universität in Izmir (Smyrna) mit Energie und großem Erfolg durchführte, war Muhiddin Erel. Er gehört nach wie vor zu meinen besten türkischen Freunden. Mit seiner Frau Anita (mit ihrem türkischen Namen Emine), einer ausgezeichneten, aus Hamburg stammenden Geigerin, durfte ich gelegentlich meine bescheidenen musikalischen Talente in einem Streichquartett erproben. Unsere freundschaftlichen Beziehungen zur Familie Erel dauern bis auf den heutigen Tag an und schließen die beiden Erel-Töchter, Suna und Sevin, die beide hervorragende Pianistinnen geworden sind, sowie Anitas Schwester Sonja Tiedcke ein.

Ebenfalls Hygieniker war der gebürtige Prager Hugo Braun, der nach langjähriger Dozententätigkeit in Frankfurt/M. in Istanbul zum Professor für Mikrobiologie ernannt wurde. Er war ein außerordentlich bescheidener, ja schüchterner Mann, der aber von den Fachgenossen ungeachtet einer gewissen Kontaktarmut aufgrund seiner wissenschaftlichen Qualifikation sehr geschätzt wurde.

Auch Werner Lipschitz, der in Istanbul die Physiologische Chemie vertrat, war zuvor an der Universität Frankfurt tätig gewesen, und zwar als Direktor des Pharmakologischen Instituts. Er ging, wie so viele andere, kurz vor Kriegsausbruch in die Vereinigten Staaten, arbeitete dort aber meines Wissens nicht an einer Universität, sondern in der Industrie. Sein Nachfolger in Istanbul wurde der aus Prag stammende Felix Haurowitz, dessen zurückhaltendes Wesen den Nichtfachmann nicht ahnen ließ, welch' ungewöhnliche wissenschaftliche Begabung sich dahinter verbarg. Ganz deutlich wurde das erst, als er nach den Vereinigten Staaten gegangen war und durch seine dortigen Publikationen rasch Weltruf gewann, so daß es die medizinischen Experten nicht überraschte, daß ihm Ende der Sechziger Jahre der Paul-Ehrlich-Preis zuerkannt wurde.

Schließlich sei noch erwähnt, daß in Ankara Paul Pulewka, der zuvor an der Universität Tübingen gelehrt hatte, Ordinarius für Pharmakologie und Toxikologie war. Nach einer Tätigkeit von rund zwei Jahrzehnten wurde er an seine alte deutsche Universität zurückberufen, wo er das erste toxikologische Institut der Bundesrepublik errichtete und leitete.

Wie schon bemerkt, bestanden die Türkei-Emigranten keineswegs ausschließlich aus Wissenschaftlern im engeren Sinne. Es gab vielmehr unter ihnen auch eine Reihe von Persönlichkeiten, die vorwiegend als Politiker, Praktiker oder Künstler – vor allem Musiker – tätig gewesen waren, ehe sie Zuflucht am Bosporus suchten und fanden. Ihre Zahl war so groß, daß ich mich im folgenden auf eine kleine Auswahl beschränken muß.

An erster Stelle nenne ich hier Ernst Reuter, der in mehrfacher Beziehung eine Ausnahmestellung einnahm: einmal kraft seiner ungewöhnlichen Persönlichkeit, zum andern deshalb, weil er der einzige in die Türkei geflüchtete Politiker von Format war, der eben aus diesem Grunde auch nach dem Kriege eine bedeutsame Rolle spielte, und schließlich, weil er eine hervorragende Kombination von Politiker, Hochschullehrer und erfahrenem Verwaltungspraktiker darstellte.

Ich lernte Reuter schon bald nach seiner Ankunft in Istanbul durch unseren gemeinsamen Freund Martin Wagner, den früheren Berliner Stadbaurat, kennen, und obgleich er längere Zeit in Ankara als in Istanbul tätig war, standen sich unsere Familien von Beginn unserer Bekanntschaft an freundschaftlich nahe. Und um das Persönliche vorwegzunehmen: Während der Jahre, als er zwischen der neuen und der alten Hauptstadt des Landes pendelte – in letzterer war er als Verkehrsexperte bei der Schiffahrtsverwaltung tätig –, wohnte er, um das unbequeme und überdies kostspielige Hotelleben zu vermeiden, bei meinen Verwandten in einem ihm reservierten Zimmer in demselben Hause, in dem auch Alexander Rüstow eine Wohnung hatte und das von der unseren knapp fünfzig Meter entfernt war. Diese räumliche Nähe erleichterte naturgemäß den Gedankenaustausch sehr – aber auch ein gelegentliches Skatspiel, an dem als Dritter meist der frühere Oberstudienrat an der Deutschen Schule, Dr. Julius Stern, teilnahm. Und wenn mir heute meine Kollegen vom Wissenschaftlichen Beirat beim Bundesfinanz- bzw. -wirtschaftsministerium, mit denen ich dieses Spiel nach Sitzungsende zur Entspannung zu betreiben pflege, Mut, ja vielleicht sogar Leichtsinn beim Skat attestieren, so glaube ich, daß ich diese Eigenschaft nicht zuletzt Reuter verdanke, der beim Kartenspiel außerordentlich wagemutig war und zu sagen pflegte, er hoffe, daß man ihm Courage nicht absprechen wolle. Auch Frau Hanna Reuter kam öfter, vor allem während der heißen Sommermonate, zu uns nach Istanbul, wo ja Meer und Bosporus die in Ankara vermißten herrlichen Bademöglichkeiten boten, und der jüngere Sohn Reuters, Edzard (damals Edzi genannt; heute ist er Mitglied des Vorstandes der Daimler-Benz A.G.), und unser Sohn Matthias waren eng miteinander befreundet und besuchten sich in den Ferien wechselseitig.

Reuter hatte bekanntlich eine aus der Zeit seiner Kriegsgefangenschaft in Rußland datierende kommunistische Vergangenheit, mit der er schrittweise – endgültig 1922, nach seinem (Wieder-)Eintritt in die Sozialdemokratische Partei – brach. Eine selbständige Note war schon in seinen frühen Aufsätzen, Reden und Zeitungsartikeln zu spüren, von denen viele mit dem von ihm gewählten Pseudonym »Friesland« (er stammte aus Ostfriesland) signiert waren. Unter diesem erschienen später auch Beiträge von ihm zu der von Siegfried Jacobsohn begründeten und nach dessen Tod von Kurt Tucholsky bzw. Carl von Ossietzky herausgegebenen, nicht nur äußerlich »roten« Wochenzeitschrift »Weltbühne«. Man kann aber kaum sagen, daß er innerhalb der SPD, als deren Vertreter er 1932/33 auch im Reichstag saß, nun auf dem äußersten linken Flügel gestanden hätte. Über seine »russische Vergangenheit« ist viel gestritten worden, doch geht aus Dokumenten, die im I. Band der Sammlung seiner Schriften und Reden (Berlin 1972) enthalten sind, eindeutig hervor, daß die schweren gegen Reuter namentlich von nationalsozialistischen Kreisen erhobenen Vorwürfe völlig unberechtigt waren.

Als Sekretär Reuters während seiner Tätigkeit im Bereich der sogenannten Wolga-Deutschen arbeitete ein Fritz Nonnenbruch, was ich erst durch die soeben erwähnte Veröffentlichung erfuhr. Nonnenbruch war einer der Kommilitonen, mit denen ich während meiner Jenenser Studienzeit Anfang der zwanziger Jahre oft zusammen war. Er stand damals vollkommen auf seiten des Kommunismus, wie er ihn, gleich Reuter, während seiner russischen Kriegsgefangenschaft kennengelernt hatte. Auch äußerlich war er »russisch« geworden, wie etwa aus seiner Kleidung sowie der Gewohnheit hervorging, bis in die frühen Morgenstunden währende Gespräche bei zahllosen Zigaretten und Tassen schwarzen Tees zu führen. Daß er bei seinem völlig wirren, haltlosen Wesen nach 1933 plötzlich als Wirtschaftsredakteur beim »Völkischen Beobachter« auftauchte, verwunderte mich ebensowenig wie seine menschlich anständige Haltung Reuter gegenüber. (Einer seiner Neffen, den ich vor einiger Zeit in Kiel traf, berichtete mir, daß Fritz Nonnenbruch sein, milde gesagt: skurriles, oft widerspruchsvolles Verhalten bis zu seinem erst kürzlich erfolgten Tode beibehalten habe.)

In den ersten Jahren der Hitler-Diktatur war Reuter zweimal in einem Konzentrationslager, und nur mit Hilfe englischer Quäkerfreunde gelang es ihm, auf dem Umweg über Großbritannien nach Istanbul zu kommen, wo er durch Vermittlung Martin Wagners und seines früheren Fraktionskollegen Fritz Baades zunächst als Tariffragen-Experte am Wirtschaftsministerium in Ankara beschäftigt wurde, später in gleicher Eigenschaft im Verkehrsministerium. Aber schon bald wurde diese Tätigkeit ergänzt durch Vorlesungen an der Verwaltungshochschule, und nach einiger Zeit wurde er dort zum Professor für Kommunalwissenschaften, speziell Städteplanung, ernannt. In dieser Eigenschaft hat er eine Reihe von grundlegenden Untersuchungen veröffentlicht, die für die Türkei etwas völlig Neues darstellten, und zahlreiche Gutachten ausgearbeitet.

Aber Reuter war auch an vielen anderen Problemen interessiert, so nicht zuletzt an Geschichte und alten Sprachen, die er bewunderungswürdig beherrschte. Das hatte sich bald herumgesprochen: Als Reuter 1939 seinen fünfzigsten Geburtstag in Ankara feierte und auch mich aus diesem Anlaß einlud, suchte ich in einer dortigen Buchhandlung längere Zeit nach einem Werk, mit dem ich hoffen konnte, ihm eine Freude zu bereiten. Der Inhaber der Buchhandlung wollte mir zu Hilfe kommen und fragte mich – Ankara war damals zwar schon Hauptstadt, aber kulturpolitisch noch fast ein Dorf, wo jeder Angehörige der Oberschicht jeden anderen kannte –, für wen ich etwas suche. Als ich darauf Reuters Namen nannte, sagte er: »Ach, den klassischen Philologen?«

Obwohl äußerlich das, was man sich als »typischen Deutschen« vorzustellen liebt, war Reuter ein wirklicher Weltmann und von einem Einfühlungsvermögen, das man allen unseren Diplomaten wünschen möchte. Überdies besaß er eine ungewöhnlich schnelle Auffassungsgabe und einen Witz, der es ihm erleichterte, über schwierige Situationen hinwegzukommen. Mit den Türken und dem Türkischen, das er in erstaunlich kurzer Zeit erlernte, stand er auf gutem Fuße, und auch nach seiner Rückkehr nach Deutschland pflegte er die türkischen Beziehungen. Obgleich im Grunde seines Wesens ein heiterer Mensch, litt er doch während der Emigration – wie wir alle – schwer unter dem, was aus unserer Heimat unter der braunen Diktatur geworden war. Sobald das Ende sich abzuzeichnen begann, unternahm er die größten Anstrengungen, um so schnell wie möglich heimkehren und beim politischen und wirtschaftlichen Aufbau Deutschlands mithelfen zu können; über die endlosen, törichten Schwierigkeiten, die ihm bei seinen Bemühungen von den Alliierten in den Weg gelegt wurden, war er weniger entrüstet als verzweifelt. Als es ihm dann schließlich gelungen war, die Heimreise zu verwirklichen, schilderte er mir in einem ausführlichen Brief vom 12. Dezember 1946 – aus Hannover, wo er zunächst Unterkunft und Arbeit gefunden hatte – das in jedem Betracht schwierig-mühevolle Leben, das er (wie alle) vor der Währungsreform führte. Die eigentliche Prüfung aber kam erst, nachdem er Regierender Bürgermeister von Berlin geworden war und dort die Zeit der russischen Blockade durchzustehen hatte. Ich habe Ernst Reuter dann noch mehrmals teils in Berlin, teils in Frankfurt wiedergesehen – zuletzt gelegentlich eines Besuchs in Lindenfels im Odenwald, wo er mit seiner Frau für ein paar Tage Erholung suchte und ich feststellen konnte, wie außerordentlich weitverbreitet der Ruf von seinem unbeugsamen Willen zur Freiheit und seiner moralischen Integrität war. Alle, die ihn näher kannten, haben tief bedauert, daß dieser in jeder Beziehung bedeutende, ungewöhnliche Mann so früh sterben mußte.

Als oberster Industriesachverständiger war einige Zeit Max von der Porten in Ankara für die türkische Regierung tätig. In ähnlicher Eigenschaft hatte er zuvor in der Weimarer Republik der Regierung Brüning gedient. Er war zweifellos ein ausgezeichneter Sachkenner, insbesondere der Schwerindustrie, und gegenüber seinen sachlichen Qualitäten sollte man gewisse menschliche Schwächen, die er besaß, nicht allzu schwer ins Gewicht fallen lassen, wie etwa seinen Hang, mit einem Monokel zu kokettieren oder den Oberkellner zu tadeln, wenn dieser einen nach von der Portens Ansicht um ein bis zwei Grad zu wenig temperierten Burgunder servierte. Von der Porten, der nicht dem Wirtschaftsministerium, sondern dem Ministerpräsidium unterstellt war, gehörte zu jenen nicht seltenen Menschen, die, ohne es nötig zu haben, mit ihrem Wissen, ihren Beziehungen und den ihnen zuteil gewordenen Ehrungen zu prahlen lieben. So erinnere ich mich an einen Abend vor Kriegsausbruch, bei der er mir gegenüber penetrant von »seinem

Freund Amery« sprach, dem damaligen britischen Kolonialminister. Aber aus einem auf offiziellem Kabinettspapier geschriebenen Brief Amerys an Porten, den dieser mir zu lesen gab, war zweifelsfrei ersichtlich, daß zwischen den beiden wirklich freundschaftliche Beziehungen bestanden haben und der britische Minister den deutschen Experten sehr schätzte.

Während von der Porten schon nach einiger Zeit in die Vereinigten Staaten ging, blieb ein anderer Wirtschaftsexperte, Konrad Engelmann, bis zum Kriegsende in der Türkei. Er war unter dem bereits erwähnten Präsidenten Klepper Mitglied des Direktoriums der Preußenkasse gewesen, konnte aber ungeachtet seiner unbezweifelbaren Fähigkeiten sich in Istanbul bzw. Ankara nicht recht durchsetzen. Die teils privaten, teils öffentlichen Unternehmen, für die er in der Türkei tätig war, hatten diesem überall mit preußischem Pflichtbewußtsein arbeitenden Manne keine ihm adäquate Arbeit zu bieten. Ähnliches galt im Grunde auch für die Vereinigten Staaten, wohin er sich mit seiner Familie nach dem Kriege begab. Obwohl kein Akademiker (ein Umstand, unter dem er sehr litt), wurde er von den emigrierten deutschen Professoren durchaus als einer der ihren angesehen. Seine wissenschaftlichen Interessen manifestierten sich in mehreren Veröffentlichungen, darunter ein größeres, in Berlin erschienenes Buch, in dem er seine Vorstellungen über die theoretisch-methodologischen Grundlagen der Betriebswirtschaftslehre darlegte. Dank der Vermittlung unseres gemeinsamen Freundes Lauffer kehrte er für mehrere Jahre an sein altes Institut, die Preußenkasse – nunmehr unter dem Namen »Deutsche Zentralgenossenschaftskasse« in Bonn – zurück, doch verbrachte er seine letzten Lebensjahre in der Nähe von Washington, wo er und seine Frau Ilse ihrem auch in Istanbul gepflegten Hobby nachzugehen die Muße fanden: der Kammermusik auf hohem Amateurniveau, sowie der ausgedehnten Lektüre literarischer, geschichtlicher und philosophischer Werke.

Engelmann galt nicht zu Unrecht vielen als ein etwas schwieriger Mensch – ich selbst, ihm und seiner Familie durch jahrzehntelange Freundschaft verbunden, habe ihn immer nur als erfahrenen betriebswirtschaftlichen Praktiker und ungewöhnlich gebildeten Menschen angesehen.

Als Berater der türkischen Regierung waren bis zum Kriegsausbruch in Ankara noch zwei akademische Landwirte tätig, die später beide auf Umwegen in die Bundesrepublik zurückkehrten und hier als Professoren wirkten: Fritz Baade und Hans Wilbrandt. Mit beiden war ich gut bekannt – befreundet aber nur mit Wilbrandt.

Baade, der, wie erwähnt, neben Martin Wagner an den Bemühungen beteiligt war, Reuter in die Türkei zu bringen, war gleich diesem Mitglied der Sozialdemokratischen Partei, zeitweilig Reichsgetreidekommissar, Mitglied des Reichstags und zweifellos ein tüchtiger, auch organisatorisch begabter Agrarexperte, der es allerdings in manchen Publikationen und Diskussionen an wissenschaftlicher Akribie fehlen ließ, an deren Stelle bisweilen auf nicht immer hinlänglich gesichertes Material gestützte Visionen traten. Er wurde ebenso wie Wilbrandt mit Kriegsbeginn aus den Diensten der türkischen Regierung entlassen, und beide haben sich unter oft schwierigen Verhältnissen als private Berater durchgeschlagen. Nach kurzem Aufenthalt in den Vereinigten Staaten kehrte Baade früh nach Deutschland zurück, wo er bald Universitätsprofessor und Direktor des noch vor dem Ersten Weltkrieg von Bernhard Harms begründeten Kieler »Instituts für Weltwirtschaft« wurde. Obwohl derselben Partei angehörend wie Reuter, haben die beiden sich während der Emigrationszeit nicht sehr gut verstanden, wie aus den in Reuters »Schriften, Reden« (Bd. II, S. 484 u. passim) veröffentlichten Briefen deutlich hervorgeht. Daß Reuter Baade in einem dieser Briefe als »schandbaren Verräter« bezeichnet hat, war wohl eine starke Übertreibung; erklären dürfte es sich daraus, daß – wie Reuter in einem anderen, an den früheren »Vorwärts«-

Redakteur Fritz Stampfer gerichteten Brief kritisch hervorhob – Baade anders als alle übrigen Emigranten nicht eine so bedingungslos ablehnende Haltung gegenüber den Diplomatischen Vertretern des »Dritten Reichs« in der Türkei einnahm, wie das erwünscht gewesen wäre.

Waren von der Porten und Engelmann aus »rassischen«, Baade aus politischen Gründen gezwungen gewesen, den Weg der Emigration zu beschreiten, so gehörte Hans Wilbrandt, wie Röpke und Rüstow, zu jener Gruppe, die einem »inneren Muß« folgend, das Hitler-Reich verließen. Er ließ keinen Zweifel darüber bestehen, wo er menschlich-politisch hingehörte, und zusammen mit seiner Frau hat er in unermüdlicher Hilfsbereitschaft zahlreiche Menschen vor und nach dem Kriege mit Rat und Tat unterstützt. Wilbrandt hat in kürzester Zeit Sprache und Mentalität des neuen Landes erfaßt und nach seiner Entlassung als Regierungsexperte viel aus seiner Betätigung in der türkischen Wirtschaftspraxis gelernt, was ihm später, nach seiner Rückkehr nach Deutschland, nützlich sein sollte. Hier wurde Wilbrandt nach einem kurzen Zwischenspiel in Bonn und Kiel als Professor an die Universität Göttingen berufen, wo er bis zu seiner Emeritierung speziell seine hervorragenden Kenntnisse auf dem Gebiete der Entwicklungspolitik in Vorlesungen und Seminaren verwerten konnte. Nach wie vor fühlt er sich der Türkei verbunden; im Hinblick auf die ehemaligen deutschsprachigen Emigranten sprach er gelegentlich eines Vortrags, den ich in der von ihm geleiteten Göttinger Gruppe der »Deutsch-Türkischen Gesellschaft« hielt, zutreffend von der »verschworenen Gemeinschaft«, die sich damals gebildet habe.

Sein Vater: Robert Wilbrandt, hatte nach langjähriger Lehrtätigkeit in Tübingen einen Lehrstuhl an der Technischen Hochschule Dresden übernommen. 1944 bemühte sich Hans Wilbrandt, mit meiner Unterstützung einen Vortrag seines Vaters an der Istanbuler Universität zu arrangieren, was uns nach einigem Hin und Her gelang. Da mir wohlbekannt war, daß Gäste aus dem »Dritten Reich« streng überwacht wurden, ließ ich Hans Wilbrandt wissen, ich würde es durchaus verstehen, wenn sein Vater mich nicht aufsuchen würde. In der Tat hatte sich, insbesondere seit Kriegsausbruch, die Überwachung aller Deutschen (ausgebürgerte eingeschlossen) außerordentlich verschärft – wohlgemerkt: die Überwachung nicht durch türkische Behörden, sondern durch deutsche Spitzel. War es vor dem Krieg immerhin noch möglich gewesen, daß Männer wie Karl Gördeler, der später eine so bedeutsame Rolle bei dem Attentat vom 20. Juli 1944 spielen sollte, ohne allzu großes Aufsehen zu erregen, Rüstow und andere Hitler-Gegner aufsuchte und sich mit diesen offen über die von ihm als schrecklich und skandalös bezeichneten Zustände im »Dritten Reich« aussprach, so herrschte seit 1940 ein beinahe lückenloses Kontrollsystem. Ich war gerührt und erfreut, daß trotz alledem Robert Wilbrandt mich in meiner Wohnung aufsuchte und mir zur Begrüßung sagte: »Ich weiß, daß Sie Hans gesagt haben, ich sollte lieber den Kontakt mit Ihnen vermeiden. Aber es wäre mir doch zu schäbig vorgekommen, wenn ich Ihnen, der Sie dazu beigetragen haben, daß ich die Vortragseinladung erhielt, keinen Besuch abgestattet hätte.« Dies Verhalten war typisch für den ritterlich-charmanten Mann, der bewußt das Risiko, einen »nicht-arischen« Kollegen aufzusuchen, in Kauf nahm, obgleich ihm daheim noch immer seine »Jugendsünden« wie Veröffentlichungen über Sozialismus und Marx entgegengehalten wurden. Sein Sohn hat sich charakterlich stets als seines Vaters würdig erwiesen.

Was schließlich die Vertreter der schönen Künste betrifft, so habe ich schon kurz Martin Wagners gedacht, der mich seinerzeit mit Reuter zusammengeführt hatte. Er war eine eigenwillig-dominierende Persönlichkeit und hatte nicht nur, aber vor allem im Berlin der Weimarer Republik sich einen Namen als Stadtbaurat gemacht. Auch Wagner gehörte der Sozialdemokratischen Partei an und verlor daher alsbald seine Stellung. Im persönlichen Verkehr war er bisweilen schwierig und hatte infolgedessen mehr Gegner, als das seiner Laufbahn zuträglich war, freilich auch gute Freunde wie Bruno Taut und Walter Gropius. Doch selbst mit diesen, von denen letzterer ihm bei der Berufung nach Harvard, Mass., behilflich war, kam es zu Mißhelligkeiten. Ohne die beiden berühmten Architekten persönlich gekannt zu haben, vermag ich mir aus Briefen, die Wagner mir bald nach seiner Ankunft in den Vereinigten Staaten schrieb, ein Bild von den Gründen zu machen, die zwischen ihnen und Wagner tiefgehende Gegensätze heraufbeschworen. Er warf ihnen vor, »die Schule zur Nebensache und (das) Privatbüro zur Hauptsache« machen zu wollen, um möglichst schnell möglichst viel Geld zu verdienen. Das entsprach sicher dem drüben weit verbreiteten Geist, aber nicht den idealistischen Bestrebungen Wagners, der überdies betonte, er habe im Gegensatz zu Taut und Gropius nicht die Absicht, sich »endgültig (sc. in den Vereinigten Staaten) zu verwurzeln«, sondern strebe »nach wie vor zur alten Heimat«, wo er »noch etwas zu leisten und zu schaffen hoffe«. Diese Hoffnung hat sich dann freilich leider nicht mehr verwirklichen lassen.

Neben dem soeben erwähnten Bruno Taut, der nur kurze Zeit – er starb früh – als Professor an der damals noch so genannten Technischen Hochschule in Istanbul tätig war (Ende der Zwanziger Jahre hatte er an der Hochschule Berlin-Charlottenburg gelehrt), ist von den in der Türkei tätigen Architekten in erster Linie der Österreicher Clemens Holzmeister (Vater der bekannten Schauspielerin Judith Holzmeister) zu nennen. Er kam, wenn ich mich recht entsinne, bald nach dem »Anschluß« seines Heimatlandes an das Hitlersche Reich an den Bosporus; in seinem Falle ist das wörtlich zu verstehen, denn er bewohnte während der ganzen Zeit seines Aufenthalts in Istanbul ein großes altes Holzhaus in unmittelbarer Nähe des Bosporus. Er lehrte fast zwei Jahrzehnte in Istanbul, wo er eine Professur an der

Technischen Hochschule innehatte, bis er 1954 an die Akademie der Bildenden Künste nach Wien zurückkehrte. Viele profane, nicht zuletzt aber auch kirchliche Bauten – darunter mehrere in Brasilien – legen Zeugnis von der großen Originalität und Gestaltungskraft dieses bedeutenden Mannes ab, dem auch der Umbau des Salzburger Festspielhauses zu verdanken ist. Vor allem aber hat er Entwürfe für große öffentliche Bauten in Ankara, in erster Linie für das Parlamentsgebäude (»Büyük Millet Meclisi«), ausgearbeitet. Als er 1976, als Vierundneunzigjähriger, auf Einladung des Parlamentspräsidenten Ankara einen Besuch abstattete, äußerte er den Wunsch, man möge bei den geplanten Erweiterungsbauten darauf achten, daß diese nicht an Kasernen erinnerten.

Clemens Holzmeister war auch unabhängig von seinen hohen fachlichen Qualitäten eine faszinierende Persönlichkeit und hat großen Einfluß auf verschiedene türkische Architekten der jüngeren Generation gehabt. Der meines Erachtens bedeutendste dieser Generation: Emin Onat (ein besonderer Freund Martin Wagners), gehörte allerdings nicht zu Holzmeisters Schülern. Onat verdankt das Land das wohl hervorragendste Monument, das in unserem Jahrhundert dort entstand: das nach Konstruktion und Lage wahrhaft überwältigend großartige Mausoleum für Atatürk in Ankara. Es bietet einen unvergeßlichen Anblick und stellt neben dem Hethitischen Museum die größte Sehenswürdigkeit dieser Stadt dar.

In diesem Zusammenhange sei des früheren Hamburger Stadtbaurats Gustav Oelsner gedacht, der an der Technischen Hochschule Istanbul sowie außerhalb seiner Lehrtätigkeit vielfach als Regierungsberater tätig war, und des Bildhauers Rudolf Belling, der bis 1933 an der Berliner Kunstakademie gelehrt hatte, dann aber als typischer Vertreter der von den Nazis bekanntlich verfemten sogenannten »entarteten Kunst« emigrieren mußte und eine neue Betätigungsmöglichkeit an Istanbuler Hochschulen fand.

In Ankara, in geringerem Maße auch in Istanbul gab es außer den genannten noch eine Reihe weiterer Repräsentanten des deutschen Kunstlebens, die teils gezwungen, teils freiwillig das »Dritte Reich« verlassen hatten.

Zu dieser zweiten Gruppe gehörte, wenn ich zunächst die Musik beiseite lasse, der berühmte Schauspieler, Regisseur und Intendant Carl Ebert. Dieser hatte 1931/33 die Städtische Oper Berlin geleitet, ging bald darauf in die Emigration nach der Türkei, inszenierte auch in vielen anderen Ländern, war aber 1939 bis 1947 ständig in Ankara. Nicht zuletzt dank einer ausgedehnten, intensiven Lehrtätigkeit und zahlreichen Inszenierungen hat Ebert entscheidend am Aufbau einer modernen Oper in der Türkei mitgewirkt. Nach dem Kriege hat er mehrere Jahre abermals die Intendanz der Städtischen (jetzt: Deutschen) Oper Berlin wahrgenommen, bis er sich in die Vereinigten Staaten begab. Ich habe Ebert leider nur zur Zeit der Weimarer Republik auf der Bühne gesehen und war damals wie unzählige andere fasziniert von dem Spiel, insbesondere dem ausdrucksvollen Gebärdenspiel, dieses glänzenden Theaterfachmanns. Zugegeben: man kann Shakespeare nicht zu allen Zeiten in gleicher Manier spielen; aber Aufführungen, wie ich sie 1976 in Edinburgh bei einem »Festival« sah, haben mich davon überzeugt, daß Ebert vor einem halben Jahrhundert dem Kern shakespearischer Komödien und Tragödien weit nähergekommen ist als mancher unserer heutigen Regisseure, die sie mit Mätzchen und willkürlichen, anachronistischen »Umfunktionierungen« politischer Observanz so gestalten, daß die Gedanken und Absichten des Autors vom Spielleiter weitgehend umgedeutet, um nicht zu sagen verfälscht werden.

Während ich mit Ebert in seiner türkischen Periode leider nur selten und flüchtig in Berührung gekommen bin, war ich mit zwei der vier bekanntesten deutschen Emigranten, die in der Türkei auf musikalischem Gebiete tätig waren, eng befreundet.

Das gilt vor allem für Licco Amar, einen gebürtigen Ungarn, der vor 1933 lange in Frankfurt/M. gelehrt und das nach ihm benannte Streichquartett geleitet hatte, dem längere Zeit Paul Hindemith als Mitglied angehörte. Amar war ein herber, wenn man will: ein strenger Musiker, wie sich beispielsweise deutlich zeigte, wenn er Bach-Solosonaten spielte. Er verfügte über ein breites Repertoire und war nicht zuletzt ein Anhänger und Propagator »moderner Musik«, wie unter anderem seine eifrige Teilnahme an den »Donaueschinger Musiktagen für zeitgenössische Tonkunst« bezeugte. Außerdem war er ein hervorragender Pädagoge; einige der von ihm ausgebildeten türkischen Geigerinnen gelangten zu internationalem Ruhm, wie Ayla Erduran und Suna Kan. Amar war zunächst am Istanbuler, später am Ankaraer staatlichen Konservatorium als Professor für Violinunterricht tätig. Er war ein weit über das Musikalische hinaus interessierter und gebildeter Mann, dem nach seiner Rückkehr nach Deutschland (Freiburg/Br.) zu leben leider nur noch kurze Zeit vergönnt war.

Neben Amar gehörte zu meinen näheren Bekannten unter den Emigranten-Musikern Ernst Praetorius, der zwar in Ankara wirkte, aber häufig nach Istanbul kam. Er war früher an mehreren deutschen Opern, zuletzt in Weimar, als Generalmusikdirektor tätig gewesen und hatte Deutschland seiner »nichtarischen« Frau wegen, von der er sich nicht scheiden lassen wollte, verlassen müssen. In Ankara, wohin er durch Empfehlung von Hindemith gekommen war, wirkte er als Lehrer und als Dirigent, nicht zuletzt auch in von Ebert inszenierten Opern. Praetorius war nicht nur als Musiker, sondern auch als intelligenter, witziger Unterhalter sehr beliebt und hat, was man wahrlich nicht von allen Dirigenten sagen kann, meines Wissens nur Freunde gehabt.

Hindemith war es auch, der den türkischen Regierungsstellen die Berufung von Eduard Zuckmayer empfahl. Eduard Zuckmayer, ein Bruder Carl Zuckmayers, war nach einigen Zwischenspielen während des Krieges und dann wieder nach dessen Beendigung als Musikpädagoge, zeitweise auch als Musiktheoretiker und Chorleiter, an mehreren Musikinstituten Ankaras tätig.

Wie schon angedeutet, besaß Paul Hindemith, obwohl er sich niemals längere Zeit in der Türkei aufhielt, einen großen direkten und indirekten Einfluß auf die neuere Entwicklung des türkischen Musiklebens. Besonders das Staatliche Konservatorium in Ankara verdankt ihm viel. In der Tat wurde Hindemith von den jüngeren türkischen Musikern, für die er »der« Maestro (türkisch: »üstad«) war, außerordentlich verehrt.

Übrigens ist die namentlich von Fremden sogenannte »türkische Musik« keineswegs einfach mit der Musik der Türken identisch, sondern großen-, wenn nicht größtenteils formal wie inhaltlich als arabisch zu kennzeichnen. Es gibt jedoch auch eine arteigene türkische Musik, die speziell in vielen ihrer modernen Schöpfungen höchst interessant und anziehend ist und mit der neueren abendländischen Musik zahlreiche Berührungspunkte aufweist. Das dürfte auch erklären, warum gerade so markante Anhänger der musica viva europäischer Provenienz wie Hindemith und Amar schnell guten Kontakt mit ihren türkischen Kollegen und Schülern fanden.

DER BEGINN UNSERER TÄTIGKEIT

Unmittelbar nach unserer Ankunft und noch vor Aufnahme unserer akademischen Tätigkeit mußten zwei Probleme gelöst werden: Würden wir eine geeignete Wohnung bekommen, und auf welche Schule sollten wir unsere Kinder schicken?

Die Wohnungssuche verlief in Istanbul, aber auch in Ankara, damals sehr einfach. Die meisten von uns fanden schon nach wenigen Wochen passende und oftmals schön gelegene Apartements – zu Mietpreisen, die im Vergleich zu Deutschland niedrig waren.

Die Schulfrage hingegen erwies sich als recht schwierig. Zu Beginn hatten Röpkes und unsere Kinder Privatunterricht, in erster Linie bei Frau Kudret Hakkı, einer ehemaligen Augsburger Studienrätin, die mit einem türkischen Ingenieur verheiratet war. Dann schickten wir unsere Kinder auf die Deutsche (Oberreal-) Schule, wo sie anfangs einen guten Unterricht genossen. Nach ein paar Jahren aber griff der nationalsozialistische »Geist« fortschreitend stärker auf die Schule über, so daß wir uns in Übereinstimmung mit unseren holländischen Freunden Goemans (Röpkes hatten die Türkei bereits verlassen und daher die Schulsorgen hinter sich) entschlossen, unsere Kinder aus der Deutschen Schule herauszunehmen. Nach dem mißglückten Versuch, unseren Sohn in einem französischen Gymnasium unterzubringen, schickten wir ihn auf die English High School for Boys, in der die »richtigen« Engländer freilich nur eine verschwindend kleine Minderheit bildeten. Das allgemeine Niveau war, wohl zum Teil aus diesem Grund, nicht gerade das höchste, trotz aller Bemühungen des außerordentlich sympathischen Direktors, eines Mr. Peach, der mir riet, unseren begabten, aber nicht allzu fleißigen Matthias schnellstmöglich einer stärkeren Konkurrenz auszusetzen. Das war leichter gesagt als getan. Unter den Verhältnissen des zu Ende gehenden Krieges, nachdem unser Junge die High School abgeschlossen und theoretisch, dank bestandenem Immatriculation-Examen, die London School of Economics hätte besuchen können, blieb faktisch kein anderer Ausweg als der, ihn auf das amerikanische College am Bosporus – in dem Vorort Bebek – zu schicken. Dort erwarb er ein »B. A. degree«, das ihm erlaubte, bald nach Kriegsende zum Studium in die Vereinigten Staaten zu gehen. Mit erheblichen Anstrengungen gelang es ihm dort, an der »Harvard Business School« zum M. A. promoviert zu werden. Leider führte der, wie wir meinten, nur vorübergehende Amerika-Aufenthalt, wie ähnlich in zahlreichen anderen Fällen von Emigranten-Kindern, dann dazu, daß unser Sohn »for good« drüben blieb.

Auch unsere Tochter Veronica, vier Jahre jünger als Matthias, begann mit deutschem Privatunterricht, und zwar, zusammen mit Dobretsbergers Tochter Sissy, bei Frau Isaac, die sich mit Liebe und Energie ihrer Aufgabe hingab. Nach zwei, drei Jahren aber mußte auch sie eine »richtige« Schule besuchen; dafür bot sich eine Anstalt an, die sowohl was Schüler- und Lehrerschaft als auch Inhalt und Sprache des Unterrichts betraf, eine Mischung von englischer und türkischer Schule darstellte. Später ging Veronica auf eine High School ähnlichen Charakters, und nach Erlangung des Reifeprüfungszeugnisses unmittelbar nach unserer Rückkehr nach Deutschland absolvierte sie ihr Studium der Psychologie in Heidelberg, Paris und München. Ihren Wunsch, dem Beispiel ihres Bruders folgend in den Vereinigten Staaten zu studieren, erfüllten wir ihr aus der Sorge, auch unser zweites Kind an die »Neue Welt« zu verlieren, bewußt nicht. Wir haben dann jedoch lernen müssen, was »Kismet«

bedeutet, d. h. wie müßig es sein kann, gegen das Schicksal anzukämpfen, denn unsere Tochter lernte auf einem Münchner Faschingsfest einen Amerikaner kennen, dessen Vater als Professor an der Harvard-Universität Architektur lehrte und mit dem sie sich wenige Jahre später verheiratete. So ist es letztlich dank Hitler dazu gekommen, daß wir zwar zwei Kinder und sechs Enkel besitzen, diese aber nur sehr selten sehen – und die Enkel sind, wie üblich, »echte« Amerikaner geworden, die Deutsch gar nicht oder nur unvollkommen sprechen, während unsere Kinder sich die Kenntnis ihrer Muttersprache zu unserer Genugtuung bewahrt haben.

Ich habe diese Erfahrungen mit unseren Kindern deshalb so ausführlich geschildert, weil sie typisch waren für das Schicksal der meisten Türkei-Emigranten. Mir ist kein Fall bekannt, in dem Kinder deutschsprachiger Eltern auf Dauer in der Türkei geblieben wären. Die überwiegende Mehrzahl ging früher oder später nach den Vereinigten Staaten, wo die meisten von ihnen es zu angesehenen Positionen gebracht haben, in der Hauptsache, gleich ihren Vätern, in amerikanischen Hochschulen.

Von anderer Art waren die beruflichen Schwierigkeiten, denen wir uns in der Türkei ausgesetzt sahen. Zunächst mußten wir mit unseren künftigen Mitarbeitern und Kollegen bekannt gemacht werden, um von diesen zu erfahren, wann, wo und wie wir unseren Unterricht zu veranstalten hatten. Die erste Zusammenkunft fand noch im Laufe des Oktobers 1933 statt, und zwar im Hotel Tokatliyan, das an der berühmten Großen Pera-Straße (die türkisch »istiklâl caddesi« = Unabhängigkeitsstraße heißt) liegt. An dieser ersten Unterredung, der Röpke und ich (die anderen deutschen Wirtschaftswissenschaftler waren noch nicht eingetroffen) mit einem gewissen Bangen entgegensahen, nahmen von türkischer Seite Ömer Celâl Sarc und Muhlis Ete teil, die uns Assistentendienste leisten sollten. Beide hatten in Deutschland promoviert, sprachen unsere Muttersprache so gut wie fehlerfrei und erwiesen sich rasch als freundwillige Mitarbeiter. Ein gewisser, sachlich gerechtfertigter Unterschied zwischen den beiden war insofern vorhanden, als Ete noch Dozent, Sarc bereits Extraordinarius war. Sarc wurde Röpke, Ete mir zugeteilt, und sie haben uns eine Zeitlang auch als Übersetzer gedient.

Neben ihnen gab es noch eine Reihe beamteter türkischer Professoren, von denen einer, Şükrü Baban, bei dieser ersten Unterredung ebenfalls zu uns stieß. Baban, nicht unerheblich älter als wir, gehörte anfänglich zu den entschiedenen Gegnern der Universitätsreform. Daß er seinen künftigen deutschen Kollegen nicht eben freundlich gesinnt war, dürfte sich zum Teil daraus erklären, daß er seine Studien ausschließlich in der französischen Schweiz absolviert und deren Sprache und Kultur in sich aufgenommen hatte. Erst nach längerer Zeit gelang es mir, mit Baban in normale kollegiale Beziehungen zu treten; ich habe namentlich für meine türkischen Sprachkenntnisse viel von ihm profitiert. Baban war ein guter Stilist und Journalist, der bis ins hohe Alter hinein Leitartikel für eine der türkischen Tageszeitungen schrieb, Rundfunkansprachen hielt und nicht zufällig, als es in den vierziger Jahren zur Errichtung eines Instituts für Zeitungswissenschaften an der Universität Istanbul kam, zu dessen Direktor ernannt wurde. Seine wissenschaftlichen Kenntnisse stützten sich in der Hauptsache auf einige der in französischer Sprache geschriebenen gängigen Lehrbücher und auf Artikel in der von ihm laufend verfolgten »Gazette de Lausanne«. Er war kein schlechter, ja bisweilen, wenn er gut aufgelegt war, ein ausgezeichneter Pädagoge. Sein Hauptinteresse galt der Geschichte der volkswirtschaftlichen Lehrmeinungen, die er alternierend mit mir in Vorlesungen zu vertreten pflegte. Şükrü Baban, ein eingefleischter Junggeselle und äußerlich ein eleganter schlanker Mann, immer mit einer roten Nelke im Knopfloch und einem weit heraushängenden Taschentuch in der Brusttasche, war dank seiner bisweilen recht geistreichen Ironie bei Kollegen und

Studenten teils gefürchtet, teils als guter Unterhalter und amüsanter Vortragender geschätzt.

Erst später kam ich mit einem anderen Ordinarius in Kontakt: Ibrahim Fazil Pelin, dem Finanzwissenschaftler, von dem ich bereits gesprochen habe. Für Spezialfächer gab es ferner noch zwei jüngere Extraordinarien. Einer von ihnen war der Soziologe Ziyaettin Fahri Fındıkoğlu. Entsprechend dem bis dahin allgemein an türkischen Hochschulen herrschenden Trend war auch die von Fındıkoğlu vertretene Soziologie – mit einigen interessanten Nuancen – im wesentlichen an den französischen Vorbildern, insbesondere Durkheim, orientiert. Kesslers und Rüstows Lehrveranstaltungen boten daher eine willkommene Ergänzung; überdies war mein Mitarbeiter Sabri Ülgener, schon aufgrund seiner deutschen Sprachkenntnisse, mit den Arbeiten Sombarts und vor allem Max Webers wohlvertraut.

Die Wirtschaftsgeschichte, in erster Linie die des Orients, war durch den jungen Extraordinarius Ömer Lûtfi Barkan gut vertreten. Er beherrschte die interessante, wechselvolle Geschichte des Osmanischen Reichs aufgrund emsigen Aktenstudiums sowohl in politischer als auch in ökonomischer Hinsicht ausgezeichnet und hat sich durch eine Reihe gründlicher, origineller Studien auch außerhalb seines Landes einen Namen geschaffen.

Mit der Zeit bildete sich in steigendem Maße türkischer Nachwuchs, hauptsächlich in Gestalt von (Privat-)Dozenten, seltener von Extraordinarien; dagegen wurde bis zum Kriegsende nur ein neuer türkischer Ordinarius berufen. Als solcher kam Ende der Dreißiger Jahre Hâzim Atıf Kuyucak zu uns, ein weltgewandter, gütiger, in der Fakultät stets um Ausgleich bemühter Mann, der, gleichzeitig als Berater für eine große ausländische Ölgesellschaft tätig, auch gute empirische Kenntnisse des Wirtschaftslebens besaß. Während des Krieges hatte er als »executive secretary« des sog. »Coordination Committee« eine einflußreiche Position inne. Im Gegensatz zu allen anderen türkischen Kollegen hatte Kuyucak in den Vereinigten Staaten studiert; demgemäß war sein Unterricht an den damals gängigen amerikanischen »text books« orientiert, die er pädagogisch geschickt, wenn auch kaum mit eigenen Ideen durchsetzt, vortrug. Er war vielleicht der liebenswürdigste unter den älteren Kollegen, und wir alle haben sein frühes Hinscheiden aufrichtig bedauert.

Im übrigen wurde auf Anregung der deutschen Professoren generell für die – im wesentlichen aus Assistenten sich rekrutierenden – künftigen Dozenten, als die ausschließlich Türken in Betracht kamen, die Einführung eines förmlichen Habilitationsverfahrens nach deutschem Muster beschlossen.

Diese Neuerung war eine – und nicht die dringlichste – Frage der inneren Universitätsordnungsreform. Vor allem mußten die Beziehungen zwischen Universitätsverwaltung und Regierung geklärt, neue Fakultäts- und Prüfungsordnungen erlassen und nicht zuletzt Vorkehrungen getroffen werden, um einen Rückfall in den früheren Schlendrian zu verhindern. All das hat einen großen Teil unseres ersten Universitätsjahres in Anspruch genommen und uns Ausländern, da meist türkisch in den Sitzungen gesprochen wurde, viel Unbehagen verursacht.

Es war ein großes Glück, daß von Anfang 1934 ab an der Spitze der Universität der Rektor Cemil Bilsel stand, seines Zeichens ein Jurist, ein ungewöhnlich pflichtbewußter, energischer Mann, der durch sein Verhalten allen Universitätsangehörigen ein gutes Beispiel gab. Hatten vor der Reform manche Professoren ihre Aufgaben nicht sehr ernst genommen, so änderte sich das unter Bilsels Leitung in kürzester Frist. Gewiß haben sich manche Professoren, türkische wie ausländische, anfangs darüber erregt, daß der Rektor sie unter Verletzung des Prinzips unbegrenzter akademischer Freiheit (das aber eben in der Vergangenheit oft mißbraucht worden war) kontrollierte, ob sie regelmäßig und pünktlich zu ihren Vorlesungen kamen, daß man sich zu diesem Zwecke in Anwesenheitslisten eintragen mußte und dergleichen mehr, aber die Tatsache, daß Cemil Bilsel selbst stets pünktlich um 9 Uhr in seinem Arbeitszimmer zu finden war, daß er sich persönlich um alle wichtigen Dinge kümmerte, daß er durch öffentliche Vortragszyklen und durch »Universitätswochen« außerhalb Istanbuls die breitere Öffentlichkeit für die Universität zu interessieren versuchte – all das hat einen tiefen, nachhaltigen Einfluß auf sämtliche Mitglieder des Lehrkörpers ausgeübt.

Sieht man von gewissen persönlichen Reibereien ab, die in den ersten ein, zwei Jahren besonders innerhalb der Medizinerschaft eine Rolle spielten, so waren die größten Schwierigkeiten, mit denen die deutschsprachigen Gelehrten anfangs zu kämpfen hatten, die Raumfrage einerseits, das Sprachenproblem andererseits. Ihr relatives Gewicht war freilich fakultätsweise recht verschieden.

Die Beschaffung quantitativ und qualitativ ausreichender Räumlichkeiten war verständlicherweise in erster Linie für die Mediziner und die Naturwissenschaftler von lebenswichtiger Bedeutung, während für sie die Sprachenfrage im Vergleich zu den geisteswissenschaftlichen Disziplinen eine weit geringere Relevanz besaß. Ohne den Ausbau der bestehenden und vielfach den Bau gänzlich neuer Krankenhäuser und Institute war der angestrebte moderne, umfassende theoretische und praktische Unterricht schlechterdings nicht zu verwirklichen. In fast allen Fällen hatten die ausländischen Professoren aufgrund ihrer größeren Erfahrung einen entscheidenden Einfluß auf die Planung der neuen Bauten bzw. Einrichtungen – weniger freilich auf die Durchführung der Pläne; hier gab es viel Ärger, da die in der Vergangenheit verwurzelten Fehler, ebenso die üblen Methoden, deren sich die mit der Ausführung öffentlicher Bauten und dergleichen betrauten Unternehmer (türkisch: »müteahhid«) zum Teil bedienten, noch nicht alle überwunden waren. Als kleines, nicht untypisches Beispiel für die Schwierigkeiten, mit denen man zu Beginn zu kämpfen hatte, sei erwähnt, daß in dem renovierten Pathologischen Institut zum Erstaunen des neuen Direktors sämtliche elektrischen Einrichtungen nicht funktionierten. Erst nach einiger Zeit stellte sich heraus, daß der mit den Arbeiten betraute Unternehmer in »kostensparender« Weise lediglich Anschlußbuchsen sozusagen »for show« installiert, nicht aber auch die notwendigen elektrischen Leitungen gelegt hatte.

Für die Wirtschaftswissenschaftler, Juristen und Angehörigen der Philosophischen Fakultät stand, was die Sachaufwendungen betrifft, der Auf- bzw. Ausbau der Bibliotheken an erster Stelle. Hier gab es anfänglich viel zu tun, sowohl in quantitativer als auch in qualitativer Hinsicht, denn die Bestände, vor allem auch an Zeitschriften, waren, gemessen an den internationalen Standards, unzulänglich und überdies fast ausschließlich französisch (und natürlich auch türkisch) orientiert. Wir bemühten uns umgehend um einen weniger einseitigen Ausbau, das heißt vor allem um die Beschaffung englisch- und deutschsprachiger Literatur. Dank dem Verständnis der türkischen Stellen, die relativ große Geldmittel für die genannten Zwecke zur Verfügung stellten, sowie den besonderen Bemühungen von ein, zwei deutschen Firmen, die sich aus »rassischen« oder politischen Gründen im »Dritten Reich« bedroht fühlten und gern die Gelegenheit benutzten, Auslandsbeziehungen anzuknüpfen, gelang es in verhältnismäßig kurzer Zeit, die Bibliotheken auf einen Stand zu bringen, der uns wissenschaftliches Arbeiten erlaubte und die Möglichkeit gab, die Studenten mit den Ergebnissen der neueren Forschung auf unserem Gebiet vertraut zu machen. Um Aufbau, Ausbau und sachgerechte Verwaltung der wirtschafts- und sozialwissenschaftlichen Bibliothek hat sich insbesondere Gerhard Kessler große Verdienste erworben. In der medizinischen Fakultätsbibliothek war eine deutsche Emigrantin, Sonja Tiedcke (eine Schwägerin des schon erwähnten türkischen Hygienikers Muhiddin Erel), tätig; überdies wurde zu Beginn des

Krieges als Sachverständiger für Bibliotheksfragen Walter Gottschalk an die Universität Istanbul berufen, der gleichzeitig einen Lehrauftrag für Bibliothekswissenschaft wahrzunehmen hatte. Er war ein ausgezeichneter Sachkenner, wie nicht anders zu erwarten von jemandem, der zuvor in der Orientalistischen Abteilung der Preußischen Staatsbibliothek als Bibliotheksrat gearbeitet hatte. Nach Kriegsende ist Gottschalk nach Frankfurt/M. gegangen.

Mangel an Vorlesungsräumen, Arbeitszimmern u.ä. hat es anfangs für die Rechtsfakultät und damit auch die Wirtschaftswissenschaftler nicht gegeben. Die Fakultät – später, nach ihrer Verselbständigung, auch die Wirtschaftsfakultät – war in einem älteren, großzügig angelegten Gebäude auf dem sogenannten Beyazit-Platz im »alten Istanbul« untergebracht. Dieses Gebäude hatte ursprünglich das Kriegsministerium beherbergt, in dem unter anderem der namentlich aus der Zeit des Ersten Weltkriegs gerade in Deutschland wohlbekannte Kriegsminister Enver Pascha residiert hatte: nach Schilderungen von Zeitgenossen eine durch äußere Eleganz, Selbstherrlichkeit, Elan und Grausamkeit gekennzeichnete Persönlichkeit, die als »großer Freund Deutschlands« (so der Titel der Monographie über ihn von K. Okay) galt, aber ein entschiedener Gegner Atatürks war, um dessentwillen er noch vor der Errichtung der Republik das Land verließ und dem er sowohl als Stratege wie als Politiker nicht das Wasser reichen konnte.

Auf den ersten Blick mochte das Gebäude als wenig geeignet für eine Universität erscheinen, aber eine nähere Betrachtung ließ bei uns ausländischen Professoren das Gefühl aufkommen, vielleicht etwas ungewöhnlich, aber ausgezeichnet untergebracht zu sein. Die altmodische Pracht, die Höhe und Größe der Räume, die Schönheit vieler Decken, der große Lichthof mit riesigen Marmortreppen – all das vermittelte einen Eindruck von Tradition und Würde. Ein paar Dutzend Meter entfernt stand ein hoher Feuerturm (»yangın kulesi«), der einen weiten Ausblick auf die Stadt gewährte, wie er erforderlich war, um die Wächter schnell den Ausbruch eines der Brände erkennen zu lassen, die zu unserer Zeit, da die malerischen Holzhäuser die Stein- und Betonbauten zahlenmäßig überwogen, nichts Ungewöhnliches darstellten.

Ein weit größeres Problem als die Raumfrage aber war die völlig fremde Sprache. Ein Zufall hat es gefügt, daß ich schon als Schüler, fast zwei Jahrzehnte, bevor ich in die Türkei kam, erste Kontakte zur türkischen Sprache hatte. Das war im Jahre 1916, also während des Ersten Weltkriegs, als die Türkei unser militärischer Verbündeter war und im Kaiserreich mit allerlei Mitteln eine Begeisterung für den fernen Bundesgenossen zu entfachen versucht wurde. Aus Gründen, die meiner Erinnerung nach teilweise mit dieser Propaganda zusammenhingen, teilweise aber – wie ich schamvoll gestehen muß – auch mit meiner damaligen Vorliebe für türkische Ringer, beschloß ich, später einmal das Land kennenzulernen, das mir nicht zuletzt dank eifriger Lektüre der Karl May-Schmöker geheimnisvoll-anziehend erschien. Als eine gewisse Vorbereitung auf diese vage geplante Reise kaufte ich mir einen kleinen »Metula-Sprachführer« für die türkische Sprache, der, weitgehend auf der Grundlage der alten arabischen Schriftzeichen, die ja damals noch für das Türkische gebraucht wurden, einem angeblich die Anfangsgründe der Sprache nahezubringen vermochte. Ich muß freilich gestehen, daß ich schon bald, nachdem ich mich etwas mit dem Büchlein abgegeben hatte, den Glauben daran verloren habe, jemals diese komplizierte, von allen mir bekannten Sprachen völlig verschiedene auch nur in elementarster Form erlernen zu können.

Dann kam das Jahr 1933. Auf dem Schiff, das uns nach Istanbul brachte, machte ich meine erste Bekanntschaft mit einem Türken. Ich fragte ihn, welches die türkischen Ausdrücke für die geläufigsten, im Alltag nötigsten Worte seien, wie etwa »bitte« oder »danke«, die Zahlen usw. Ich erinnere mich noch, als sei es heute, an meine Verzweiflung, als es mir in den vier Tagen der Überfahrt nicht gelang, auch nur das türkische Äquivalent für »danke!«, nämlich »teşekkür ederim«, zu erlernen bzw. zu behalten. Besonders verblüfft war ich, als ich erfuhr, daß mein Schiffsbekannter zwar Staatsbürger der Türkischen Republik, aber kein »richtiger« Türke, sondern Armenier war, dessen Muttersprache mit dem Türkischen nichts zu tun hatte und der wie die meisten kultivierten Armenier besser Französisch als Türkisch sprach.

Übrigens wird wohl in keinem anderen mir bekannten Lande so wie in den türkischen Personenstandsregistern durch eine Dreiteilung zwischen Staatsangehörigkeit, Nationalität und Konfession unterschieden. In bezug auf erstere ist man »Türke«, bei der Religion wird unterschieden zwischen Mohammedanern (sie bilden mehr als 95% der Gesamtbevölkerung), Katholiken, Protestanten, Griechisch-Orthodoxen, Juden und Konfessionslosen (deren Bezeichnung, nämlich »dinsiz«, gleichzeitig die Bedeutung »Gottlose« hat), hinsichtlich der Nationalität aber zwischen Türken im engeren Sinne (»Osmanlı«), Griechen (»Rum«), Armeniern (»Ermeni«) und Juden (»Musevi«). Die meisten türkischen Juden sind »Spaniolen«; darunter sind zu verstehen die in der Türkei ansässigen Abkömmlinge jener Juden, die zur Zeit der spanischen Judenverfolgung (1492) in die Türkei emigriert waren (die Anhänger des Islam waren Jahrhunderte hindurch sehr tolerant). Die »Spaniolen« sprachen bis in meine Zeit hinein noch vielfach untereinander ein altertümliches Spanisch, heirateten meist nur Angehörige ihrer Gruppe, hatten manche eigentümlichen Gebräuche, liebten aber das Land als ihre wahre Heimat.

Nicht in den Personalregistern, wohl aber in der Umgangssprache gibt es darüber hinaus die Bezeichnung »dönme«. Mit diesem Terminus, der sich vom Verbum »dönmek« = umkehren, sich bekehren, herleitet, werden Juden bezeichnet, die zum Islam übergetreten sind, angeblich »unter sich bleiben« und (was aber nach meinen Beobachtungen nicht den Tatsachen entspricht) an ihrem früheren Glauben festhalten. Im Gegensatz zu den »Spaniolen« kann ein »dönme«, insbesondere wenn er etwa durch Einheirat in osmanische Familien sozusagen seinen guten Willen zur »Vermischung« oder Assimilation beweist, in hohe und höchste Staatsstellungen aufsteigen. Unter meinen türkischen Universitätskollegen gab es eine ganze Reihe von ihnen, und der früher erwähnte Außenminister Atatürks, Rüstü Aras, gehörte angeblich ebenfalls dazu.

Wie schon gesagt, hatten wir uns in den Anstellungsverträgen verpflichten müssen, Türkisch zu lernen und mindestens ein Lehrbuch für jedes von uns vertretene Fach zu publizieren. Allerdings haben die türkischen Stellen in kavaliersmäßiger Weise nicht absolut auf der Einhaltung dieser unserer vertraglichen Verpflichtungen bestanden – vor allem was die erste anlangt –, waren aber um so dankbarer, wenn man sich mit mehr oder weniger Erfolg bemühte, ihnen nachzukommen.

Röpke und ich, die wir fast am gleichen Tage in Istanbul angekommen waren, machten uns sogleich daran, nach einem geeigneten Lehrer zu fahnden, der uns schnell in die Anfangsgründe der Sprache einführen könnte. Wir hatten Glück und fanden einen ausgezeichneten Pädagogen in Gestalt von Ilhami Şevket, der gut Deutsch und vorzüglich Türkisch sprach und Mitverfasser eines Deutsch-Türkischen Wörterbuchs war (der andere Autor war Lehrer an der Istanbuler Deutschen Schule). Vielleicht wird sich mancher Leser wundern, daß ich ausdrücklich hervorhebe, unser Lehrer habe seine Muttersprache gut beherrscht. Auch für uns war es anfänglich Anlaß zu Erstaunen und Verwirrung, daß ein Bekannter von einem anderen, insbesondere ein Kollege vom anderen sagte, dieser spreche kein gutes oder sogar schlechtes Türkisch. Mit der Zeit sahen wir ein, daß eine solche Kritik zwar oft übertrieben, aber vielfach im Kern berechtigt war. Zum Teil hing das damit zusammen, daß die Angehörigen der jüngeren Generation kein so kultiviertes und exaktes Türkisch mehr sprachen, wie ihre Vorfahren es getan hatten, was einerseits seinen Grund in der überstürzt durchgeführten Sprachreform und andererseits in der Tatsache hatte, daß das Arabische – dessen Funktion für die Türken vielleicht mit derjenigen des Lateinischen für Westeuropäer verglichen werden könnte – nicht mehr zu den obligatorischen Fächern für Oberschulen zählte.

Unser Unterricht bei Ilhami Şevket nahm zwei oder drei Stunden je Woche in Anspruch und dauerte etwa drei oder vier Monate. Wir erstanden eine Grammatik und ein Wörterbuch und bemühten uns nach Kräften, uns für die Stunden vorzubereiten. Aber schon nach kurzer Zeit stellten wir zu unserer Verzweiflung fest, daß zwischen dem Erlernen des Türkischen und etwa dem des Englischen oder Französischen ein himmelweiter Unterschied bestand. Bei diesen Sprachen und auch beim Italienischen, Spanischen oder Portugiesischen hatte man ja gewisse Stützpunkte, insbesondere vom Lateinischen her – beim Türkischen dagegen fehlte es an solchen Stützen nahezu vollständig. Von gewissen, meist aus dem Französischen abgeleiteten Fremdwörtern abgesehen gab es praktisch kein Wort, das auch nur entfernt an das Äquivalent in irgendeiner anderen uns bekannten Sprache erinnerte. Auch Mnemotechnik half kaum weiter, und wenn wir endlich einmal ein deutsch klingendes Wort entdeckten, so hatte es eine völlig andere Bedeutung. So ist die türkische »armut« eine Birne, »engel« ein Hindernis, »kalender« ein Eigenbrötler, und eigentlich wußten wir zu Beginn nur, was es mit »kahve« und »şeker« auf sich hatte. Hätte man auch nur die Anfangsgründe des Persischen oder Arabischen beherrscht, so wäre manches leichter gewesen. Ich habe jedenfalls erst nach langer Zeit verstehen können, daß und auf eine wie vertrackte Weise Wörter – gleichviel, ob Substantiva, Adjektiva oder Verben – miteinander verwandt waren, denen man als »Außenseiter« auf den ersten, oft auch auf den zweiten und dritten

Blick nicht ansehen konnte, welche sprachliche Beziehung zwischen ihnen bestand, etwa zwischen »istihsal« = Produktion und »müstahsil« = produktiv oder Produzent, »kâtib« = Sekretär und »kitab« = Buch, »lâzim« = nötig und »elzem« = sehr nötig.

Ähnlich schwerverständlich ist die Grammatik, jedenfalls dann, wenn man mit der lateinischen niemals in Berührung gekommten ist. Das Türkische kennt praktisch keine Relativsätze und verwendet statt dessen eine Unzahl von Partizipialkonstruktionen, was die große Länge der Sätze, speziell im Amtstürkisch, erklärt. Im Vergleich dazu sind die Regeln der »Agglutination« (= Anreihung) oder auch die der Vokalharmonie simpel und einsichtig, und wenn man den Geist der Sprache erst etwas erfaßt hat, erscheint die Art, wie man mit Verben sozusagen »spielen« kann, zugleich logisch und praktisch. Ein Beispiel: »Ich schreibe« heißt »yazıyorum«, »ich schreibe nicht«: »yazmıyorum«; »es wird geschrieben« ist »yazılıyor«, »es wird nicht geschrieben«: »yazılmıyor«. »Ich kann schreiben« heißt »yazabiliyorum«, »ich kann nicht schreiben«: »yazamiyorum«, »es kann geschrieben werden«: »yazılabilir«, »es kann nicht geschrieben werden«: »yazılamaz«, »ich lasse schreiben«: »yazdırıyorum«, usw. usf.

In meinen Bemühungen, die Sprache zu erlernen, habe ich, wie wohl die meisten von uns, mehrere Etappen durchlaufen. Die erste Etappe: Man ist jung, hat ein gutes Gedächtnis, ist allgemein nicht unbegabt für fremde Sprachen und folglich optimistisch hinsichtlich der Möglichkeit, sich in absehbarer Zeit gewisse Grundkenntnisse des fremden Idioms aneignen zu können. Die zweite Etappe: Man erkennt, und zwar in bezug sowohl auf die Worte als auch auf die Grammatik, die ungeheueren Schwierigkeiten und verzweifelt daran, jemals mehr erlernen zu können als das, was man etwa als ein (dem »Pidgin-English« vergleichbares) »Küchen-Türkisch« bezeichnen könnte. Die dritte Etappe, die aber nicht von allen erreicht wird: Man bekommt langsam ein Gefühl für exakte Ausdrucksweise, ein Verständnis für Eleganz und Logik der Satzkonstruktionen – letzteres namentlich dann, wenn man, wie auch ich, ohnehin dazu neigt (vielleicht unter dem Einfluß von Schriftstellern wie Thomas Mann) sehr lange und komplizierte Sätze auch in seiner Muttersprache zu bilden. Wie dem auch immer sei – nach dem relativ kurzwährenden, freilich intensiven Unterricht bei Ilhami Şevket habe ich versucht, einfach darauflos zu sprechen, Zeitungen zu lesen und vor allem mich mit meinen türkischen Assistenten und Kollegen über Sprachfragen zu unterhalten. So gelang es mir, mich binnen einem halben Jahr wenigstens notdürftig mit Taxifahrern, Händlern, Postbeamten usw. verständigen zu können. Nach Ablauf etwa eines Jahres konnte ich dann daran gehen, mündliche Prüfungen ohne Übersetzer abzunehmen, das heißt zwar noch nicht, mich selbst in der Landessprache leidlich gut auszudrücken, aber doch wenigstens die Antworten der Studenten (wenn sie nicht zu rasch oder undeutlich sprachen) zu verstehen.

Was aber geschah mit unseren Vorlesungen und Seminaren? Hier mußte längere Zeit die Hilfe von Übersetzern in Anspruch genommen werden, die zumeist identisch waren mit unseren Assistenten, auch hier und da schon Dozenten waren, häufiger jedoch ad hoc als Dolmetscher engagiert wurden. Aber keineswegs alle beherrschten Deutsch so, daß es zu einer exakten Übersetzung gereicht hätte; oft verstanden sie nur Französisch oder – seltener – Englisch. Röpke und ich hatten es anfangs insofern gut, als unsere Mitarbeiter, Sarc und Ete, die deutsche Sprache vollkommen verstanden und sprachen. Nach einiger Zeit fanden jedoch beide – verständlicherweise –, daß es mit ihrer Position als Hochschullehrer auf die Dauer nicht vereinbar sei, als Übersetzer zu fungieren, und so mußten wir, je nach den Fremdsprachkenntnissen der uns dann zugewiesenen Übersetzer, unsere Vorlesungen bald auf Deutsch, bald auf Französisch, bald auf Englisch halten.

Für die meisten von uns stellte das eine erhebliche Zusatzbelastung dar. Wenn man allmählich etwas Türkisch zu versehen gelernt hatte, wurde man sich überdies mehr und mehr der peinlichen Tatsache bewußt, daß bei der Übersetzung nicht nur viel Zeit verloren ging, denn man konnte ja, da alles, wenn auch nur abschnittsweise, erst Deutsch, Französisch oder Englisch und dann nochmals auf Türkisch vorgetragen wurde, nur etwa die Hälfte dessen sagen, was man zu sagen wünschte, sondern daß vor allem die meisten Feinheiten und Nuancen verloren gingen. Manchen Übersetzern unterliefen darüber hinaus sachliche Fehler, die man aus Taktgründen nicht korrigieren wollte oder aus Mangel an ausreichenden Türkischkenntnissen nicht selbst korrigieren konnte. Kurz, das Übersetzungssystem wurde langsam zu einer Qual.

Daraufhin gab es für mich nur noch zwei Möglichkeiten: Entweder mußte ich versuchen, das bißchen Türkisch, das ich mir angeeignet hatte, wieder zu vergessen, um nicht weiter unter den groben oder falschen Übersetzungen zu leiden bzw. die Studenten leiden zu lassen – oder ich mußte mit aller Energie möglichst schnell die Sprache so zu erlernen trachten, daß ich ohne Übersetzer auskommen konnte. Da der erste Weg indiskutabel war, mußte ich den zweiten beschreiten; das Ergebnis war, daß ich nach etwa zwei Jahren meine Vorlesungen und Übungen ohne Übersetzer zu halten vermochte, wenngleich ich bei der Vorbereitung natürlich des kritischen Rates meiner Mitarbeiter noch längere Zeit bedurfte. Was die Lehrbücher, Zeitschriftenaufsätze und dergleichen betraf, so ließ ich sie in den ersten Jahren nach meinem deutschen oder französischen Original von einem Assistenten oder Dozenten übersetzen, konnte die Übersetzung aber allmählich auf sachliche Richtigkeit hin selbst kontrollieren, und nach etwa fünf Jahren hatte ich meine Sprachkenntnisse soweit vervollkommnet, daß ich einen Teil meiner Publikationen mit Hilfe meiner Mitarbeiter unmittelbar in der Landessprache zu schreiben vermochte.

Meine Ansichten über das Unbefriedigende einer Übersetzung der Vorlesungen wurden nicht von allen deutschen Kollegen geteilt. So vertritt Nissen in seinen Memoiren die Auffassung, die Übersetzungsmethode sei »für Professoren und Studenten gleich befriedigend gewesen«. Dazu ist dreierlei zu bemerken: Erstens spielten die stilistischen Feinheiten des Vortrags im naturwissenschaftlichen und medizinischen Unterricht nicht entfernt eine gleich große Rolle wie in den Geisteswissenschaften. Zum zweiten waren die den Professoren zugeteilten Übersetzer mit recht unterschiedlichen Fähigkeiten ausgestattet. Und drittens muß man bereits zu einem erheblichen Grade selbst mit der Fremdsprache vertraut sein, um Unebenheiten und sachliche Mängel der Übersetzung feststellen zu können. Ganz im Anfang war naturgemäß niemand von uns imstande zu erkennen, ob das, was uns ein Student etwa im Examen fließend in seiner Muttersprache vortrug, nun etwas leidlich Vernünftiges oder blühender Unsinn war. Ich erinnere mich in diesem Zusammenhang, wie mein damaliger Assistent Muhlis Ete bei der von ihm übersetzten Antwort eines Studenten mir zuflüsterte: »Glauben Sie nicht, daß das nun genau dem entspricht, was der Student gesagt hat; denn das vermöchte ich überhaupt nicht auf Deutsch wiederzugeben!«

Nicht alle meine Kollegen besaßen in gleicher Weise wie etwa Arndt, E. Hirsch, viele Philologen und Naturwissenschaftler oder Reuter und ich das Talent, eine schwierige Fremdsprache in relativ kurzer Zeit leidlich zu erlernen. Ich machte die interessante Erfahrung, daß in bezug auf Fremdsprachenkenntnisse nicht nur zu unterscheiden war zwischen denen, die von Haus aus generell unbegabt für fremde Sprachen waren, und solchen mit ausgesprochener Sprachbegabung, sondern daß die zweite Gruppe wiederum in zwei Untergruppen zerfiel, nämlich diejenigen, die Türkisch mindestens so rasch und leicht sprechen lernten wie Französisch oder Englisch, und andere, die zwar recht gut diese zwei letztgenannten Sprachen beherrschten, aber außerstande waren, Türkisch entsprechend gut zu sprechen oder zu schreiben. Freilich ist zuzugeben, daß auch die Bemühungen der einzelnen Kollegen recht unterschiedlich waren. Röpke beispielsweise war wenig an der Erlernung der Landessprache interessiert, da er wohl frühzeitig wußte, daß er nicht allzu lange in der Türkei bleiben würde. Er, der Französisch und vor allem Englisch bewunderungswürdig beherrschte, erwies sich daher weniger als unfähig denn als unwillig, Türkisch zu sprechen. In noch viel höherem Maße galt das für Rüstow. Kessler und Isaac dagegen waren geradezu rührend um die Sprache bemüht, erlebten jedoch nicht die Freude, darin heimisch zu werden. Immerhin ist es aber Isaac, im Unterschied zu Kessler, gelungen, seine Vorlesungen in der Landessprache zu halten.

Diejenigen unter uns, die auf die Dauer nicht in der Lage waren, in Prüfungen und Vorlesungen unmittelbaren sprachlichen Kontakt mit den Studenten zu haben, waren vollkommen auf die Übersetzer angewiesen, wobei in der Hälfte der Fälle auf eine dritte Sprache ausgewichen wurde, weil die Interpreten nicht (genügend) Deutsch konnten. Schon zu unserer Zeit sprachen die meisten deutschen Professoren Englisch weit besser als Französisch, das jedoch damals unter allen Fremdsprachen im ganzen Orient und nicht zuletzt auch in der Türkei durchaus die »langue dominante« war, die von den Angehörigen der Oberschichten in einem für Deutsche beneidenswerten Grade beherrscht wurde. Englisch hingegen war noch wenig verbreitet. All das hing zum Teil – aber eben nur zum Teil; daneben spielten politisch-soziologische Faktoren mit – damit zusammen, daß die Versorgung speziell Istanbuls mit französischen Schulen weit besser war als mit englisch-amerikanischen und überdies eine deutsche Oberrealschule existierte. Seit Kriegsende jedoch haben sich die Verhältnisse entscheidend zugunsten des Englischen gewandelt, was meines Erachtens zu bedauern ist, allein schon im Hinblick auf die großartige französische Romanliteratur und die strenge Logik und Klarheit, zu der die französische Sprache erzieht.

Ganz allgemein gehörten die Sprachprobleme, genauer: die daraus resultierenden Schwierigkeiten zu dem, was man wirtschaftstheoretisch zu den »social costs« zu rechnen pflegt – ein Punkt, der von denen, die sich später als Repräsentanten der »inneren Emigration« (Frank Thiess) bezeichneten, meist übersehen wurde. Was meine persönliche Einstellung betrifft, so betrachtete ich die Erlernung der Landessprache als absolut notwendig, weil ich ja nur auf diese Weise hoffen durfte, mit dem Volk und der Verwaltung in etwas nähere Berührung zu kommen, mit meinen Kollegen und Studenten mich direkt verständigen und in späteren Jahren engeren Kontakt mit denjenigen Kreisen der höheren Beamtenschaft halten zu können, die sich zwar einer anderen Sprache zu bedienen vermochten, es jedoch dankbar vermerkten, wenn man sich mit ihnen in ihrer Muttersprache unterhalten konnte. Auch für Zeitungs- und Rundfunkinterviews war es nützlich, wenn nicht unentbehrlich, daß man sich, und sei es auch mit einigen Fehlern, frei auf Türkisch ausdrücken konnte. Es kam hinzu, daß für diejenigen, die Einfluß auf die Wirtschafts- und Finanzpolitik zu nehmen wünschten, die Fähigkeit, Gesetze, Verordnungen usw. in der Originalsprache lesen zu können, geradezu lebenswichtige Bedeutung hatte. Entsprechendes galt für die Lektüre der Zeitungen oder die direkte Formulierung von Reformvorschlägen.

Ich habe die türkische Sprache im Laufe der Zeit lieben gelernt und bemühe mich, sie nicht ganz zu vergessen, was mir durch Lektüre und wiederholte Besuche in der Türkei auch einigermaßen gelungen ist. In einer Hinsicht allerdings begegnet der »Außenseiter« großen Schwierigkeiten: Das Türkische hat im Verlaufe der letzten zwei, drei Jahrzehnte tiefgreifende Wandlungen durchgemacht – Wandlungen, die sich schon dank der Reformbestrebungen Atatürks zu unserer Zeit abzuzeichnen begannen, aber inzwischen an Reichweite und Tempo stark zugenommen haben.

Ziel des Gründers der Republik war, wie erwähnt, die zwischen den Gebildeten und dem Großteil der Gesamtbevölkerung, das heißt ländlich-bäuerlichen Schichten, bestehenden Sprachbarrieren abzubauen. Im Zuge dieser Bestrebungen wurden bereits Ende der dreißiger Jahre an der Universität Istanbul (wahrscheinlich auch an den anderen Hochschulen des Landes) sogenannte Sprachkommissionen eingesetzt, die sich laut Anordnung des Kultusministeriums bemühen mußten, für soviele Ausdrücke des Alttürkischen wie möglich neutürkische, auch und gerade dem anatolischen Bauern verständliche Worte zu finden. Es war für mich eine Auszeichnung, daß man mich zum Mitglied der Sprachkommission (»terim komisyonu«) der Wirtschaftsfakultät wählte, die sich mit der »Türkifizierung« hergebrachter ökonomischer Begriffe zu befassen hatte. In der Tat gab es auf dem Gebiet der Rechts- und Wirtschaftswissenschaften in besonders starkem Maße Ausdrücke arabischen oder auch persischen Ursprungs, für die sich oft verständliche türkische Synoyma finden ließen. Daneben wurden dann allerdings Kunstworte geschaffen, die vielfach nicht nur unschön, sondern auch ebenso schwer verständlich waren wie die alten arabisch-persischen Ausdrücke. Das zeigte, daß man eine in ihren Grundzügen durchaus vernünftige Sprachreform übertreiben und zu einer fragwürdigen Sprachrevolution entarten lassen kann, über deren Nachteile gerade auch Angehörige der kultivierten türkischen Schichten sich weitgehend einig waren. Man bedenke nur, was es bedeutet, wenn Schulkinder schon seit mehreren Generationen kaum mehr in der Lage sind, Bücher zu lesen, die erst vor etwa vier, fünf Jahrzehnten, geschweige vor noch längerer Zeit geschrieben worden sind. Aber selbst für Ältere sind diejenigen belletristischen und wissenschaftlichen Werke, Gesetze usw. unbenutzbar geworden, die vor dem Ende der zwanziger Jahre gedruckt worden sind; denn von Orientalisten und ein paar sonstigen Liebhabern abgesehen vermag heute kein Mensch mehr die arabischen Buchstaben zu lesen, die früher üblich waren. Da der Prozeß unaufhaltsam fortschreitet, habe auch ich größte Mühe, etwa in den letzten zehn, fünfzehn Jahren publizierte Arbeiten meiner jüngeren türkischen Kollegen voll zu verstehen; denn in ihnen finden sich hunderte von neuen Ausdrücken, die an die Stelle derjenigen getreten sind, die noch zu der Zeit, als wir in Istanbul und Ankara wirkten, jedem Studenten vertraut waren. Bemerkenswert in diesem Zusammenhange ist, daß sogar die Verfassung der Republik, die in den zwanziger Jahren entstand, später ins »Neutürkische« übersetzt worden ist.

STUDENTEN UND PROFESSOREN

Seit eh und je galt der Lehrtätigkeit meine besondere Aufmerksamkeit und Liebe. Vielleicht waren deswegen meine Beziehungen zu der überwiegenden Mehrzahl der Studierenden so, daß ich mich ihrer nur mit Dankbarkeit erinnern kann. Das war schon in meinen »Lehrjahren« als junger Privatdozent in Frankfurt der Fall, es blieb so in der Türkei und auch in meiner zweiten Frankfurter Zeit und erwies sich ebenso bei mehrfachen Gastprofessuren an der Universität Basel.

Dennoch möchte ich sagen, daß generell die Verbindung zwischen Schüler und Lehrer kaum irgendwo so herzlich und so langdauernd ist wie in der Türkei. Man kann in der Tat ohne Übertreibung behaupten, daß das Verhältnis eines Schülers – gleichviel, ob man an Volks-, Mittel-, Ober- oder Hochschulen denkt – zu seinem von ihm als »hocam« (= »mein Lehrer«) bezeichneten Professor erst mit dem Tode eines der Beteiligten sein Ende findet. Und überdies ist es auch nach vielen Jahrzehnten der Herrschaft des laizistischen Prinzips dabei geblieben, daß man dem gegenwärtigen oder einem früheren Lehrer mit einer außerordentlichen Hochachtung, ja Ehrfurcht begegnet, die sich nicht zuletzt in dem immer noch anzutreffenden Handkuß äußert, den einem nicht nur zwanzigjährige, soeben Graduierte geben, sondern auch Erwachsene, selbst wenn sie inzwischen Staatsminister geworden sind.

Ich habe diese enge persönliche Beziehung zu meinen Studenten und insonderheit natürlich zu denen, die eine Zeitlang meine Assistenten waren, stets als ungewöhnlich positiv empfunden, und freue mich, mit meinen meisten früheren Mitarbeitern bis auf den heutigen Tag durch Briefwechsel und/oder Besuche in Verbindung geblieben zu sein. Von meinen früheren wissenschaftlichen Mitarbeitern möchte ich hier wenigstens zwei nennen: Osman Okyar und Süphan Berk-Andıc.

Osman Okyar ist jetzt schon seit langem Professor an einer der neuen Universitäten in Ankara (Hacettepe); zeitweilig war er auch deren Rektor. Er ist ein Sohn des früheren Justizministers und Botschafters Atatürks, Fethi Okyar. Osman hatte seine Universitätsstudien in England betrieben, ehe er zu mir kam, und ist dem englisch-amerikanischen Hochschulleben bis auf den heutigen Tag eng verbunden geblieben. Er ist ein guter Kenner speziell der internationalen Wirtschaftspolitik und persönlich von derselben warmen Herzlichkeit und Höflichkeit wie seine kluge, von mir außerordentlich verehrte Mutter. Wir treffen uns alle paar Jahre auf wissenschaftlichen Kongressen innerhalb und außerhalb der Türkei.

Letzteres gilt auch für Süphan Berk-Andıc, die mir während ihrer Istanbuler Assistentenzeit vor allem bei der Redaktion der Fakultätszeitschrift sehr geholfen hat. Die blonde, nach landläufigen ausländischen Vorstellungen »untürkisch«, aussehende, liebenswürdigen Charme mit hoher, kritischer Intelligenz aufs glücklichste verbindende Süphan hat sich seit ihren Studien in Istanbul, Ann Arbor, Mich., und Edinburgh auf dem Gebiet der modernen Entwicklungspolitik speziell fiskalischer Observanz, auf dem sie eng mit ihrem Mann zusammenarbeitet, einen ausgezeichneten Namen gemacht. Sie ist darüber hinaus sehr bekannt geworden durch eine umfangreiche, von unserem gemeinsamen Freund und Kollegen Alan T. Peacock angeregte und von mir 1967 im »Finanzarchiv« veröffentlichte Untersuchung über die Entwicklung der öffentlichen Ausgaben in Deutschland seit der Reichsgründung (zusammen mit J. Veverka). Sie und ihr Mann Fuad – gleichfalls ein früherer

Schüler von mir – sind seit vielen Jahren als Professoren an der Universität von Puerto Rico tätig. Ich betrachte die Andics als zu meinen besten Freunden gehörig, ja in gewisser Weise auch – ich war an ihrer Ehe nicht ganz unschuldig – als meine »Kinder«.

Soviel über die Lichtseiten des Schüler-Lehrer-Verhältnisses, wie es in der Türkei üblich ist und wie ich es glücklicherweise erlebt habe. Bestimmte Schwierigkeiten dürfen allerdings schon der Vollständigkeit halber nicht verschwiegen werden.

Wie das, in schroffem Gegensatz zu den Zeiten vor 1933 und dann wieder zu den zwei Jahrzehnten nach dem Zusammenbruch, seit der Mitte der sechziger Jahre leider auch in der Bundesrepublik üblich geworden ist, war bzw. ist der Lehrerberuf an türkischen Schulen und Universitäten nicht immer ungefährlich. Angriffe, auch physische, wegen angeblich ungerechtfertigter schlechter Examensnoten waren und sind nicht selten; nach meinen Beobachtungen bewiesen die türkischen Professoren im Durchschnitt aber etwas mehr Rückgrat als die deutschen.

Wie schon angedeutet, waren die Wirtschaftswissenschaften in der ersten Zeit unserer Tätigkeit in die Rechtsfakultät integriert; Wirtschaftstheorie, -politik und Finanzwissenschaft gehörten zu den obligatorischen Fächern. Nach der Errichtung einer selbständigen Wirtschaftsfakultät änderte sich insofern nicht viel an unserem Unterricht, als für die Studierenden der Juristischen Fakultät der Besuch einer Reihe von ökonomischen Vorlesungen und Übungen weiterhin vorgeschrieben war.

Nun herrscht in der Türkei ein dem französischen Unterrichtswesen entlehntes »Klassensystem«. So erfordert beispielsweise das Studium der Wirtschaftswissenschaften – wenn ich vom Doktorat absehe – bis zum »Lizenziat« (der Grad entspricht unserem Diplomvolkswirt bzw. -Kaufmann) die Absolvierung von vier »Klassen«, und das heißt von (mindestens) vier Jahren Studium. Beim Übergang von einer Klasse zur nächsthöheren finden eliminatorische Prüfungen statt, die in einen seinerseits mit eliminatorischem Charakter ausgestatteten schriftlichen und einen mündlichen Teil zerfallen. Schon zu unserer Zeit bestand eine starke Überfüllung der Universitäten im allgemeinen, der Rechts- und der Wirtschaftsfakultäten im besonderen. (Sie hat sich seither wegen des ungewöhnlich hohen Geburtenüberschusses in der Türkei und der besseren Mittel- und Oberschulausbildung trotz zahlreicher Neugründungen von Hochschulen noch erheblich verstärkt.) Wer von uns Professoren das Pech hatte, im Turnus in der ersten Klasse zu unterrichten, mußte daher am Ende des Studienjahres Prüfungen von mehr als 1000 Studenten abnehmen. Da die Prüfungen, wie erwähnt, zunächst in schriftlicher, eliminatorischer Form erfolgten, überdies wiederholt werden konnten, war die Konsequenz, daß man zweimal jährlich mit ungewöhnlich umfangreichen Prüfungsverpflichtungen belastet war. Die Durchsicht der großen gelben, von den Prüflingen meist mit Bleistift und in schwer lesbarer Handschrift beschriebenen Bogen nahm im Frühsommer bis zu sechs, in der Wiederholungssession im Frühherbst drei bis vier Wochen in Anspruch – immer vorausgesetzt, daß man Prüfer der ersten Klasse war. Es waren Riesenpakete, die einem von den Boten der Universität (sogenannten »hademes«) ins Haus gebracht wurden. Spätestens nach je zwei Stunden war man von der Lektüre so erschöpft, daß man eine kleine Erholungspause einschalten mußte. Obwohl die Prüfungen prinzipiell sehr gründlich gehandhabt wurden, geriet man insbesondere bei der Durchsicht vieler Papiere solcher Studenten, die sich zum ersten Mal zur Prüfung stellten, oft in einen Gewissenskonflikt: In Grenzfällen, die einen großen Teil des Ganzen bildeten, fragte man sich unwillkürlich, ob man den Betreffenden noch durchlassen sollte oder nicht, drohte doch bei einem »Ungenügend« die Gefahr, daß derselbe Student sich zum Wiederholungstermin noch einmal melden würde, während man ihn sich mit einem »Ausreichend« wenigstens für ein Jahr vom Halse halten konnte.

Die mündlichen Examina, die sich an die schriftlichen anschlossen, waren im Sommertermin schon aus klimatischen Gründen außerordentlich anstrengend. Auch hier gab es noch Hunderte zu prüfen, wenngleich durch den eliminatorischen Charakter des Schriftlichen bereits der größte Teil der Spreu vom Weizen gesondert worden war. Insgesamt hatten die Prüfungen den Effekt, daß von den 1000 bis 1200 Studierenden der ersten Klasse allenfalls die Hälfte, meist weit weniger, in die zweite kam. Der Aufstieg von der zweiten zur dritten und von dort zur vierten Klasse war dann wegen der vorangegangenen strengen Auslese wesentlich leichter für die Studenten und für ihre Professoren mit einer starken Entlastung verbunden. Der Abstand zwischen den sehr guten und den guten Prüflingen war im allgemeinen nicht groß, wohl aber der zwischen diesen beiden Gruppen und dem Rest. Und auch da war man wieder wegen der Möglichkeit einer Wiederholung auch des Mündlichen dem gleichen Dilemma ausgesetzt: Sollte man in Grenzfällen Gnade vor Recht ergehen lassen oder nicht?

Als nicht uninteressant möchte ich die Tatsache erwähnen, daß in einem späteren Stadium unseres Wirkens die an sich freilich nicht sehr hohen Examensgebühren (es waren zwei Wiederholungen je Klasse möglich) sich bei Nichtbestehen der Prüfung in progressiver Staffelung erhöhten – eine Maßnahme, die sich meines Wissens in keinem anderen Lande findet. Das Studium ist zwar als solches grundsätzlich kostenlos gewesen, für Prüfungen und die Ausstellung von Diplomen wurden jedoch Gebühren erhoben. Soziale Erleichterungen des Studiums ergaben sich vor allem dadurch, daß die Lehrbücher vom Staat beträchtlich subventioniert wurden.

Besonders schwer war der geschilderte Gewissenskonflikt bei der Prüfung von jungen Offizieren, die zum Studium abkommandiert waren und die, wenn sie endgültig, das heißt nach doppelter Wiederholung der Prüfung, scheiterten, unter Degradierung zur Truppe zurückberufen wurden. Ich gestehe offen, daß ich mich in derartigen Fällen soweit wie irgend vertretbar um Milde bemüht habe, weil ich die erwähnte »Bestrafung« als nicht recht sachadäquat und außerordentlich schwer empfand.

Moralisch einfacher war die Entscheidung, wenn, insbesondere während des Krieges, als selbst in der Türkei viele Nahrungsmittel knapp zu werden begannen, die Mütter oder Großmütter, bisweilen auch die Väter von durchgefallenen Examenskandidaten, allein oder in deren Begleitung, in der Wohnung eines Professors erschienen, um sich diesem zu seiner peinlichsten Überraschung zu Füßen zu werfen und ihn kniefällig, weinend und schreiend zu bitten, doch Erbarmen zu haben, das heißt: die Zensuren heraufzusetzen. Ich habe ausnahmslos solche Bitten, die sich hundertfach wiederholten, um meines guten Gewissens willen zurückgewiesen. Denn wenn ich auch nur ein einziges Mal unsachliche Umstände bei der Notengebung berücksichtigt oder gar hinterher eine Korrektur der bereits festgesetzten Note vorgenommen hätte, so wäre ich in Zukunft nicht mehr in der Lage gewesen, ähnlichen Bitten zu widerstehen. Besonders delikat waren die Dinge dann, wenn besagte Mütter, Großmütter usw., um einen in gute Laune zu versetzen, ein Stück Butter oder ähnliche, im Krieg rar gewordene Dinge auf den Tisch legten oder auch einfach auf der Türmatte liegen ließen und nicht begreifen konnten, warum man derartige Gaben, schon um nicht in den Verdacht der Bestechlichkeit zu geraten, zurückweisen mußte. Ganz allgemein war die Ablehnung von Geschenken und dergleichen, auch wenn sie nicht mit Examensproblemen zusammenhing, oft schwierig oder peinlich. Das begann schon, wenn man in einer türkischen Familie eingeladen war und sich anschickte, von den zahllosen Gerichten eines zurückzuweisen oder von einem anderen wenig zu nehmen aus dem einzigen Grunde, weil das physiologische Fassungsvermögen nichts mehr zuließ. Eine derartige Haltung wurde leicht als Verstoß gegen die Regeln der berühmten türkischen Gastfreundschaft ausgelegt, und man mußte den größten Takt aufbieten, um den Gastgeber nicht zu kränken.

Im Zusammenhang mit Prüfungen fällt mir noch folgende kleine Begebenheit ein: Nach meinen Beobachtungen verfügen die Türken über ein weit besseres Gedächtnis als die Angehörigen der westeuropäischen Völker. Ich habe das anfänglich, vielleicht nicht ganz zu Unrecht, teilweise auf den damals noch weitverbreiteten Analphabetismus zurückgeführt; denn dieser hatte in Verbindung mit dem Auswendiglernen gewisse gute Seiten insofern, als er dazu zwang, Hören, Sehen, Riechen und Gedächtnis weit besser auszubilden als das bei uns üblich ist. Glaubt man an die Vererbbarkeit erworbener Eigenschaften, so kann man zur partiellen Erklärung des ungewöhnlich guten Gedächtnisses der Studenten auch die Tatsache heranziehen, daß ihre Vorfahren in den religiösen Schulen (»medreses«) hauptsächlich zum Auswendiglernen des Korans erzogen wurden. Ich war immer wieder verblüfft darüber, daß beispielsweise die »hamals«, die Lastträger, auf deren Dienste man speziell in einer so hügeligen und schlecht gepflasterten Stadt wie Istanbul weitgehend angewiesen war, und zwar nicht nur wenn es auf dem Markte einzukaufen galt, die kompliziertesten Wegebeschreibungen richtig behielten, obwohl sie nicht lesen und schreiben konnten.

Aber nicht nur Analphabeten besaßen ein exzeptionell gutes Gedächtnis, sondern auch manche Studenten. Ich hatte, wie es uns ja vertraglich vorgeschrieben war, allmählich für jede meiner Hauptvorlesungen ein Lehrbuch in türkischer Sprache veröffentlicht, von denen das wirtschaftstheoretische besonders umfangreich war (zwei Bände von zusammen rd. 800 Seiten). Bei der Durchsicht der Papiere in einem Examen kam es nicht zuletzt darauf an, ob man Indizien dafür entdecken konnte, daß der Kandidat sich der Benutzung unerlaubter Hilfsmittel schuldig gemacht hatte, insbesondere des Gebrauchs eines Spickzettels oder eines Lehrbuchs. Ließ sich das nicht einwandfrei nachweisen, ohne daß man den Schuldigen auf frischer Tat ertappt hatte, so benotete man die Klausurarbeit mit »Ungenügend«. Um Weiterungen möglichst zu entgehen, begründete man diese Note nicht.

Mindestens eines solchen Falles erinnere ich mich um der seltsamen Begleitumstände willen, die mit den soeben erwähnten Gedächtnisfragen zusammenhingen. Ich hatte festgestellt, daß in einem Examenspapier viele Passagen wörtlich aus meinem Lehrbuch stammten, und daraufhin diese Arbeit schlicht als »ungenügend« bewertet. Kurz nachdem die Ergebnisse der betreffenden Prüfung bekanntgegeben worden waren, erschien ein Student in meiner Wohnung und sagte mir, er habe soeben erfahren, daß er in der schriftlichen Prüfung für Wirtschaftstheorie durchgefallen sei, und er wisse auch den Grund. Auf meine Frage, wer ihm diesen verraten habe, antwortete er: »Niemand.« Aber da er nur richtige Antworten auf die Fragen gegeben habe, sei doch wohl evident, daß ich ihn des Abschreibens verdächtigt hätte; dieser Verdacht sei jedoch unbegründet. Er gebe zwar zu, daß er sich über weite Strecken hinweg wörtlich an mein Lehrbuch gehalten habe, aber das sei ja nicht strafbar und könne – dies mit leichter Ironie vorgebracht – doch wohl nicht Grund für ein »Ungenügend« sein, da es sich ja um meine eigenen Darlegungen handele. Ich entschloß mich daraufhin, ihm die Wahrheit zu sagen, und bestätigte, daß ich in der Tat seine Arbeit abgelehnt habe, weil der Text zweifelsfrei von Abschreiben zeuge. (Ich hatte zur Kontrolle in meine Aufzeichnungen geblickt, die ich stets bei mir trug.) Darauf entgegnete der Student in höflichem, aber bestimmtem Tone, er bäte mich inständig, ihn sogleich nochmals zu prüfen, und zwar dergestalt, daß ich irgendeine Seite meines in Frage kommenden Lehrbuchs aufschlüge, ihm ein oder zwei Sätze daraus vorlese, und dann wolle er fortfahren. So könne er mir doch beweisen, daß er mein Lehrbuch zwar in toto auswendig gelernt, es aber nicht verbotenerweise während der schriftlichen Prüfung benutzt habe. Voll Unglaubens gab ich dieser Bitte nach, und siehe da: Obwohl ich an drei verschiedenen Stellen des Buchs mit der Verlesung von je ein, zwei Sätzen begann, war der Student sofort in der Lage, zwar nicht hundertprozentig, aber doch beinahe exakt wörtlich das wiederzugeben, was folgte. So sah ich mich denn gezwungen, unter genauer Schilderung des Sachverhaltes das »Ungenügend« in ein »Genügend« umzuwandeln – schließlich konnte ich den Studenten ja nicht wegen seines ungewöhnlich guten Gedächtnisses bestrafen.

Wenn die schriftlichen Prüfungen abgehalten wurden, zu denen im Falle der ersten Klasse immer viele Hunderte von Studenten erschienen, so war es, um »Mogeln« zu vermeiden, notwendig, die gesamten Hörsäle der Universität für diesen Zweck zu reservieren, damit man die Studenten möglichst weit voneinander entfernt setzen konnte. Die Aufsicht oblag den Professoren und Dozenten, die von ihren Assistenten unterstützt wurden. Dennoch war es nicht immer einfach, »Mogler« so, daß sie als zweifelsfrei überführt zu gelten hatten, zu ertappen, und selbst wenn man jemandem einen »Spickzettel« weggenommen hatte, bekam man nicht selten die verblüffend-naive Behauptung zu hören, der Betreffende wisse selbst nicht, wie jener Zettel in seine Hände gekommen sei. Ganz besonders schwierig und peinlich aber waren Fälle, in denen es sich um weibliche Studierende handelte; denn diese ließen das corpus delicti blitzschnell im Gürtel oder Blusenausschnitt verschwinden und machten es so faktisch tabu.

DIE TÜRKISCHE REPUBLIK: NEUE ZIELE UND INSTITUTIONEN. – ATATÜRK ALS WEGBEREITER

Nicht nur aus historischen Gründen, sondern auch deshalb ist hier an erster Stelle von Atatürk zu sprechen, weil er zweifellos in den zwanziger und dreißiger Jahren eine der bedeutendsten Persönlichkeiten auf der weltpolitischen Bühne war.

Es dürfte kaum einen größeren Gegensatz gegeben haben als den zwischen Atatürk und Hitler. Schon rein äußerlich manifestierte sich dieser fundamentale Unterschied darin, daß Atatürk, der sich bereits im Ersten Weltkrieg (Schlacht an den Dardanellen, 1915) und dann wieder im Unabhängigkeitskrieg gegen die Griechen (1920 – 1922) als ein außerordentlich fähiger, siegreicher General erwiesen hatte, nach 1923 außer in Manövern sich niemals in Uniform zeigte, sondern die Zivilkleidung – bei Festlichkeiten den Frack – bevorzugte; dagegen trug der ehemalige Gefreite Hitler bekanntlich wann und wo immer möglich die von ihm selbst entworfene Uniform.

Atatürk war ein weitsichtiger Diplomat, der zwar gelegentlich ein gewagtes Spiel riskierte, beispielsweise gegenüber Frankreich bei der Wiedergewinnung der Provinz Hatay mit dem wichtigen Hafen Iskenderun = Alexandrette (1938 – 39), aber niemals die eigenen Kräfte überschätzte; er war vielmehr bereit, im Interesse eines dauerhaften Friedens, der ihm den Wiederaufbau seines Landes ermöglichen sollte, auf momentane politische oder militärische Erfolge zu verzichten.

Ich bin dem Gründer der Republik nur einmal persönlich begegnet, und zwar gelegentlich eines offiziellen Empfangs im Pera-Palas-Hotel in Istanbul; aber der Augenblick, da er den Saal betrat, und die wenigen Minuten, in denen ich mich mit ihm über Universitätsfragen unterhalten konnte, sind mir unvergeßlich geblieben. Noch heute habe ich das Gefühl, in ihm einem der wirklich Großen unseres Zeitalters begegnet zu sein, und ich möchte hier der Hoffnung Ausdruck geben, daß sein Erbe von weniger fähigen Nachfolgern nicht vertan wird. Insgesamt dürfte dies jedoch kaum mehr möglich zu sein; denn zu lange schon hat das Bestand gehabt, was er neu geschaffen hat für sein Land, dem er bewußt eine pro-westlich-europäische Orientierung zu geben bemüht war, ohne jedoch die »Brückenfunktion« der Türkei völlig außer acht zu lassen. Man darf allerdings die Augen nicht vor der Tatsache verschließen, daß zumindest auf zwei Gebieten, für welche die durch Atatürk inspirierten Reformen von besonderer Bedeutung waren, seit etwa zwei Jahrzehnten gewisse Rückbildungen zu beobachten sind: Dem laizistischen und dem etatistischen Prinzip wurden, wenn auch mit zeitlich unterschiedlichen Akzenten, Widerstände entgegegengesetzt, die ihrerseits freilich auch Gegentendenzen auslösten, ohne daß man schon die relative Stärke der beiden Bewegungen abzuschätzen vermöchte.

Neben bestimmten außenpolitischen Entscheidungen, wie die Hinwendung zu Europa, sind die Reformmaßnahmen, die der Gründer der Republik auf den verschiedensten Gebieten ergriff, wie die Trennung von Kirche und Staat sowie viele der wirtschaftspolitischen Reformen im Grunde alle auf den einen Nenner zurückzuführen: den Wunsch, die nationale Unabhängigkeit durch kulturellen und wirtschaftlichen Fortschritt zu sichern. Da die Vorherrschaft der »mollas« (= islamische Gelehrte) und »imams« (= islamische Priester, speziell Vorbeter in der Moschee) als Vertreter eines versteinerten, fanatischen, in jedem Betracht reaktionären Mohammedanismus einem solchen Fortschritt im Wege stand, galt es, die Macht der Priester zu brechen und, ohne die hohen sittlichen Ideale der Religion zu beseitigen, den fortschrittsfeindlichen Fatalismus zu bekämpfen, der, in noch stärkerem Maße als zu Beginn der Neuzeit in Europa die katholischen Dogmen, die Entfaltung einer dynamischen Wirtschaftsgesinnung, jedenfalls im Vergleich zum Protestantismus, wie vor allem Max Weber (nicht mehr ganz unbestritten) behauptete, gehemmt hat.

Die wirtschaftliche und finanzielle Lage des Landes, wie sie sich zur Zeit der Republikgründung präsentierte, war nahezu hoffnungslos, aber das war sie im Grunde schon lange zuvor gewesen, als Folge einer Außen-, Militär- und Verschuldungspolitik, durch die die Ressourcen des Landes in unglücklich verlaufenden Kriegen und einer prunkhaften Hofhaltung verschwendet wurden. Überdies geschah fast nichts, um den Bauern, damals noch weit mehr als heute das Rückgrat der türkischen Wirtschaft, aus einer ökonomisch und sozial verzweifelten Lage herauszuhelfen und den technischen Fortschritt zu fördern. Ausländische Kapitalisten stellten zwar, oft genug durch ihre Regierungen ermutigt, dem Staat immer wieder Anleihen zu Verfügung, aber zu Bedingungen, die vielleicht dem wirtschaftlichen und politischen Risiko entsprachen, jedoch so hart waren, daß ein Staatsbankrott in offener oder versteckter Form unausweichlich war. Um einen solchen möglichst zu verhindern, wurde 1881 eine ausschließlich aus Vertretern der ausländischen Gläubiger gebildete Schuldenverwaltung, die sogenannte »Dette Ottomane«, errichtet; diese verfügte über die für den Schuldendienst verpfändeten Staatseinnahmen (Verbrauchsteuern, Monopolerträge und Zölle), so daß eine autonome, an den Bedürfnissen des Landes orientierte Zoll- und Handelspolitik bis zum Vertrag von Lausanne (1923) kaum möglich war. Darüber hinaus befanden sich die meisten öffentlichen Infrastruktureinrichtungen in den Händen privater ausländischer Gesellschaften, so – selbst noch zu der Zeit, als wir in das Land kamen – Straßenbahnen, Gas-, Elektrizitäts- und Wasserwerke, Hafenanlagen usw.

Ferner war das Steuersystem, das u. a. noch den »Zehnten« sowie eine Viehsteuer enthielt, völlig veraltet und weder ausreichend ergiebig im fiskalischen Sinne noch an Gesichtspunkten einer Verteilungsgerechtigkeit orientiert. Und schließlich ist auf das Besoldungs- sowie das damit zusammenhängende Bakschischsystem hinzuweisen. Angesichts der Tatsache, daß selbst die Gehälter hoher Beamter außerordentlich niedrig waren und die der unteren und vieler mittlerer nicht zum bescheidensten Lebensunterhalt ausreichten, wurde das Bakschischgeben und -nehmen von allen Beteiligten, besonders, wenn die Fordernden sich annähernd mit den faktisch standardisierten Sätzen zufriedengaben, als quasi normal angesehen. Wie zerrüttet das türkische Finanzwesen vor der Republikgründung war, geht unter anderem aus der mir von (älteren) türkischen Kollegen berichteten Tatsache hervor, daß sie früher ihr Gehalt mit vielmonatiger, oft ein Jahr übersteigender Verspätung erhielten und, soweit sie nicht andere Einkunftsquellen besaßen, gezwungen waren, ihre Gehaltsansprüche von privaten Geldverleihern zu einem wucherischen Satz diskontieren zu lassen.

Angesichts der hier nur flüchtig skizzierten Wirtschafts- und Finanzprobleme ist es erstaunlich, daß es bereits bis Mitte der dreißiger Jahre gelang, auf vielen Gebieten erhebliche Fortschritte zu erzielen. Von Auslandsverschuldung war kaum mehr die Rede, die »public utilities«, also die öffentlichen Versorgungsbetriebe, wurden vom Staat gegen angemessene Entschädigung erworben, und in bezug auf Zahlungspünktlichkeit verhielten sich die Türken so korrekt wie – aus gleichen Gründen – die Sowjetrussen, nach dem diese freilich zuvor die von den Zarenregierungen aufgenommenen Schulden repudiiert hatten.

Dabei konnte damals von der heute weltweit üblich gewordenen sogenannten Auslandshilfe, zumindest in Geldform, noch kaum die Rede sein. Allenfalls spielte ein gewisser »know-how«-Transfer hier und da schon eine

Rolle, so etwa beim Aufbau von Staatsfabriken und – hier gerade auch durch deutsche Sachverständige, die jedoch überwiegend keine Emigranten waren – bei der Errichtung von landwirtschaftlichen Mustergütern und Plänen für eine rationelle Forstwirtschaftspolitik. Daß Staatsunternehmen geschaffen wurden, hing vor allem damit zusammen, daß zu unserer Zeit türkisch-osmanische Unternehmer von bedeutendem Format noch kaum vorhanden waren. Atatürk bediente sich daher aus Motiven, die denen des alten Merkantilismus des 17. und 18. Jahrhunderts ähnelten, gewisser wirtschaftlicher Förderungsmethoden, die gleichfalls merkantilistischer Art waren.

In einer Hinsicht befolgte allerdings die Republik eine eher klassisch-liberalen Prinzipien gemäße Politik: Es wurde eine streng am Grundsatz des Budgetausgleichs ausgerichtete Finanzpolitik betrieben, und bis zum Kriege gab es keinerlei inflatorische Tendenzen – eher, wie auch in vielen anderen Ländern während der dreißiger Jahre, deflatorische. Dies wurde nicht zuletzt dadurch ermöglicht, daß die neu errichtete türkische Zentralbank (»Merkez Bankası«) sich ihrerseits um eine auch nach außen stabile Währung bemühte.

Nun mag die Frage aufgeworfen werden, ob Atatürk, der für alle diese kulturellen und wirtschaftlichen Reformen letztlich verantwortlich war, auch das innenpolitische System im Sinne westlicher Demokratien umgestaltet hat. Die Antwort auf diese Frage lautet eindeutig »Nein«. Gewiß, es gab ein Parlament, aber es gab, von einem bedeutungslos gebliebenen kurzen Zwischenspiel abgesehen, keine Opposition, und man kann die verfassungsmäßige Ordnung cum grano salis vielleicht am besten als eine Art von »aufgeklärtem Despotismus« bezeichnen. Bei diesem lag aber der Akzent auf dem Adjektiv und nicht auf dem Substantiv, und überdies war von Feudalismus nur sehr wenig mehr zu spüren, ebensowenig wie von einer Megalomanie, wie sie so viele wirkliche Despoten der älteren und neueren Geschichte kennzeichnet. Maßhalten war vielmehr ein Merkmal kemalistischer Politik nach innen und außen.

Erstaunlich erscheint mir, daß Atatürk, obwohl seiner Herkunft nach General, in seinem Regierungssystem niemals militärische Methoden angewandt hat. Dank seinem Vorbild hat es in den fünfzig Jahren seit Bestehen der Türkischen Republik deshalb nie eine Militärdiktatur gegeben. Gewiß hat das Militär gelegentlich eingegriffen, wenn die innenpolitische Situation das zu erfordern schien, so insbesondere 1960, als der damalige Ministerpräsident Adnan Menderes von der Generalität gestürzt und unter dem Vorwurf des Verfassungsbruchs zum Tode verurteilt und hingerichtet wurde. Aber in keiner Situation sind türkische Offiziere bestrebt gewesen, nach dem Muster der bekannten Militärdiktaturen in Ost und West – nicht zuletzt der in mittel- und südamerikanischen Staaten –, die Regierungsmacht auf Dauer an sich zu reißen. Richtig ist allerdings, daß alle Staatspräsidenten von Atatürk und Ismet Inönü über Gürsel und Sunay bis zu Korutürk mit der alleinigen Ausnahme Celâl Bayars (1950–61) Generale bzw. Admirale waren. Aber auch das ist vielleicht nicht bedeutungslos für das innenpolitische Geschehen gewesen: Diese Männer standen eben sämtlich schon an der Spitze der militärischen Hierarchie und waren nicht, wie die meisten Putschisten in anderen Ländern, nur Stabsoffiziere. Der einzige rechtsradikale, potentielle Militärdiktator: Alparslan Türkeş, Führer der »Partei der nationalistischen Bewegung«, brachte es militärisch nur bis zum Oberst; er war zeitweilig Mitglied der ersten Koalitionsregierung unter Demirel.

Atatürk hatte in den etwa anderthalb Jahrzehnten seiner Präsidentschaft das Land so stark hinter sich gebracht, daß man ohne Übertreibung sagen kann, bei seinem vorzeitigen Tode (1938) trauerte die gesamte Bevölkerung um ihn, nicht zuletzt übrigens auch die Minoritäten, die sich unter ihm sicher und kaum mehr diskriminiert gefühlt hatten.

Die Trauerfeierlichkeiten, die im ganzen Lande stattfanden, waren sehr bewegend. Sie erwiesen sich übrigens, trotz des vom Gründer der Republik durchgesetzten laizistischen Prinzips, als weitgehend religiös bestimmt, und ich gestehe, daß ich mich angesichts mancher Eigenarten sowohl individueller als auch gruppenmäßiger Trauerbezeigungen in jenen Tagen erstmals in diesem Lande als Außenstehender, als Fremder fühlte. Abgesehen von einem Trauerakt in der Universität Istanbul nahmen auch wir ausländischen Professoren alle an den Zeremonien teil, die mit der Überführung der Leiche von Istanbul nach Ankara verbunden waren: eine unvergeßliche, großartig organisierte Veranstaltung, die vom Schloß Dolmabahçe zu dem Kriegsschiff im Hafen führte, das die Lafette mit den sterblichen Überresten des großen Staatsmannes aufnahm. Als äußerer Beweis der gesellschaftlichen Hochschätzung, welche die Professoren genossen, sei erwähnt, daß diese, Türken wie Ausländer, gleich hinter den Ministern, Abgeordneten und ausländischen Missionschefs im Trauerzug plaziert waren.

Daß Atatürk seiner Schöpfung: einer weitgehend zwar nicht eigentlich demokratischen, aber fortschrittlich-modernen Republik eine solide Grundlage gegeben und in Gestalt seines Freundes und Kampfgefährten, des bisherigen Ministerpräsidenten Ismet Inönü, für einen geeigneten Nachfolger gesorgt hatte, zeigte sich in dem schnellen, ohne Reibungen vollzogenen Übergang der Präsidentschaft auf letzteren. Kein Zweifel, daß auch Inönü vom Volke eine große Verehrung entgegengebracht wurde und daß auch er ein außerordentlich geschickter Außenpolitiker war. Aber zum einen wuchs während seiner Präsidentschaft doch wieder die alte feindselige Haltung der Bevölkerung gegenüber den Minoritäten, wofür die Auferlegung einer diskriminierenden, im Kriege erhobenen Vermögensabgabe ein deutlicher Beweis war; zum anderen gab es einen Indikator für den Unterschied in der allgemeinen Beliebtheit der beiden ersten Staatspräsidenten, der nicht ohne Belang ist.

BILDTEIL

KEMAL ATATÜRK

CEMIL BILSEL

ERNST REUTER

LEO SPITZER

PHILIPP SCHWARTZ

RUDOLF NISSEN

BEYAZIT PLATZ
links Eingangspforte der Universität Istanbul

ALEXANDER RÜSTOW

WILHELM RÖPKE

FRITZ NEUMARK

FRIEDRICH DESSAUER

HELLMUT RITTER

PAUL HINDEMITH
(mit freundlicher Genehmigung des Stadtarchivs, Frankfurt am Main)

LICCO AMAR
(mit freundlicher Genehmigung des Hindemith-Instituts, Frankfurt am Main)

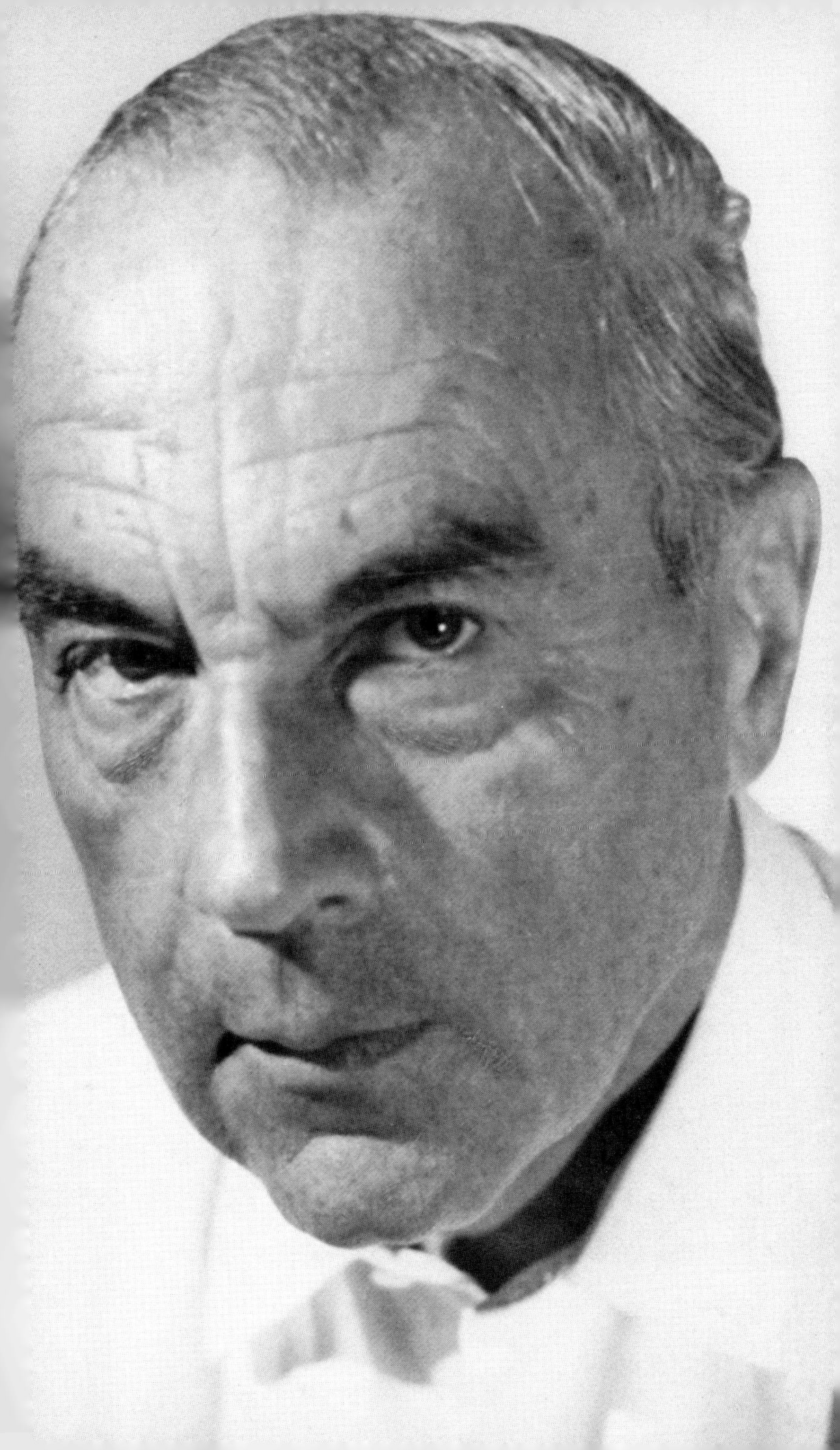

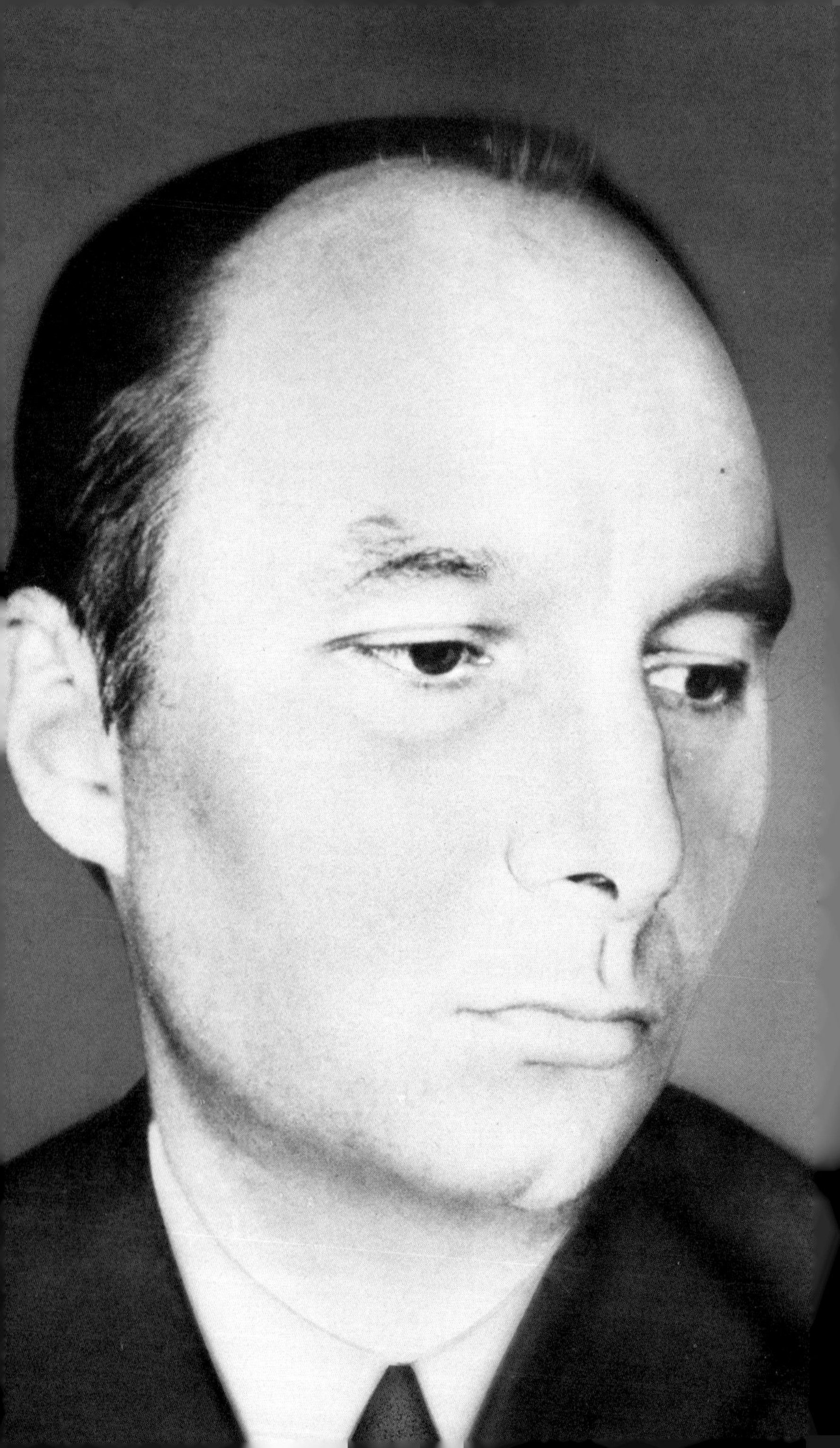

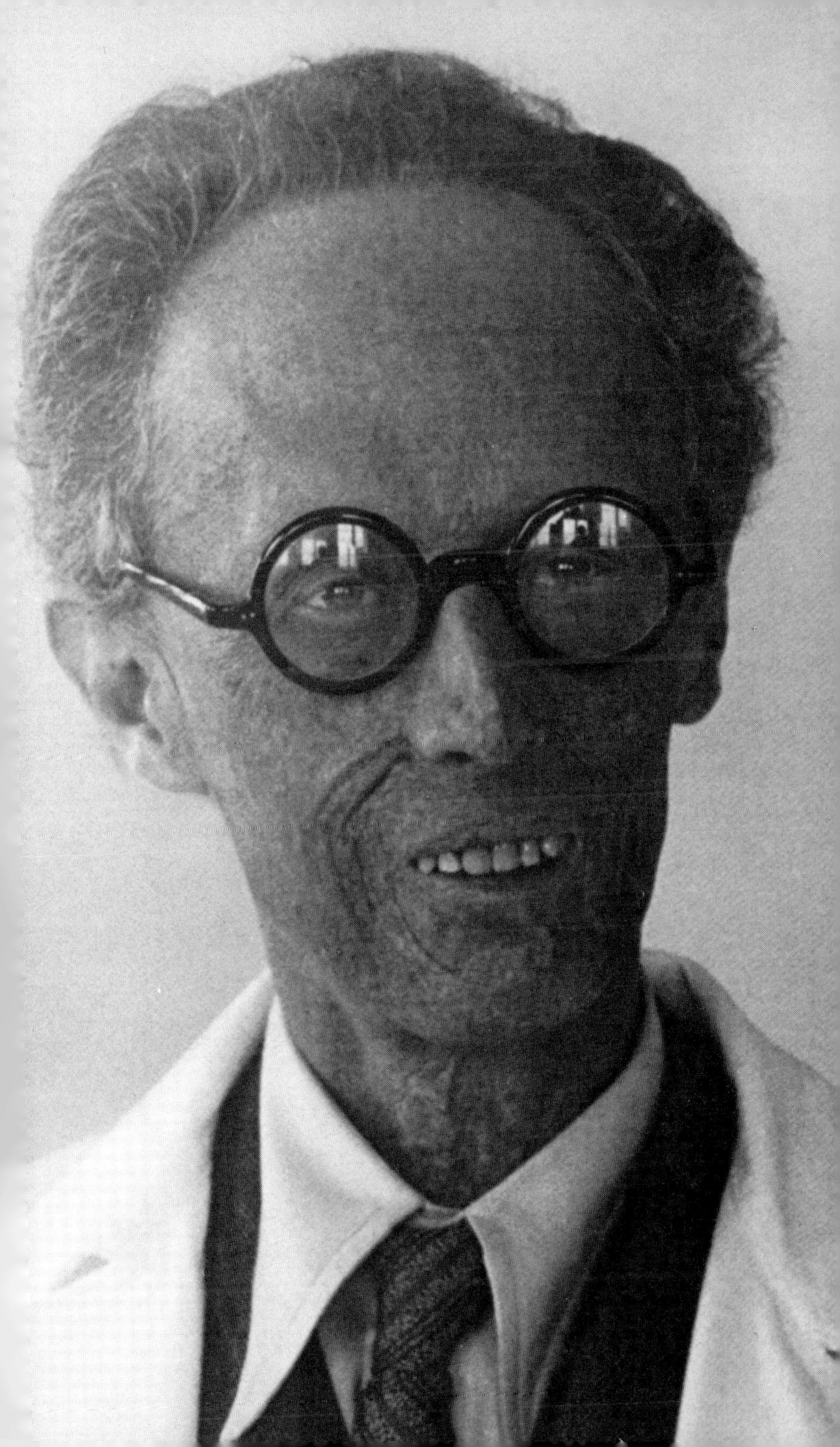

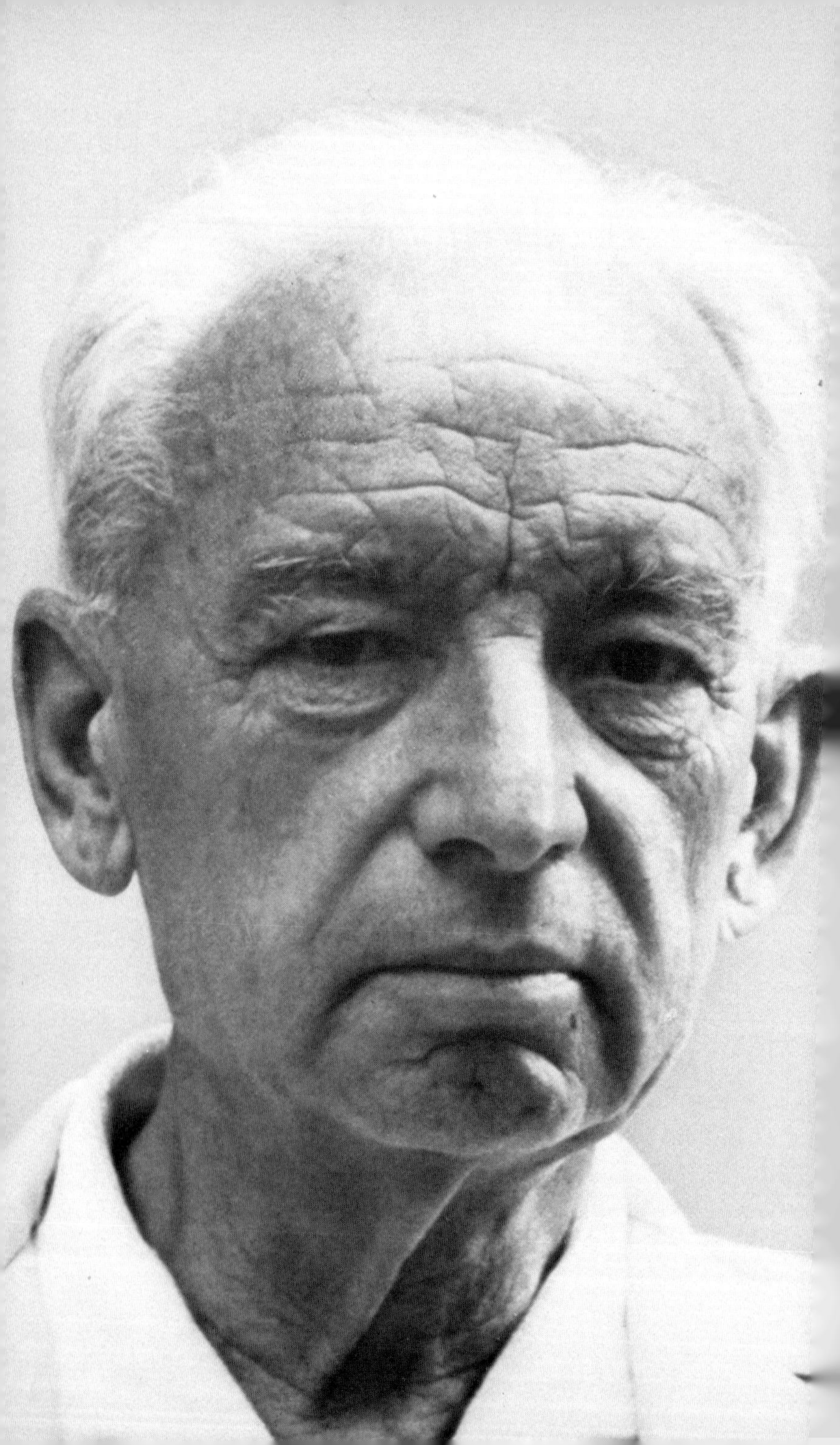

Wie überall im Nahen, Mittleren und Fernen Osten spielt neben Grundbesitz Gold, hauptsächlich geprägtes, die wichtigste Rolle in breiten Bevölkerungskreisen der Türkei, um Ersparnisse vor den Zugriffen des Fiskus und einer Geldentwertung zu schützen. Sehe ich von den alten, noch aus der Zeit des Osmanischen Reichs stammenden und demgemäß arabische Schrift- und Zahlenzeichen tragenden Münzen ab, so gab es seit 1939 zwei Arten vollwertiger Goldstücke, von denen die einen den Kopf Atatürks, die anderen den Inönüs aufwiesen. Obwohl nun beide Kategorien – deren An- und Verkauf durchaus legal waren – nach Gewicht, Feingehalt usw. vollkommen gleichwertig waren, bildete sich bald ein Disagio für jene Münzen heraus, die das Bild des Präsidenten Inönü zeigten. Auch sonst recht rational denkende Bevölkerungskreise wie die Bauern waren also bereit, einen gewissen wirtschaftlichen Verlust in Kauf zu nehmen, um Münzen mit dem Kopf des von ihnen über alles verehrten Staatsgründers zu erwerben.

Bis zum Kriegsende war die von Atatürk 1923 gegründete »Republikanische Volkspartei« (meist kurz als »Halk Partisi« bezeichnet) die einzige zugelassene Partei. Ihre sechs, in Form von Pfeilen um eine aufgehende Sonne symbolisierten Grundprinzipien waren und sind: Republikanismus, Nationalismus, Popularismus, Laizismus, Reformismus und Etatismus. Nach Atatürks Tode wurde Inönü Parteivorsitzender. Er blieb es bis 1972, als der junge Bülent Ecevit an seine Stelle trat. Gewiß gab es in der Partei verschiedene Flügel, aber in allen wesentlichen Fragen trat sie als Einheitspartei in Erscheinung. 1945 ließ Inönü die Bildung anderer Parteien zu, und als von diesen die »Demokratische Partei« in den allgemeinen Wahlen von 1950 den Sieg errang, trat Inönü von seinem Posten als Staatspräsident zurück. Sein Nachfolger wurde Celâl Bayar, der früher der Volkspartei angehört und das Amt eines Wirtschaftsministers, kurze Zeit – unter Atatürk – auch das des Ministerpräsidenten versehen hatte, während neuer Regierungschef der Führer der Demokratischen Partei, Adnan Menderes, wurde. Auf diese Weise wurde der Übergang zur mehrparteilichen parlamentarischen Demokratie verwirklicht.

Bekanntlich wurde die Regierung Menderes durch einen Militärputsch 1960 gestürzt und die Partei verboten. Bayar wurde zwar auch wie Menderes verurteilt, jedoch begnadigt und ist gegenwärtig Mitglied der »Gerechtigkeitspartei« (»Adalet Partisi«), die faktisch eine Art von Nachfolge der »Demokratischen Partei« angetreten hat. Ich habe Celâl Bayar in der Zeit, da er noch der Volkspartei angehörte und Wirtschaftsminister war, mehrfach zu sprechen Gelegenheit gehabt. Er zeigte schon damals Neigungen zu einer weniger etatistischen oder sogar liberalen Wirtschaftspolitik, eine Tatsache, die mit ein Grund für seinen Übertritt zur »Demokratischen Partei« gewesen sein dürfte.

Ich habe den Eindruck, daß die wesentlichen Veränderungen, die sich materiell und personell nach dem Rücktritt Inönüs vollzogen, im Grunde weniger auf Bayar als auf Menderes zurückzuführen waren. In der Tat ragte Bayar kaum über den Durchschnitt hinaus. Diese meine Ansicht veranlaßte mich auch dazu, als nach meiner Rückkehr nach Deutschland Professor Andreas Paulsen im Auftrage der Wirtschaftsfakultät der Freien Universität Berlin zu mir kam, um meine Ansichten über ein für Bayar von seiner Fakultät geplantes Ehrendoktorat zu erfahren, von der Verleihung eines solchen nicht nur aus prinzipiellen, sondern auch aus persönlichen Gründen abzuraten. Natürlich wollte man in erster Linie den damaligen türkischen Staatspräsidenten ehren – aber abgesehen davon, daß er das schon nach zwei Jahren nicht mehr sein sollte, sondern als Gefangener sein Dasein fristen mußte, war und bin ich der Auffassung, daß man auch bei Politikern die wissenschaftliche Dignität eines Dr. h.c.-Kanditaten in Betracht ziehen sollte. Wenn Bayar je von meiner negativen Haltung in der Frage des für ihn vorgesehenen Ehrendoktorats erfahren habe sollte (eine Haltung, die übrigens, wie von mir erwartet, jene Ehrung nicht verhindert hat), so hat er mich das in keiner Weise spüren lassen, als ich ihn kurz darauf wiedersah; dieses Wiedersehen fand am 8. Mai 1958 im Schloß Brühl statt, und zwar gelegentlich eines Empfangs, den der damalige Bundespräsident Lübke Celâl Bayar anläßlich seines offiziellen Staatsbesuchs gab und zu dem ich vermutlich als »Alt-Türke« eingeladen war.

Adnan Menderes war seiner ganzen Persönlichkeit nach ein anderer Typ nicht nur als Bayar, sondern auch und vor allem als alle seine volksparteilichen Vorgänger. In der Geschäftswelt setzte man vor allem hinsichtlich einer schnellen ökonomischen Entwicklung große Hoffnungen auf ihn, da er den oft in unfruchtbaren Bürokratismus ausgearteten Etatismus beschränken wollte. In der Tat war Menderes der Überzeugung, durch eine primär individualistisch orientierte liberale Wirtschaftspolitik, eine Politik des »enrichissez-vous!«, seinen Anhängern und damit zugleich seinem Lande nützen zu können. Je mehr jedoch dieser Handels- und Handlungsfreiheit entsprochen wurde, um so mehr erwies sich Menderes' Politik als unangemessen und das Tempo der von ihm forcierten Industrialisierung als überstürzt. Als dann zu den so heraufbeschworenen wirtschaftlichen Schwierigkeiten noch moralische und verfassungsrechtliche Bedenken traten, handelte das Militär; Menderes wurde, wie bereits erwähnt, abgesetzt, vor ein Gericht gestellt und schließlich hingerichtet.

Ich bin Menderes nur einmal begegnet, und zwar – kurz vor seinem Sturz – durch Vermittlung meines früheren Schülers und jetzigen Kollegen Memduh Yaşa. Ich war damals zu Vorträgen nach Istanbul gekommen, und die Begegnung mit Menderes fand anläßlich eines von ihm im Istanbuler Park Oteli gegebenen Empfangs statt. Seine rasche Auffassungsgabe und seine wache Intelligenz fielen sogleich auf, aber auch – was ich nicht erst im nachhinein sagen kann – sein zutiefst undemokratischer Machtdünkel, der sich äußerlich in seinem ständigen selbstgefälligen

Lächeln, in sachlicher Hinsicht, wie für derartige Persönlichkeiten typisch, in seiner Bauwut manifestierte, die nur zum Teil berechtigt war und mit der Zeit die finanziellen Möglichkeiten des Landes überschritten hat. Was mich aber bei jener Begegnung vielleicht am unangenehmsten berührt hat, waren die ungehobelten, von denen der Umgebung früherer Staats- und Regierungschefs peinlich abweichenden Manieren vieler seiner Gäste.

Wie die von ihm geleitete »Gerechtigkeitspartei«, die 1961 gegründet wurde, faktisch weitgehend der verbotenen »Demokratischen Partei« Menderes' entsprach, so weist auch Süleyman Demirel selbst manche Ähnlichkeiten mit Menderes auf. Von Haus aus ein amerikafreundlich gesinnter, wirtschaftsliberaler Technokrat, hat er es wiederholt verstanden, Koalitionsregierungen vorzustehen, bis er 1978 durch Bülent Ecevit abgelöst wurde, der ihm seinerseits 1979 Platz machen mußte. Ich habe ihn persönlich nie getroffen. Dagegen gehört der Vorsitzende der »Republikanischen Vertrauenspartei«, Turhan Feyzioğlu, zu meinen ältesten türkischen Bekannten. Ich lernte ihn bereits Ende der vierziger Jahre kennen, als er in Istanbul Jura studierte und zeitweilig in dem möbilierten Zimmer bei meiner Mutter wohnte, das sonst meist Ernst Reuter innehatte, und er fiel mir schon damals durch seine große Intelligenz und fast noch mehr durch den ungewöhnlichen Fleiß auf, mit dem er seine Studien betrieb. Mit dreiunddreißig Jahren wurde er Professor für Verfassungsrecht an der Universität Ankara. Später hat er in zahlreichen Kabinetten Ministerposten bekleidet, war auch 1978 kurze Zeit Mitglied der Regierung Ecevit und übte trotz der Kleinheit seiner Partei damals wie auch in früheren Kabinetten einen nicht geringen politischen Einfluß im Sinne einer Mitte-Rechts-Richtung aus.

Am nächsten und besten bekannt von den türkischen Ministern der früheren Zeit war mir begreiflicherweise der langjährige Leiter des Finanzressorts, Nurullah Esad Sümer, den ich auch nach meiner Rückkehr nach Deutschland gelegentlich wiedersah. Sümer war vor seiner finanzministeriellen Tätigkeit Direktor der staatlichen Sümerbank gewesen. Er hat in meinen Augen das große Verdienst gehabt, die Notwendigkeit einer grundlegenden Reform des türkischen Steuerwesens erkannt und eine solche Reform gegen erhebliche Widerstände durchgesetzt zu haben. Er war es, der jene kleine Sachverständigenkommission einberief, die mit der Ausarbeitung einer Reihe von grundlegenden Reformgesetzentwürfen beauftragt war und der auch ich angehörte. Ein europäisch gebildeter, zugleich höflicher und energischer Mann, hat Sümer später kurze Zeit, allerdings nur kommissarisch, das Amt des Außenministers wahrgenommen; nach 1950 hat er jedoch, als Angehöriger der Volkspartei, keine politisch führende Rolle mehr gespielt.

Ich möchte ferner an Nihad Erim erinnern, der gegen Ende des Krieges seine öffentlichrechtliche Professur an der Universität Ankara mit dem Amt eines Ministers und stellvertretenden Ministerpräsidenten vertauschte. In dieser Eigenschaft übermittelte er mir den Auftrag der Regierung, einen Bericht über Möglichkeiten zur Rationalisierung der Staatsverwaltung auszuarbeiten. Nihad Erim war ein für sein Amt noch junger Mann, der in seinen Ansichten sehr bestimmt sein konnte und für schnelles, vielleicht bisweilen ein wenig zu schnelles Vorgehen und Arbeiten war. Nach Demirels Sturz 1971, als längere Zeit höchst unstabile politische Verhältnisse herrschten, war Erim etwa ein Jahr lang Chef eines überparteilichen Kabinetts.

Während meiner Tätigkeit in der Türkei war lange Zeit hindurch Hasan Ali Yücel Kultusminister. Leider ist mir über seinen Lebenslauf, insbesondere seine vorministeriellen Tätigkeiten, so gut wie nichts bekannt. Er hat, als Nachfolger Reşit Galips, der sich um die Universitätsreform von 1933 entscheidende Verdienste erworben hatte, das Reformwerk gegenüber allen Angriffen und Kritiken verteidigt und sich nach Kräften bemüht, es auszubauen.

Yücel hat zahlreiche Bücher verfaßt, darunter (1932) eines, für das ihm die deutsche Regierung die Goethe-Medaille verlieh, über Goethe, wie er es denn überhaupt liebte, in seinen Reden und Aufsätzen auf Goethe Bezug zu nehmen. Er war jedoch kulturell weder einseitig deutsch und noch weniger, im Gegensatz zu den meisten damaligen Angehörigen der gebildeten türkischen Schichten, einseitig französisch orientiert, sondern hatte unter anderem auch großes Verständnis für die ältere russische Literatur. Klassische russische und westeuropäische Werke wurden dank seiner Initiative ins Türkische übertragen. Kritiker und politische Gegner haben ihn bisweilen der Vielschreiberei und Oberflächlichkeit geziehen. Mir scheint, nicht zuletzt auf Grund vieler Unterhaltungen, die ich mit ihm führte, daß dieses Urteil zu hart ist und Yücel nicht gerecht wird. Bei neuerlichem Durchblättern seiner 1937 erschienenen Essay-Sammlung »Pazartesi konuşmaları« (d. h. »Montagsgespräche«), die er mir seinerzeit mit einer handschriftlichen Widmung übergab, fiel mir auf, wie trotz eines ausgeprägten Nationalismus, der für ihn wie für so viele seiner Zeitgenossen identisch war mit einer glühenden Verehrung Atatürks, seine Würdigung der Zusammenarbeit mit den ausländischen, und das hieß ja vor allem: mit den deutschsprachigen Professoren, durchaus fair und aufrichtig gemeint war; dies ungeachtet der Überzeugung, daß die Heranziehung ausländischer Hochschullehrer nur als eine Übergangslösung anzusehen sei, bis man das Ziel: die Schaffung einer rein türkischen Universität, erreicht hätte. Seiner Formel: »Wenige tüchtige Professoren, viele Assistenten und viele Dozenten« wird man nicht nur in bezug auf türkische Universitäten zustimmen können, sondern – insbesondere für den Auf- und Ausbau von Hochschulen – auch hinsichtlich mancher anderer Länder. Jedenfalls hat sich Yücel, der mehr als ein Jahrzehnt der für Bildung und Unterricht zuständige Minister war, große Verdienste speziell auf dem Gebiet des Universitätswesens erworben. Auch die von ihm bewirkte

Einführung des Lateinunterrichts in einzelnen Gymnasien ist in diesem Zusammenhange hervorzuheben, wenngleich diese Maßnahme sich nicht durchsetzen ließ und daher nach wenigen Jahren rückgängig gemacht wurde.

Yücel hatte durchaus ein Gefühl für außergewöhnliche Leistungen und Talente, und er scheute sich nicht, seine Ansichten darüber auch dann der Öffentlichkeit bzw. dem Parlament mitzuteilen, wenn er wußte, sich dadurch die Kritik mancher nationalistischer Kreise zuzuziehen. Rechtsradikale Nationalisten, die der Demokratischen Partei angehörten, haben denn auch später seinen Sturz herbeiführen helfen. Als ein Beispiel dafür, wie richtig er Überdurchschnittliches zu würdigen vermochte, erwähne ich den kurzen, aber sachlich wohlfundierten Aufsatz, den er in der oben angeführten Essay-Sammlung dem großen türkischen Karikaturisten Cemal Nadir gewidmet hat, der eine als »Amca bey« rasch berühmt gewordene Figur schuf und in Wort und Bild innen- wie außenpolitische Geschehnisse und Persönlichkeiten in einer äußerst witzigen und geistreichen Art karikierte. Ganz allgemein scheint mir die politische Karikatur in der Türkei auf einem weit höheren Niveau zu stehen als die durchschnittliche europäische oder auch amerikanische. Eine Freundin meiner Tochter: Selma Emiroğlu, die überdies eine vorzügliche Sängerin ist, war ein Beispiel dafür, wie sich eine große Begabung für politische Karikaturen bisweilen schon in sehr jungen Jahren profiliert; sie ging noch zur Schule, als ihre ersten Zeichnungen publiziert wurden.

Von den türkischen Diplomaten, die in meiner Emigrationszeit eine bedeutende Rolle spielten, möchte ich hier Numan Menemencioğlu erwähnen. Aus einer alten, hochangesehenen kultivierten Familie stammend, war Numan, dessen Bruder Ethem Menemencioğlu einer der mir menschlich sympathischsten Kollegen der Istanbuler Rechtsfakultät war, in ganz Europa, ja darüber hinaus eine als Spitzendiplomat anerkannte Persönlichkeit. Zur Zeit unserer Ankunft in der Türkei hatte er das wichtige Amt eines Generalsekretärs des Außenministeriums inne; während des Krieges war er zeitweilig selbst Außenminister und zeichnete sich in diesem Amt wie Inönü und manche anderen durch die Fähigkeit zu geduldig-zähem Verhandeln aus, die mir auch an anderen türkischen Politikern auffiel. Nach dem Kriege war Numan zeitweilig Botschafter in Paris, und dort sah ich ihn anläßlich eines Vortrags wieder, den ich in dem von François Perroux geleiteten »Institut de Science Economique Appliquée« hielt. Die Veranstaltung litt ein wenig unter einem Vorkommnis, das mit der Tatsache zusammenhing, daß Numan, wie zahlreiche andere bedeutende türkische Politiker – an der Spitze Ismet Inönü –, aber auch Röpke und Perroux, unter einer stark zunehmenden Schwerhörigkeit litt. Numan erschien mit einer leichten Verspätung und wurde zunächst von Perroux in dessen Direktorzimmer gebeten, während ich nach flüchtiger Begrüßung Numans im Vortragsaal blieb. Nun vergingen aber zehn oder mehr Minuten, ohne daß Numan und Perroux zurückkamen, und unter den Zuhörern entstand allmählich eine wachsende Unruhe. Schließlich faßte sich ein jüngerer Mitarbeiter Perroux' ein Herz und begab sich in das Zimmer des »maître«, um ihn darauf aufmerksam zu machen, daß die vorgesehene Zeit des Beginns meines Vortrags bereits erheblich überschritten sei – ich selbst fing an, mich ziemlich unbehaglich zu fühlen. Endlich erschienen dann die beiden, noch in lebhaftem Gespräch, über dessen Inhalt ich erst nach der Veranstaltung durch Perroux informiert wurde. So erfuhr ich, daß Numan kurze Zeit vorher einen neuen Hörapparat bekommen und sich bei Perroux nach den Vorzügen und Nachteilen von dessen Hörgerät erkundigt hatte. Sie tauschten dann ihre Apparate aus, probierten sie und vergaßen darüber und über der Diskussion sonstiger Erfahrungen auf diesem Gebiete, daß im Nebenraum Publikum und Vortragender ungeduldig auf ihr Erscheinen warteten.

Mit vielen Beamten der Zentralbank, des Wirtschafts- und besonders des Finanzministeriums bin ich in nähere Berührung gekommen. An erster Stelle gedenke ich meines Mitarbeiters und Freundes Ali Alaybek, eines höheren Beamten des Buch- und Betriebsprüfungsdienstes, der mit mir zusammen geradezu leidenschaftlich für eine gründliche Steuerreform und vor allem ein modernes allgemeines Abgaben- und Einkommensteuerrecht kämpfte. Neben ihm waren meine Kontakte zu Suat Başar, der zu der Gruppe der nach französischem Muster geschaffenen Finanzinspektoren gehörte, menschlich und sachlich erfreulich. Und schließlich war es eine natürliche Konsequenz meiner Spezialinteressen, daß ich mit den jeweiligen Oberfinanzpräsidenten von Istanbul häufig zusammentraf, so etwa Mehmet Izmen, der später Staatssekretär im Finanzministerium wurde, und Faik Ökte, der mit der Durchführung der unglückseligen Vermögensabgabe betraut war, die während des Krieges erhoben wurde. Wenn auch in unterschiedlichem Maße, so waren doch prinzipiell alle eben genannten (und manche andere) höheren Verwaltungsbeamten gut qualifizierte Bürokraten, die eine aufrichtige Liebe für ihre dienstlichen Aufgaben hatten und die mir – ähnliche Erfahrungen hat E. Hırsch gemacht – stets mit größter Höflichkeit, ja mit Respekt, wenn nicht gar mit menschlicher Wärme begegneten. Daß sie unter bestimmten Umständen, sei es ihren eigenen Landsleuten, sei es Ausländern gegenüber, auch von großer Härte sein konnten, steht auf einem anderen Blatt.

VON TÜRKISCHEN BEHÖRDEN IM ALLGEMEINEN, VON POLIZEI UND GERICHTEN IM BESONDEREN

Nach meinen Erfahrungen ist die türkische Bürokratie fast so vollkommen wie die US-amerikanische, und das will etwas heißen. Die Vorstellung, daß die Deutschen auf diesem Gebiete den anderen Nationen weit voraus seien, ist meines Erachtens falsch. Wie dem auch sei – wir Emigranten haben in der Türkei bis zu der Zeit, da wir uns eingelebt und den Sitten und dem Geist der dortigen Verwaltung einigermaßen angepaßt hatten, vieles zu leiden, aber auch manches zu lachen gehabt.

Eine meiner ersten Begegnungen mit einer öffentlichen Einrichtung war die mit der Poststelle der Universität Istanbul – richtiger: mit dem einzigen Beamten dieser Stelle. Da wir bei unserer Abreise aus Deutschland natürlich noch keine Privatanschrift in der Türkei anzugeben vermochten, hatten wir uns Briefe und ähnliches »per Adresse Universität Istanbul« nachsenden lassen. Etwa eine Woche nach unserer Ankunft ging ich zur Universität, um mich nach etwa inzwischen eingetroffenen Postsachen zu erkundigen. Da stellte ich zunächst einmal fest, daß der Beamte der Poststelle keine einzige Fremdsprache auch nur bruchstückhaft beherrschte. (Es war übrigens ein Neger, – im Gegensatz zu der Haltung einigen Minoritäten gegenüber scheinen die Türken keinerlei Aversion gegen Farbige zu haben, deren Gesamtzahl freilich sehr gering ist und die, anders als Griechen, Armenier und Juden, in keinerlei höheren wirtschaftlich-sozialen Positionen zu finden sind.) Demgemäß auf eine Art Zeichensprache beschränkt, begriff ich nach einiger Zeit, daß der freundliche und unaufhörlich lächelnde Beamte mir anheimstellte, die gesamte, in seinem kleinen Dienstraum angehäufte unverteilte Post zu durchsuchen, ob ich vielleicht darin für mich bestimmte Sendungen und auch solche für andere ausländische Professoren finden könne. Ich begnügte mich aber damit, die für mich selbst eingetroffenen Briefe mitzunehmen, die ich nach langem Suchen entdeckte. Diese und ähnliche Schwierigkeiten wurden jedoch, wie ausdrücklich betont sei, mit Hilfe unserer türkischen Kollegen in kurzer Zeit abgestellt.

Noch zwei kleine Geschichten mögen ein Licht auf die damaligen Zustände bei der Post werfen; sie zeigen einerseits die Naivität, aber auch die menschliche Freundlichkeit von Postbeamten, andererseits deren klägliche Unterbezahlung.

Rudolf Nissen, der als weltbekannter Chirurg im allgemeinen jeden Tag eine große Menge Post erhielt, stellte plötzlich fest, daß er etwa vierzehn Tage lang überhaupt nichts mehr bekam. Das war Anfang/Mitte Dezember 1933. Erst am 24. Dezember erschien strahlend sein Briefträger mit zwei großen Körben Postsendungen bei ihm und sagte (auf Türkisch, was Nissen durch einen einheimischen Hausgeist übersetzt wurde): »Hier, Herr Professor, ist Ihre Post. Da ich wußte, daß Sie jetzt einen wichtigen ›Bayram‹ (= Feiertag) haben, habe ich in den letzten Wochen alles gesammelt, um Ihnen an Ihrem Fest eine Freude zu machen.«

Gleich zu Anfang unseres Aufenthalts war uns von Bekannten, die schon länger im Lande wohnte, der Rat gegeben worden, nicht einfach nach europäischer Gewohnheit einen Brief zu frankieren und dann in den nächsten Briefkasten zu werfen, sondern ihn zuvor in einem Postamt abstempeln zu lassen; andernfalls bestände die Gefahr, daß die unterbezahlten Postbeamten die Marken ablösten und nochmals verkauften. Ob ein derartiges Vorgehen nun wirklich weitverbreitet war, vermag ich natürlich nicht zu beurteilen. Aber daß eine solche Vorstellung überhaupt aufkommen konnte, deutet auf die erbärmliche Bezahlung der öffentlich Bediensteten hin und erklärt gleichzeitig das Bakschischwesen. Beides: Unterbezahlung und Bakschisch, sind komplementäre Erscheinungen, die in sehr vielen Entwicklungsländern zu beobachten sind und überdies in wechselseitiger Kausalbeziehung zu der übergroßen Zahl von Bediensteten im öffentlichen Sektor stehen, deren Moral sie nicht eben zu heben geeignet sind. Aus diesen Überlegungen heraus habe ich gelegentlich bei Diskussionen über eine rationale Entwicklungshilfepolitik die Auffassung vertreten, es könne unter Umständen zweckmäßig sein, wirtschaftlich zurückgebliebenen Ländern Finanzhilfe nicht nur für Sachinvestitionen, sondern auch zur Aufbesserung der Bezüge öffentlicher Bediensteter mit der Auflage zu gewähren, gleichzeitig deren Zahl – wenn auch nicht auf einen Schlag – auf das sachlich gebotene Maß zu reduzieren.

Zu unserer Zeit waren übrigens, hauptsächlich infolge starken Zustroms unqualifizierter männlicher und weiblicher Arbeitskräfte vom Land in die Stadt, Dienstleistungen nach europäischen Maßstäben allgemein sehr billig. So konnten wir uns alle unschwer ein ständiges Dienstmädchen (oder einen Diener) leisten. Überdies stellten die Unqualifizierten einen ungewöhnlich hohen Anteil an der Gesamtzahl der im öffentliche Bereich Tätigen dar. Das galt auch für die Universitäten. Aber viele dieser Unglücklichen konnten von ihrem mehr als mageren Einkommen nicht einmal ihre primitivsten Bedürfnisse befriedigen. Um ein Beispiel zu geben: Jeder Professor hatte vor der Tür seines Dienstzimmers einen männlichen Diener (»hademe«) oder eine Dienerin sitzen – ich die ganzen Jahre über dieselbe außerordentlich freundliche und dienstwillige Şükrü hanım –, die im Grunde nur drei Funktionen zu erfüllen hatten: erstens beim Herannahen des Professors von ihrer Holzbank aufzustehen, eine tiefe Verbeugung zu machen und ihm gegebenenfalls Hut, Mantel und Schirm abzunehmen; zweitens für ihn und seine Besucher den berühmten türkischen Kaffee zuzubereiten und zu servieren; drittens schließlich das Fenster zu öffnen oder zu schließen, denn es wurde als eines Professors unwürdig angesehen, solch eine einfache Handlung selbst zu vollziehen. Überdies hatte ein nicht einem einzelnen Professor, sondern der Fakultätskanzlei zugeordneter »hademe« die Aufgabe, bei jedem Kolleg vor einem Professor herzugehen und durch einen Doppelschlag an die Tür des Vorlesungsraums das unmittelbar bevorstehende Eintreffen des »hoca« anzukündigen. Es waren diese, ähnlich auch in mittleren und größeren Privatbetrieben anzutreffenden »Diener«, die einen erheblichen Teil der in Entwicklungsländern üblichen »versteckten Arbeitslosigkeit« repräsentierten. Ihre Entlohnung betrug im Falle der erwähnten Universitätsbediensteten etwa 50,– DM monatlich, was selbst, wenn man diesen Betrag zur Berücksichtigung der höheren Kaufkraft der türkischen Währung mit 3 multipliziert, nicht nur Trinkgelder dringend erforderte, sondern meist auch – so bei meiner Şükrü hanım – eine Gratis-Schlafgelegenheit in Gestalt der Erlaubnis, nachts auf dem Boden eines universitätseigenen Zimmers schlafen zu dürfen.

Die Bekanntschaft mit der türkischen Polizei machten wir schon bald nach unserer Ankunft, da wir uns bei der örtlichen Polizeistelle und überdies bei der Fremdenpolizei, d. h. der sogenannten Vierten Abteilung (»dördüncü şube«) des Polizeipräsidiums registrieren lassen mußten, um den für alle möglichen Angelegenheiten erforderlichen Personalausweis zu empfangen, das sogenannte »ikamet tezkeresi«, das später auf Neutürkisch »kimlik« hieß. Einen solchen Ausweis zu erhalten, machte für ausländische, von der Regierung berufene Professoren keine Schwierigkeiten, wohl aber für manche in weniger günstiger Position lebende Emigranten.

Nach meinen Beobachtungen und Erfahrungen war die türkische Polizei ungewöhnlich tüchtig – teilweise vielleicht deshalb, weil sie (insoweit ähnlich organisiert wie die französische) aufs engste mit den Pförtnern der Wohn- und

Geschäftshäuser kooperierte: mit den sogenannten »kapıcıs« (»kapı« = Tür oder Tor), die das türkische Äquivalent der französischen »concierges« darstellen. Diese Pförtner oder Türhüter nun waren bzw. sind in besonderem Maße umweltinteressiert, um nicht den unhöflichen Ausdruck neugierig zu verwenden, und ähnlich wie ihre Pariser Kollegen sind sie sehr geschickt im Aufspüren von Beziehungen sowie im Sammeln von Informationen über die Mieter der Appartementshäuser und deren Besucher. Sich mit ihnen gut zu stellen, war ein Gebot der Vernunft.

Abgesehen von dem, was sie durch die Portiers erfuhren, waren die türkischen Polizisten immer vorzüglich über alles Mögliche unterrichtet. Ein kleines Beispiel: Es muß um 1935 herum gewesen sein, als Atatürk, seinen Neigungen entsprechend, zu später Stunde mit Freunden im Präsidentenpalast pokulierte und dabei auf die ungewöhnlichen Fähigkeiten »seiner« Polizei zu sprechen kam. Als ein englischer Diplomat demgegenüber die Ansicht vertrat, die britische Polizei sei die beste auf der Welt, behauptete Atatürk, die türkische vermöge beispielsweise in Ankara jede ihr gestellte Aufgabe innerhalb einer Stunde zu erfüllen. Daraufhin machte der Diplomat den Vorschlag, die Polizei solle in der genannten Frist herauszufinden suchen, wo sich im Augenblick sein erster Attaché befinde (es handelte sich um die frühen Morgenstunden eines Sonntags). Atatürk gab daraufhin einen entsprechenden Befehl, und noch vor Ablauf einer Stunde erschien, von einem Polizisten geführt, der betreffende Attaché, etwas beschämt, etwas verwirrt, im Schlafanzug vor der Gesellschaft, so, wie ihn die Polizei aus dem Bett seiner amerikanischen Freundin geholt hatte. Zu erfahren, wo er um diese Zeit zu finden sei, hatte die tüchtige Polizei nur wenige Minuten gekostet.

Ich selbst hatte mit der Polizei nur zwei Erfahrungen. Die erste war folgende:

Kurze Zeit nach der Hitlerschen »Machtergreifung« verließ ein junger Slawist namens Karl Menges Deutschland, wo er zuletzt als wissenschaftlicher Sekretär an der Preußischen Akademie der Wissenschaften tätig gewesen war. Weder »rassisch« noch parteipolitisch belastet, gehörte er zu den »freiwilligen Emigranten«. Da er noch nicht habilitiert war, konnte er in der Türkei – teils in Ankara, teils in Istanbul – nur vergleichsweise untergeordnete Arbeit leisten. Er wohnte mit Frau und Kind in einer bescheidenen Wohnung im alten Stadtteil Pera (jetzt: Beyoğlu). Da er ungeachtet seiner Jugend bereits international bekannt war, erhielt er 1939 einen Ruf an die Columbia University in New York (ich habe ihn dort nach dem Kriege gelegentlich meiner Gastprofessur an dieser Universität und später bei einem Vortrag, den er in Gießen über die »Goldene Horde« hielt, wiedergesehen). Als ihn der Ruf erreichte, war der Krieg bereits ausgebrochen; eine Reise nach den USA konnte infolgedessen nicht mehr auf dem üblichen Wege unternommen werden, und so mußte Menges die abenteuerliche Route über Rußland und Japan wählen, Länder, die damals beide noch nicht in den Krieg verwickelt waren. Er ließ seine Familie in Istanbul zurück, wollte sie später nachkommen lassen und empfahl sie in der Zwischenzeit meiner und meiner Frau Obhut. Ich habe dann zwei- oder dreimal mich bei Frau Menges erkundigt, ob Nachricht von ihrem Mann gekommen sei, ob sie irgendwelche Wünsche habe usw. (Sie ist, um das vorwegzunehmen, aus verschiedenen Gründen ihrem Manne nicht gefolgt, sondern während des Krieges nach Deutschland gegangen, wo sie als approbierte Zahnärztin leicht Beschäftigung fand.) Anfang 1940 wurde ich plötzlich von der türkischen Polizei vernommen, da im Hinblick auf Menges' Durchfahrt durch die Sowjetunion der Verdacht aufgekommen war, er habe zugunsten Rußlands Spionage betrieben, und man wollte von mir wissen, worüber ich nach seiner Abreise mit seiner Frau gesprochen habe. Ich hatte einige Mühe, den Polizisten begreiflich zu machen, daß Menges erstens zwar Anti-Nazi, aber kein Kommunist, zweitens der Umweg über Rußland in die

Vereinigten Staaten für ihn die einzige Möglichkeit gewesen sei, um seine Professur in New York übernehmen zu können, und daß drittens meine Besuche bei Frau Menges – die also genau beobachtet und registriert worden waren! – keine politischen, sondern rein menschliche Gründe gehabt hätten.

Mein zweites Erlebnis mit der Polizei war eher humorvoll. Ich war eines Tages im Begriff, ein Taxi zu besteigen, um zu einer Sitzung in der Handelskammer Istanbul zu fahren, als ich von einem gut bürgerlich aussehenden Türken angesprochen wurde, der zu mir sagte: »Ach, Professor, wie freue ich mich, Sie endlich einmal wiederzusehen. Wollen wir nicht ein Glas Bier zusammen trinken?« (das Ganze natürlich auf Türkisch). Da zu jener Zeit der Kampf um eine Einkommensteuerreform tobte und im Zusammenhang damit häufiger Fotos von mir in den Zeitungen erschienen, war die Diagnose »Professor« nicht allzu schwer. Ich war meinerseits völlig überzeugt davon, den Mann noch nie gesehen zu haben, und da ich überdies in Eile war, wehrte ich seine Aufforderung mit ein paar höflichen Worten ab: Ich hätte jetzt gar keine Zeit, müßte zu einer Sitzung, vielleicht ein andermal, usw. Mein Gegenüber aber ließ nicht locker; er behauptete, Chef der Fremdenpolizei – der schon erwähnten »Vierten Abteilung« des Polizeipräsidiums – zu sein und könne mir als solcher doch gelegentlich behilflich sein. Nunmehr schöpfte ich Verdacht, und dieser verstärkte sich zu der Gewißheit, es mit einem Schwindler zu tun zu haben, als dieser fortfuhr: »Wenn Sie jetzt keine Zeit haben, so geben Sie mir doch einfach eine Lira, und ich werde dann ohne Sie ein Bier auf Ihre Gesundheit trinken.« Auch das lehnte ich ab und fuhr zur Handelskammer, wo ich das kleine Erlebnis sogleich erzählte. Daraufhin meinte einer der Anwesenden, das würde den wirklichen Leiter der Fremdenpolizei sicher sehr interessieren, er werde diesem davon berichten, und in der Tat erhielt ich schon am nächsten Morgen einen Anruf von dem besagten Beamten, der mich um meinen Besuch bat. Selbstverständlich entsprach ich dieser Bitte, die faktisch einem Befehl gleichkam, unverzüglich, erstattete einen Bericht über mein Erlebnis und wurde dann ersucht, mich in ein anderes Zimmer zu begeben, wo mir ein weiterer Beamter eine Reihe von Fotografien zeigen sollte, mit deren Hilfe man den Schwindler entlarven zu können hoffte. Ich konnte jedoch in keinem der mir vorgelegten Fotos meinen »Bekannten« vom Vortage wiedererkennen. Bei einem Bild hielt ich es allerdings wenigstens für möglich, daß hier die gesuchte Identität bestände. Der Beamte bedankte sich, und am Nachmittag desselben Tages schellte es an meiner Wohnung; herein kam der Beamte, begleitet von einem ziemlich abgerissen aussehenden Subjekt, das mich sofort beschwor, doch zu erklären, daß er nicht der gesuchte Betrüger sei. Schon nach einem Blick konnte ich das bestätigen, worauf er sich voller Dankbarkeit mir zu Füßen warf und meine Schuhe zu küssen suchte. Ich hob ihn sofort auf und bedeutete ihm, er habe mir nicht zu danken, da ich ja nur die Wahrheit gesagt habe. Daraufhin entschuldigte sich der Polizist und entfernte sich mit seinem »Schützling«. Aber es dauerte keine vierundzwanzig Stunden, da bekam ich abermals Besuch von einem Polizisten, der mir etwa folgendes sagte: »Wissen Sie, Professor, auch bei uns in der Polizei gibt es eine Art von Arbeitsteilung und Spezialisierung. Der Kollege, der Ihnen gestern die Fotos und später einen Verdächtigen vorgeführt hat, ist normalerweise mit anderen Fällen beschäftigt. Schwindler sind meine Spezialität, und ich bin sicher, den richtigen Mann herausfinden zu können.« Er legte mir dann seinerseits etwa ein Dutzend Fotografien vor, und bereits nach flüchtiger Prüfung glaubte ich mit großer Wahrscheinlichkeit in einer den Mann wiederzuerkennen, der sich mir gegenüber als Leiter der »Vierten Abteilung« ausgegeben hatte. Der Beamte lächelte erfreut und meinte, das sei sicher der Richtige, er habe sich das schon gedacht. Der Betreffende sei der Polizei als »Spuckkommissar« bekannt und habe sich als solcher eines ähnlichen Vergehens schuldig gemacht. Zur Erklärung erzählte mir der Beamte, der Gesuchte habe vor einiger Zeit, als die Stadtverwaltung aus Gründen der Hygiene das Ausspucken auf Straßen bei einer Buße von 10 Lira verboten habe, Passanten, die dem Verbot zuwiderhandelten, angehalten, sich als Polizeikommissar ausgegeben und die Betreffenden aufgefordert, ihn zur nächsten Polizeiwache zu begleiten. In praktisch allen Fällen wurde die Angelegenheit dann aber dadurch beigelegt, daß die Schuldigen sich mit dem angeblichen Kommissar auf eine in dessen Tasche fließende Summe von zwei, drei Lira einigten. Auch hier habe also Amtsanmaßung vorlegen, und wenn es mir recht sei, würde er, der Beamte, mit dem »Spuckkommissar« am nächsten Nachmittag bei mir vorsprechen. Auf meine Frage, ob denn der Betreffende »säße«, kam die Antwort, das sei zwar nicht der Fall, aber man habe ja seine »Beziehungen«, und er würde den Schwindler sicher bis zum nächsten Nachmittag finden.

Tatsächlich erschien er pünktlich am folgenden Tage mit einem Individuum, in dem ich sofort den Delinquenten wiedererkannte, der mir beim Eintritt hinter dem Rücken des Polizeibeamten durch flehende Gesten zu verstehen gab, daß er mich bäte, seine Identität in Abrede zu stellen. Das aber war natürlich nicht möglich, und ich sagte dem Polizisten wahrheitsgemäß, das sei in der Tat der Mann, der sich als Leiter der »Vierten Abteilung« ausgegeben habe. Daraufhin meinte der Beamte, dann könnten wir ja gleich ein Protokoll aufsetzen, und fragte mich, ob ich eine Schreibmaschine besäße. Als ich das bejahte, gestand er, daß er selbst sehr schlecht tippe, und bat mich, an seiner Statt zu schreiben. Ich begann dann nach dem Diktat des Polizisten mit der Niederschrift des Protokolls, aber nachdem wir vielleicht ein Drittel des Tatbestandes wiedergegeben hatten, seufzte der Beamte tief, bat um eine Zigarette und sagte: »Ach, Professor, im Grunde ist es doch schade um den Mann. Er hat schon mehrere Vorstrafen, und wenn er jetzt wegen dieser Angelegenheit noch einmal verurteilt wird, ist es endgültig mit ihm vorbei. Das wäre besonders deshalb bedauerlich, weil er gerade vor ein paar Tagen ein verlockendes Angebot als Taucher bekommen hat, das ihm erlauben würde, endlich ein ehrliches Leben zu führen.« Ich begriff natürlich sofort, was hinter diesen Worten stand, daß nämlich der »Amtsanmaßer« mittels eines Bakschischs den Polizisten dazu gebracht hatte, mich zu veranlassen, Gnade vor Recht ergehen zu lassen. Ich geriet nun meinerseits in eine schwierige Lage, da ich nicht wußte, wie ich, ohne die Wahrheit zu verletzen, dem Manne helfen könnte, zu einem ordentlichen Leben zurückzufinden, falls er wirklich die Möglichkeit dazu hätte. Schließlich gelang es mir, eine Formulierung zu finden, die mein Gewissen nicht allzu schwer belastete und dem Schuldigen nicht sämtliche Zukunftsaussichten verbaute; sie lautete etwa folgendermaßen: »Wenn ich auch auf der einen Seite mit großer Wahrscheinlichkeit in Herrn X. denjenigen wiederzuerkennen glaube, der sich fälschlich als Leiter der Vierten Abteilung des Polizeipräsidiums ausgegeben hat, so vermag ich doch andererseits diese Feststellung nicht mit einer alle Zweifel ausschließenden Bestimmtheit zu treffen.« Ob diese mir salomonisch erscheinende Formel dem Schwindler tatsächlich geholfen hat, seinen Taucherposten anzutreten und ein ehrliches Leben zu beginnen, ist mir nicht bekannt.

Meine erste Erfahrung mit einem türkischen Gericht war für mich ebenso ungewöhnlich wie unangenehm. Ich machte sie in einem Kriegsjahr, und sie betraf meine Einvernahme vor einem Militärgericht, das wegen des damals herrschenden Belagerungszustandes für alle Fragen der inneren Sicherheit, Spionage und ähnliches zuständig war. Daß ich vor einem solchen Gericht erscheinen mußte, hatte folgenden Grund: Kurz nach Kriegsausbruch mußte ich eine meiner Assistentenstellen neu besetzen, und da ich schon längere Zeit vergeblich nach einer geeigneten Persönlichkeit gesucht hatte, begrüßte ich es dankbar, als sich bei mir ein junger

Ökonom vorstellte, der sein B. A.-Examen an einer amerikanischen Universität abgelegt hatte und mir in einem Brief meines Kollegen Hâzim Atıf Kuyucak warm empfohlen wurde. Der Bewerber, Mihri Belli, machte einen guten Eindruck auf mich, und ich stellte ihn ein. Er erwies sich als recht intelligent, und wenn das Gespräch gelegentlich auf politische Fragen kam, so gab er sich als überzeugter Anhänger eines demokratischen Systems, wie es in den Vereinigten Staaten verwirklicht sei. Eines Tages erfuhr ich dann zu meiner größten Überraschung, daß Belli unter der Anklage, kommunistische Propaganda betrieben zu haben, verhaftet worden war. Er benannte mich als Entlastungszeugen, und als solcher wurde ich von dem Gericht vernommen. Meine Aussage, der zufolge ich von kommunistischen Tendenzen des Angeklagten nichts verspürt, ihn vielmehr für einen wirklichen Demokraten gehalten habe und daß er mir von dem wahrhaft unverdächtigen Kollegen Kuyucak empfohlen worden sei, mag dazu beigetragen haben, daß Belli mit einer relativ kurzen Freiheitsstrafe davonkam. Allerdings soll er später mehrfach als kommunistischer Agent auf frischer Tat – bewaffnet – ertappt und zu langen Gefängnisstrafen verurteilt worden sein.

Meine zweite Erfahrung mit der türkischen Justiz, diesmal der zivilen, hing mit einem Prozeß zusammen, den die Eigentümerin des Hauses, in dem wir reichlich ein Jahrzehnt eine Wohnung gemietet hatten, gegen mich angestrengt hatte. Die Einzelheiten sind hier nicht von Bedeutung. Es genüge der Hinweis darauf, daß in Istanbul wie anderswo während des Krieges so gut wie keine neuen Wohnhäuser gebaut worden waren, die Mieten infolgedessen und unter dem allgemeinen Druck der Inflation erheblich stiegen und ich bei meinem, trotz der Geldentwertung nominal nahezu gleich gebliebenen Gehalt keine Möglichkeit gesehen hatte, den Mieterhöhungsforderungen der Hauswirtin immer wieder nachzugeben. Zu jenen Forderungen kamen noch andere für Reparaturen und ähnliches hinzu, und als ich diese zu bezahlen ablehnte, erfolgte eben die angedrohte Klage.

Diese Wirtin war nicht nur nach meinem Geschmack eine in jeder Hinsicht ungewöhnliche Frau. (Ein befreundeter Staatsanwalt bezeichnete sie mir gegenüber einmal als »müzelik bir kadın«, was etwa mit »ein Museumsstück von Frau« übersetzt werden kann.) Als ich eine ebenfalls in Kadiköy wohnende ehemalige Schülerin von mir, die sich inzwischen als Rechtsanwältin niedergelassen hatte, fragte, ob sie wohl bereit sei, meine Interessen in dem bevorstehenden Prozeß wahrzunehmen, beschwor sie mich geradezu mit Tränen in den Augen, von dieser Bitte Abstand zu nehmen; denn meine Hauswirtin habe für den (von ihr also richtig vorausgesehenen) Fall, daß ich sie um meine Vertretung bitten würde und sie dem entspräche, gedroht, sie würde ihre ganze Karriere ruinieren. Dazu mußte man wissen, daß der Ehemann der Wirtin Richter am Obersten Gerichtshof in Ankara war und sie mir nicht zuletzt unter Hinweis darauf schon früher wiederholt gesagt hatte, sie habe von den (zahlreichen) Prozessen, die sie geführt habe, noch nie einen verloren. Nun, glücklicherweise fand ich dann in meinem Freund Hayri Delman – er war mit einer ausgezeichneten Geigerin ungarischer Herkunft verheiratet – einen soliden, nicht einzuschüchternden Verteidiger, dem ich es zu verdanken habe, daß meine Wirtin zum ersten Mal in ihrem Leben einen Prozeß nicht gewann.

DIE EMIGRANTEN UND IHRE BEZIEHUNGEN ZU OFFIZIELLEN VERTRETUNGEN DES »DRITTEN REICHS« IN DER TÜRKEI

Bald nach unserer Ankunft in Istanbul im Herbst 1933 fühlten wir uns verpflichtet, nach altem Brauch dem Vertreter der deutschen Regierung einen Höflichkeitsbesuch abzustatten. Zu jener Zeit waren die Beziehungen zwischen den Emigranten und den deutschen Behörden allgemein noch nicht so gespannt, daß man seitens der Auslandsvertretungen des Reichs nicht gewisse überlieferte Formen gewahrt hätte. Infolgedessen wurde Röpkes und mein Besuch beim deutschen Generalkonsul von diesem in höflicher Form erwidert. Aber schon bald begannen die Verhältnisse sich fortschreitend zu verschlechtern, und von ganz wenigen Ausnahmen abgesehen, enthielten wir uns eines wie immer gearteten persönlichen Verkehrs mit dem Generalkonsulat oder gar der Botschaft in Ankara. Diese unsere Haltung wurde, soweit das überhaupt noch nötig war, durch das gänzlich abstinente Verhalten der deutschen diplomatischen Vertretungen erleichtert, die allerdings gelegentlich versuchten, bei den türkischen Regierungsstellen politische Verdächtigungen gegen diesen oder jenen deutschsprachigen Emigranten – z. B. Ernst Reuter – anzubringen; sie hatten, was die Professoren betrifft, jedoch keinen Erfolg.

In den meisten Fällen bestand die einzige offizielle Berührung mit dem Generalkonsulat während der ersten fünf, sechs Jahre darin, daß man sich dort seinen Paß erneuern ließ. Das brachte längere Zeit keinerlei Schwierigkeiten mit sich. Dann aber wurde die Lage für viele von uns immer prekärer. Das zeigte sich unter anderem darin, daß wir mit Schreiben vom 30. Mai 1938 vom deutschen Generalkonsulat in Istanbul auf Veranlassung des Auswärtigen Amts einen Fragebogen erhielten, in dem Auskunft nicht nur über den Beginn unseres Vertrags mit der türkischen Regierung, sondern auch darüber verlangt wurde, ob man selbst und/oder seine Ehefrau »Arier« sei oder aber Jude bzw. »nichtarisch versippt«.

Damals begann jener Druck, der sich bis zu dem Zeitpunkt verstärkte, wo auf Anraten des Chefs der eidgenössischen Fremdenpolizei, Dr. Heinrich Rothmund, die deutschen Pässe, deren Inhaber nach nationalsozialistischen Standards Juden waren, mit einem großen roten »J« gestempelt wurden. Das war jedoch nur die Einleitung zu weiteren schärferen Maßnahmen, und so erfuhr ich eines Tages – nicht offiziell, sondern auf dem Wege über einen deutschen, in der Schweiz lebenden Bekannten, der die betreffende Nachricht zufällig im »Reichsanzeiger« Nr. 161 vom 12. Juli 1940 gelesen hatte –, daß ich samt Frau und Kindern ohne irgendeine Begründung ausgebürgert worden war: durch eine Bekanntmachung des Reichsinnenministers »unter Beschlagnahme meines Vermögens« (in Wirklichkeit des kleinen in Deutschland blockierten Guthabens meiner Frau, da ich selbst keinerlei Vermögenswerte besaß). Die globale Ausbürgerung aller »nichtarischen« deutschen Staatsbürger erfolgte erst einige Zeit später; warum ich noch individuell dieser Ehre teilhaftig wurde, ist mir nicht bekannt geworden. Wie dem auch sei, wir und viele andere waren nunmehr paßlos, und das war nicht zuletzt im Hinblick auf den Krieg, der bereits begonnen hatte, eine alles andere denn angenehme Situation, ganz abgesehen von dem tiefen Schmerz, den meine Frau und ich angesichts der Tatsache empfanden, von dem trotz allem als Heimat angesehenen Land formell ausgestoßen worden zu sein. Daß uns die türkische Regierung auch in der paßlosen Zeit keinerlei Schwierigkeiten bereitete, vielmehr uns in großzügiger Weise half, jene Frist zu überstehen, sei hier mit besonderer Dankbarkeit hervorgehoben.

Nur einmal bin ich in den dreißiger Jahren einem deutschen Botschafter begegnet. Es war Herr A.F.W. von Keller, der von 1935 bis 1938 Missionschef in Ankara war, eine ziemlich unbedeutende Persönlichkeit. Unser Zusammentreffen war recht charakteristisch. Es fand statt auf einer offiziellen türkischen Veranstaltung, und ein Bekannter von mir: Johannes Posth, Direktor der in Istanbul domizilierten Deutschen Orientbank, stellte mich Herrn von Keller vor. Dieser fragte mich, ob ich schon länger in der Türkei sei, und als ich das bejahte, sagte er: »Wie seltsam, daß wir uns noch nie getroffen haben. Seit wann sind Sie denn in Istanbul?«. Als ich darauf antwortete:« Seit 1933, Exzellenz«, folgte die kurze, vielsagende, wenn auch kaum taktvoll-diplomatische Entgegnung: »Ach so, darum.«

Viele Jahre war dann, wohl als Belohnung für seine erfolgreiche Politik in Wien, Franz von Papen deutscher Botschafter in Ankara. Papen hatte seit der Zeit, da er sich während des Ersten Weltkriegs aufgrund von Machenschaften, die dank seiner Nachlässigkeit aufgedeckt wurden, in den Vereinigten Staaten unbeliebt gemacht hatte, sicher viel auf dem Gebiet der Diplomatie hinzugelernt – nicht zuletzt die »feine Kunst«, die Unwahrheit zu sagen. Durch einen seltsamen Zufall erfuhr ich von dieser seiner besonderen Fähigkeit schon zu einer Zeit, da sein Name mir noch nichts sagte. Papen war 1925 als Mitglied des Preußischen Landtags mit einer für einen Zentrumsabgeordneten ungewöhnlichen Rede hervorgetreten und hatte bald darauf am Scheitern der Ministerpräsidentenkandidatur seines eigenen Parteiführers, Wilhelm Marx, mitgewirkt. Mich interessierten die Hintergründe dieser Haltung, und so fragte ich – der ich damals als »wissenschaftlicher Hilfsarbeiter« im »Außlandsarchiv« des Reichsfinanzministeriums tätig war – meine (dem Zentrum nahestehende) Kollegin Johanna Ohlmann von der »Nachrichtenstelle« desselben Ministeriums, was denn dieser Papen für eine Persönlichkeit sei. Daraufhin wurde mir geraten, doch einmal eine Sitzung des Preußischen Landtags zu besuchen und zu beobachten, wie Papen, wenn er eine Rede hielt, immer den Blick auf die Decke des Sitzungssaals zu richten pflege, um zu beobachten, wie stark sich die Balken dank seiner Worte schon zu biegen begonnen hätten. Daß ein solcher Mann, der bekanntlich bei Hitlers Machtübernahme eine mitentscheidende Rolle gespielt hat, es widerspruchslos hinnahm, daß man 1934 im Zuge der Niederschlagung des Röhm-»Putsches« seine beiden engsten Mitarbeiter hinmordete, ist für sein charakterloses Verhalten ebenso kennzeichnend wie die Unbekümmertheit, mit der er es wagte, nach seinem Freispruch in den Nürnberger Prozessen ein Buch mit dem für alle, die ihn kannten, aufreizenden Titel zu veröffentlichen: »Der Wahrheit eine Gasse!«. Nicht zu Unrecht hat Rudolf Nissen in seinen Memoiren dieses Buch als »Beleidigung der Intelligenz der Leser« bezeichnet.

Papen war vor allem meinem Kollegen Josef Dobretsberger ein Dorn im Auge, nicht zuletzt deshalb, weil er sich als Botschafter in Wien bei den Anhängern eines selbständig-demokratischen Österreichs nicht eben beliebt gemacht hatte. Es kam hinzu, daß eine persönliche Begegnung das Verhältnis zwischen den beiden stark getrübt hatte. Als nämlich Dobretsberger während seiner Ministerzeit einen Vortrag in der Universität Wien hielt, zu dem außer Mitgliedern des Kabinetts auch zahlreiche Diplomaten, darunter Papen, gekommen waren, und man ihm, wie üblich, nach dem Vortrag gratulierte, hatte Dobretsberger sich brüsk abgewandt, als auch Papen ihm die Hand geben wollte. Er verfügte allerdings über eine lebhafte Phantasie, und ich bin mir nicht ganz sicher, ob der vorgebliche Haß Papens auf ihn wirklich so weit ging, daß er ihn in der Türkei verfolgen ließ; aber Dobretsberger behauptete das und darüberhinaus, daß man ihn im Auftrage der deutschen Botschaft sogar zu vergiften versucht habe.

Ich kann diese Bemerkungen nicht schließen, ohne einen kurzen Vergleich anzustellen zwischen den in der Türkei bestehenden Beziehungen, die in den dreißiger und vierziger Jahren Emigranten zu den deutschen offiziellen Stellen hatten, und den gegenwärtigen.

Man wird heute als deutscher Professor, gleichviel ob man früher schon einmal unter schwierigsten politischen Bedingungen in der Türkei gewesen ist oder zum ersten Male dorthin kommt, von dem Leiter der Botschaft oder des Generalkonsulats bzw. ihren Vertretern auf das freundlichste empfangen. Aber es beschleicht einen auch zwanzig oder dreißig Jahre »danach« noch immer ein eigenartiges Gefühl, wenn man, etwa einer Mittagesseneinladung des Generalkonsuls in Istanbul folgend, als ehemaliger Emigrant sich in das wunderschön am Bosporus gelegene Gebäude begibt, das zur Zeit des Osmanischen Reichs die Botschaft des Kaiserreichs beherbergte; unwillkürlich erinnert man sich dann daran, mit welchem Zittern und Zagen man in der nationalsozialistischen Ära vor den Nazibeamten in der untersten Etage sich quasi für seine Existenz zu entschuldigen hatte.

1933/34 lagen die Dinge noch anders. Unter den Konsulatsbeamten, die sich damals durch ein besonders höflich-korrektes Verhalten uns Emigranten gegenüber auszeichneten, befand sich nicht zuletzt ein Herr von Grävenitz, einer der Vizekonsuln. Nach dem Kriege amtierte er eine Zeitlang als Generalkonsul in Istanbul, und es war eine aufrichtige Freude für mich, als ich ihn Anfang der fünfziger Jahre gelegentlich eines Vortrags von mir in Frankfurt wieder begrüßen konnte.

1938, noch stärker dann natürlich 1939, als man mit jedem Monat deutlicher spürte, daß ein Krieg unvermeidlich geworden war, machten wir uns angesichts der geschilderten Schwierigkeiten, denen viele von uns sich durch die Haltung der deutschen Regierungsstellen ausgesetzt sahen, und der Ungewißheit, ob die Türkei unsere Verträge verlängern würde und ob unser Verbleiben in Europa überhaupt ratsam sei, schwere Sorgen um unsere Zukunft. So begannen wir Fühler nach draußen, und das hieß ganz überwiegend nach den Vereinigten Staaten, auszustrecken. Ich selbst schrieb Anfang 1938 Josef Alois Schumpeter, der schon 1931, ohne »rassisch« oder politisch dazu gezwungen zu sein, eine Berufung an die Harvard University angenommen und sich dort rasch einen Ruf als bedeutender Nationalökonom erworben hatte, einen Brief, in dem ich ihn um Auskunft über Betätigungsmöglichkeiten für mich drüben bat. (Ich hatte seinen Lehrstuhl im Wintersemester 1932 in Bonn vertreten.) Ich erhielt rasch einen freundlichen, ausführlichen Antwortbrief von ihm, in dem er unter anderem schrieb, ich gehörte »natürlich« nach drüben, aber die Amerikaner kauften keine Katze im Sack; ich müsse also herüberkommen, und er sei sicher, daß es mir nach einem halben oder spätestens einem Jahr gelingen werde, eine adäquate Position zu finden. Konkret bedeutete das, daß ich zunächst einmal ohne einen Anstellungsvertrag oder auch nur die Aussicht auf einen solchen die Türkei mit den Vereinigten Staaten vertauschen müßte. Die Haltung der amerikanischen Universitäten, wie Schumpeter sie mir schilderte, erschien mir durchaus verständlich, zumal damals von mir noch so gut wie keine Veröffentlichungen in englischer Sprache vorlagen. Es war mir jedoch unmöglich, das Risiko einer Übersiedlung (auch wenn dieses von Schumpeter als gering eingeschätzt wurde) einzugehen, denn ich hatte für Frau, Kinder und Mutter zu sorgen und besaß keine Rücklagen, die mir gestattet hätten, die erheblichen Reisekosten zu tragen und dann womöglich ein halbes Jahr oder länger ohne Einkommen »festzusitzen«. Damals habe ich begriffen, welch ungeheuren Wert finanzielle Reserven von einer gewissen Höhe für den beruflichen Werdegang eines Menschen besitzen können. Also habe ich nach längerem Überlegen Schumpeters Rat abgelehnt, aber Anfang 1939 nochmals versucht, drüben eine wenigstens leidlich gesicherte Betätigung zu erhalten, diesmal über meinen früheren Kieler Kollegen und Freund Gerhard Colm, der schon bald nach Errichtung des »Dritten Reichs« eine Professur an der »New School for Social Research« in New York erhalten hatte. Colm antwortete im Februar 1939, er habe mit mehreren amerikanischen Kollegen über mich gesprochen, doch sei ganz allgemein in den Vereinigten Staaten die Tendenz die, »solche emigrierten Professoren zu bevorzugen, die keinerlei andere Stellung hätten«. Ähnlich wie Schumpeter fügte er hinzu, es sei in den Vereinigten Staaten »überhaupt recht schwer, etwas zu finden, wenn man nicht selbst im Land sei und sich vorstellen könne«. Schließlich wies er noch auf die aus Österreich kommende »zweite Emigrationswelle« hin. All das waren durchaus verständliche Erwägungen, die mir aber in meinen Sorgen wenig halfen, obwohl ich mir sagte, daß ich in der Tat insofern vor vielen anderen bevorzugt war, als ich mich in einer ungekündigten Stellung befand; dabei kam mir freilich nur zu oft Lätitia Buonapartes Wort in den Sinn: »pourvu que ça dure«.

Von mir und meinen individuellen Bedenken abgesehen – wer die Möglichkeit (und den Mut) hatte, Europa einschließlich der Türkei zu entfliehen, der ergriff trotz allem diese Möglichkeit, und ich habe ja bereits in anderem Zusammenhange eine Reihe von Kollegen erwähnt, die Istanbul bzw. Ankara verließen, um nach Amerika zu gehen.

Im Grunde habe ich es jedoch keineswegs bereut, in der Türkei geblieben zu sein. Ich habe die Vereinigten Staaten erstmals nach dem Kriege besucht und bin seither teils aus familiären, teils aus beruflichen Gründen im Durchschnitt alle zwei Jahre zu kürzerem oder längerem Aufenthalt drüben gewesen. Insbesondere während meiner Gastprofessuren an der New Yorker Columbia University hatte ich Gelegenheit, Land und Leute, nicht zuletzt auch Kollegen und amerikanische Studenten näher kennenzulernen. Ich habe drüben viel Freundschaft erfahren – obenan von Carl S. Shoup und seiner Frau Ruth, mit denen wir bis auf den heutigen Tag in engem Kontakt stehen – und mich in

Cambridge, Washington und in Californien, in mancher Hinsicht auch in New York, recht wohl gefühlt. Dennoch glaube ich, daß ich das amerikanische Klima – das physikalische wie das soziale – nur dann gut vertragen hätte, wäre ich vom Schicksal schon in jungen Jahren, also gleich 1933, dorthin verschlagen worden.

DAS LEBEN AUSSERHALB DER UNIVERSITÄT

Während der meisten Zeit unserer Tätigkeit bestanden vor allem in Istanbul, aber auch in Ankara sowie »interurban« enge Beziehungen zwischen einem großen Teil der emigrierten deutschen und österreichischen Wissenschaftler und Künstler. Einmal gab es, jedenfalls bis zum Kriege, die rein gesellschaftlichen Veranstaltungen. Überdies fand man sich in Abständen von zwei, drei Wochen im Hause eines der Kollegen zusammen, um im Anschluß an einen Fachvortrag ein interdisziplinäres Kolloquium abzuhalten. Dabei standen zahlenmäßig Vorträge von Vertretern der geisteswissenschaftlichen Fächer im Vordergrund, doch bemühten sich auch unsere naturwissenschaftlichen und medizinischen Kollegen, uns etwas von den Problemen und Sorgen, die sie beschäftigten, mitzuteilen. Ich denke an diese Zusammenkünfte, die für alle Beteiligten eine persönliche und sachliche Bereicherung bedeuteten, sehr gern zurück und glaube, daß nicht nur ich von den geistvollen Referaten eines Leo Spitzer, eines Hans Reichenbach, von Röpke, Rüstow und mancher anderen viel profitiert habe.

Je nach Temperament und Neigungen war der Kreis von Menschen, in dem sich die einzelnen Emigranten außerhalb der Universität und der eben erwähnten Veranstaltungen bewegten, naturgemäß unterschiedlich. Bis zu einem gewissen Grade mag es verständlich oder sogar unvermeidlich gewesen sein, daß viele von ihnen lange Zeit vorwiegend oder ausschließlich mit deutschen Kollegen oder anderen Emigranten verkehrten. Ich selbst legte dagegen von Anfang an Wert darauf, kein »Ghettoleben« zu führen, dessen

Nachteile mir immer bewußt waren. Glücklicherweise fanden sich unter meiner türkischen Fachkollegen mehrere, mit denen wir rasch in freundschaftlichen Kontakt kamen, so unsere Mitarbeiter Ömer Celâl Sarc und Muhlis Ete sowie die Familie des schon erwähnten Osman Okyar, die im Sommer auf einem herrlichen Besitz auf der »großen« Prinzen-Insel (»Büyükada«) wohnte, ein Besitz, der ein Geschenk Atatürks an seinen alten Mitstreiter Fethi Okyar war. Auch der junge, literarisch und musikalisch äußerst gebildete Statistiker Haydar Furgaç gehörte zu diesem türkischen Bekanntenkreis, und daneben die schon erwähnte Familie des Hygienikers Muhiddin Erel.

Wir verkehrten aber nicht nur mit türkischen Akademikern und Emigranten-Professoren, sondern auch mit Angehörigen anderer Kreise und Schichten. Türkische und spaniolische, holländische, österreichische und ungarische Geschäftsleute gehörten ebenfalls zu unseren Bekannten. Abgesehen davon, daß für mich als Wirtschaftswissenschaftler der Gedankenaustausch mit erfahrenen Wirtschaftspraktikern nützlich war, erwiesen sich viele von diesen als intelligente, kultivierte Menschen, überdies als außerordentlich zuverlässige und anteilnehmende Freunde.

Gern erinnere ich mich an Georg Mayer, der – ebenso wie seine Frau – aus Wien stammte. Mayer hatte bei Charlotte Bühler, der bekannten Psychologin, promoviert, dann aber in Istanbul ein schon von seinem Großvater dort gegründetes Konfektionsgeschäft übernommen – oder richtiger, im Hinblick auf die politischen Verhältnisse in Österreich übernehmen müssen. Zu unseren näheren Bekannten zählten außerdem der Holländer Henk Goemans und seine von Geburt halb österreichische, halb englische Frau Gladys. Goemans (übrigens kein Emigrant) war ein ähnliches Sprachgenie wie Fritz Arndt; für mich war der schlagendste Beweis für seine vollkommene Beherrschung des Englischen, daß er in der Lage war, die schwierigen Kreuzworträtsel der Londoner »Times« zu lösen, die sich von den bei uns üblichen Kreuzworträtseln etwa so unterscheiden wie der Satz des Pythagoras von der Einsteinschen Relativitätstheorie. Beide Goemans, ebenso wie das Ehepaar Mayer, spielten ausgezeichnet Bridge; ihnen verdanke ich meine bescheidenen Kenntnisse dieses Spiels, das in Deutschland bis heute wegen der traditionellen Bevorzugung des Skats leider nicht das internationale Durchschnittsniveau erreicht hat.

Von Anfang an verbanden uns freundschaftliche Beziehungen mit einer Familie Bauer: auch sie typische Vertreter der alten k. und k. Monarchie, freilich nicht aus Wien, sondern aus einer später jugoslawisch gewordenen Provinzstadt stammend. Herr Bauer war von Beruf Holzexporteur, den sein Beruf fast mehr in Anatolien als in seinem Istanbuler Büro sein ließ. Seine Frau Marie muß in der Jugend von bezaubernder Schönheit gewesen sein; sie besaß große gesellschaftliche Gewandtheit und Klugheit und war eine dominierende Persönlichkeit, wie ich sie unter den Vertreterinnen des weiblichen Geschlechts kaum anderswo wiedergefunden habe. Das Haus Bauer war für seine große Gastlichkeit bekannt; man traf dort ein nach Nationalität und Beruf bunt gemischtes Publikum an, und unsere Freundschaft erstreckte sich auch auf die Kinder des Hauses, von denen eine Tochter – Ruth – mit dem schon erwähnten Studienrat Dr. Julius Stern verheiratet ist. Was die Angehörigen der früheren Donaumonarchie an Kenntnissen der höheren Kochkunst besaßen – speziell auf dem Gebiet der mit einem »understatement« als »Mehlspeisen« bezeichneten verführerischen Desserts –, ist mir außer im Hause Dobretsberger erst in dem der Familie Bauer deutlich geworden, die übrigens jahrzehntelang über zwei kroatische Hausgehilfinnen verfügte, beide in alt-patriarchalischer Weise dem Haushalt eingegliedert. Die Bauer-Familie, gleich uns in Kadiköy wohnend, hat uns gerade in den ersten Monaten das Einleben durch Rat und Tat außerordentlich erleichtert.

Auch der mit einer gebürtigen Deutschen verheiratete Ingenieur Adil Gabay, der – wie viele Spaniolen – Türkisch, Französisch und Deutsch annähernd gleich gut sprach, und der Deutsch-Elsässer Rudolf Thilmany, der schon vor 1933 als Angestellter einer deutschen Firma nach Istanbul gekommen war und seiner jüdischen Frau wegen auch dann, als jene Firma aufgelöst wurde, dort geblieben ist, gehörten mit ihren Frauen und Kindern zu unseren nächsten Freunden. Thilmany war ein großer Segler, mein liebster Schachgenosse und – darin Kessler ähnlich – von einer knorrig-dickköpfigen Geradlinigkeit, die ihn für die üblichen orientalischen Geschäftsmethoden nicht eben sehr geeignet machte, nach dortiger Auffassung ein Manko, das auch seine guten Türkischkenntnisse nicht voll wettzumachen vermochten.

Eine große Rolle in unserem außerberuflichen Leben spielten musikalische Veranstaltungen. Ich selbst hatte von Jugend auf Geige gespielt und war sehr froh, in Istanbul zahlreiche Deutsche, Ungarn und Türken zu finden, die ein lebhaftes musikalisches Interesse hatten und speziell Kammermusik liebten. Zu denen, die sich auf diesem Gebiet besondere Verdienste erwarben, gehörten vor allem der schon mehrfach erwähnte Muhiddin Erel und seine Frau und natürlich Licco Amar. Aber dieser war Berufsmusiker, und also solcher kam er für uns Amateure nicht in Frage. Ein anderer »Professioneller« war der österreichische Pianist Ferdi von Statzer, der mit einer guten, recht temperamentvollen türkischen Schauspielerin namens Bediha verheiratet und nett genug war, gelegentlich auch mit uns Amateuren ein Quartett oder Quintett zu spielen. Das gleiche galt für einige sehr begabte ungarische Streicherinnen, darunter die schon beiläufig erwähnte Frau Anni des Rechtsanwalts Delman.

Am interessantesten aber war für mich die jahrelange Mitwirkung in einem Amateur-Orchester, das in einem der von der regierenden Volkspartei eingerichteten »Volkshäuser« (»Halkevi«) in Kadiköy unter der Leitung eines netten und eifrigen, wenn auch vielleicht musikalisch nicht übermäßig begabten türkischen Dirigenten namens Eşref regelmäßig spielte. Die Orchestermitglieder wiesen im einzelnen recht unterschiedliche Qualitäten auf, aber dank der Tatsache, daß man einige von ihnen fast als professionell bezeichnen konnte, hob sich die Gesamtqualität allmählich. Wir spielten vorwiegend klassische und romantische Werke von mittlerer Schwierigkeit.

Als Höhepunkt haben wohl alle Angehörige dieses Liebhaber-Orchesters eine Fahrt nach Ankara empfunden, wo wir vor dem damaligen Staatspräsidenten Ismet Inönü ein Konzert gaben und von diesem hinterher zum Tee geladen wurden. Es ist mir noch in deutlicher Erinnerung, wie Inönü, darin der typische alte Offizier geblieben, der für Gesichter und Namen ein hervorragendes Gedächtnis besitzt, einem seiner Adjutanten zurief, mir Tee nachzuschenkens: »Siehst du denn nicht, daß der Professor nichts mehr zu trinken hat?!« Übrigens war die Anrede, deren man sich im Verkehr mit dem Präsidenten bediente, trotz aller revolutionären Reformen immer noch das alte »Pascham« (= »mein General«), denn als Pascha hatte er seine großen Siege im Unabhängigkeitskrieg errungen.

Abgesehen von den interdisziplinären Kolloquien, den musikalischen Veranstaltungen und gelegentlichen Kinobesuchen, betrieben wir in Istanbul hauptsächlich Wassersport. Unsere erste Wohnung in Kadiköy (das Wort entspricht dem am Zürichsee gelegenem Richterswil), in der wir über ein Jahrzehnt wohnten, lag nur wenige Meter vom Marmarameer auf der asiatischen Seite, mit einem weiten Blick auf die europäischen Teile der Stadt und besonders auf jene Spitze oder Landzunge, auf der das ehemalige Schloß der Sultane, das »Saray«, liegt. Auf dieser Landzunge hatte einmal auch das ebenso große wie häßliche Gebäude des Justizpalastes gestanden, das im ersten Jahr unseres Aufenthalts eines Abends plötzlich in hellen Flammen stand und bis auf den Boden niederbrannte – die Aktenberge waren natürlich reiche Nahrung für das Feuer. Noch heute, nach so vielen Jahrzehnten, habe ich deutlich das gigantisch-grauenvolle Bild des riesigen Gebäudes, ganz in Flammen gehüllt, vor Augen. Dabei wurde das Feuer vom Meer mit einer solchen Helligkeit widergespiegelt, daß man auf unserem Balkon bei dem Licht hätte lesen können.

Schwimmen, Rudern und Segeln spielten aus naheliegenden Gründen eine große Rolle für die meisten von uns, und am Wochenende fand man sich häufig auf einem gemeinsam gemieteten größeren Motorboot zu Ausflügen in die nähere Umgebung zusammen, sei es zu einer der sogenannten Prinzeninseln im Marmarameer, die zum Teil schon tropischen Charakter hatten, sei es zu Fahrten auf dem Bosporus bis nahehin zu dessen Einmündung ins Schwarze Meer.

Für diejenigen, die mehr die Berge als das Wasser liebten, war der bereits früher erwähnte »Uludağ in Anatolien (früher auch häufig als »asiatischer Olymp« bezeichnet) ein beliebtes Ausflugsziel. Diesen Berg hatte schon Helmuth von Moltke 1836 in einem eindrucksvollen Brief an seine Mutter beschrieben. Es begann damit, daß der über 2500 m hohe »Ulndağ« von uns Emigranten als Ausgangspunkt für Skitouren sozusagen »entdeckt« wurde; aber nach einiger Zeit stellten die deutschsprachigen Professoren, denen sich bald auch türkische Kollegen, insbesondere jüngere, anschlossen, fest, daß der Berg und seine Umgebung sich auch in den Zeiten der großen Hitze, d. h. zwischen Mitte Juni und Ende August, vorzüglich zur Erholung eigneten. Diejenigen, die diesen Berg heute besteigen oder richtiger: befahren – denn inzwischen sind alle möglichen Seilbahnen und dergleichen gebaut worden –, werden sich nur schwer eine Vorstellung von den äußerst primitiven Verhältnissen machen können, unter denen man zu unserer Zeit dort Ski- oder Wandersport betrieb. Die Unterkunft in »dem« Hotel – schon diese Bezeichnung ein Euphemismus – war mehr als bescheiden, das Essen quantitativ und qualitativ selbst für geringe Ansprüche unzulänglich. Wenn man nicht eine lange und anstrengende Fußwanderung vorzog, konnte man nur mit einem Autobus auf den Berg hinaufkommen, und es war erstaunlich, daß man das Bestimmungsziel meist ohne größere Pannen erreichte; denn die Wege waren schlecht, die Busse in einem jämmerlichen Zustand, und immer wieder versuchten auf dem Wege große wilde Hunde, Wölfen ähnlich, unter wütendem Gebell das Gefährt aufzuhalten und dessen Insassen zu attackieren.

Die primitiven Umstände von damals waren auch dann kaum zu mildern, wenn einmal eine offizielle Fête veranstaltet wurde. So amüsiere ich mich noch heute über folgendes Begebnis: Aus irgendwelchen Gründen hatte der Gouverneur der Provinz Brussa (türkisch = Bursa) einen Narren an Dobretsberger und mir gefressen. Im Uludağ-»Hotel« war immer eine Reihe von Zimmern für ihn und seine Familienmitglieder reserviert. Eines Tages erzählte er uns beiden, am folgenden Tage müsse er den Kronprinzen von Transjordanien in Brussa empfangen, und er habe ihn zu einem Picknick auf dem Uludağ eingeladen. Er bat uns, ebenfalls als seine Gäste daran teilzunehmen. Wir akzeptierten die Einladung mit Dank und begaben uns am nächsten Morgen zu Fuß an den vereinbarten Ort, während einzelne ältere Damen, wie etwa die Mutter des Gouverneurs, auf Mauleseln dorthin ritten. Am »Festplatz« angekommen, stellten wir zu unserer Verwunderung fest, daß es nur ein winziges Zelt gab und lediglich ein paar Wolldecken auf dem Rasen lagen, der mit einfachstem Geschirr bedeckt war; im übrigen sah man nur einige Spieße, an denen die als Hauptgang des Festmahls gedachten Hammel schmorten. Im Zelt saß bereits der Gouverneur mit seiner Frau und dem besagten jordanischen Kronprinzen – alle mit ziemlich mürrischer Miene. Den Grund für die offenkundige Verstimmung erfuhr ich dann beim Essen von einem türkischen Bekannten: Der Kronprinz hatte am Vorabend in einem Lokal in Brussa eine Bauchtänzerin kennengelernt und war in so nahe Beziehungen zu ihr getreten, daß er sie auch zu dem Festessen auf den Uludağ mitnahm. Als er sie aber in das erwähnte Zelt hineinführen wollte – in dem ohnehin nur für drei Personen Stühle standen –, erhob die Frau des Gouverneurs entschiedenen Einspruch, und ungeachtet der Versuche ihres Mannes, sie aus politischen Gründen zur Ein- und Nachsicht zu veranlassen, erwies sie sich als die Stärkere. Die Tänzerin mußte sich daher bequemen, gleich uns gewöhnlichen Sterblichen sich auf dem Rasen niederzulassen, was sie denn auch mit höchst beleidigter Miene tat. – Dobretsberger und ich hatten große Mühe, uns daran zu gewöhnen, daß man sich beim Essen Brotstücke und Früchte nicht reichte, sondern einfach zuwarf, ja selbst Hammelteile, aus denen man sich mühsam mit der bloßen Hand Stücke herausriß, da es weder Messer noch Gabeln gab.

Natürlich haben wir nicht nur Ausflüge auf die Inseln, den Bosporus und zu anderen schönen Plätzen der Umgebung gemacht, sondern auch die kostbaren Kunstschätze Istanbuls, Brussas, Konyas und Ankaras oder auch Ephesus' in unseren Mußestunden besichtigt. Was man beispielsweise im alten Saray zu sehen bekam, ist unbeschreiblich. Von den zahllosen Dingen, die es dort gab, beeindruckten mich, neben Teppichen und Stickereien, vor allem die herrlichen Sammlungen chinesischen Porzellans. Freilich, ähnlich wie in den Sammlungen im Vatikan, findet sich auch im Saray neben den schönsten Kunstwerken mancher Kitsch, für den aber weniger der Empfänger als der Geber verantwortlich ist; ein Beispiel für solchen Kitsch ist die abschreckend häßliche Uhr, die der deutsche Kaiser Wilhelm II. Anfang des Jahrhunderts dem damaligen Sultan als Geschenk überreicht hatte: eine riesengroße Taschenuhr, deren Deckel aus Porzellan besteht und Wilhelm in seiner ganzen Herrlichkeit, mit Kürassierhelm und Schnurrbart, zeigt.

Natürlich reizten auch die byzantinischen Kirchen und die zahlreichen Moscheen zu wiederholten Besuchen, darunter manche, die dem ausländischen Touristen kaum bekannt sind. An erster Stelle aber stand auch für mich neben der »blauen« Sultan Ahmed-Moschee (die als einzige im Gegensatz zu allen anderen nicht vier, sondern sechs Minaretts besitzt) die weltberühmte Haghia Sophia (türkisch: »Aya Sofya«): ein hinreißendes, überwältigendes Bauwerk, das ich dank dem Rat eines türkischen Kollegen noch an dem Abend besuchte, an dem dort zum letzten Mal, bevor es Museum wurde, ein mohammedanischer Gottesdienst abgehalten wurde.

Daß zu unseren außerprofessionellen Unterhaltungen auch Kartenspiele wie Skat und Bridge gehörten, habe ich schon berichtet. Hier möchte ich noch ein Brettspiel erwähnen, daß auf Türkisch »tavla« heißt und von dem ich lange Zeit glaubte, es sei nur in Balkanländern heimisch. Später stellte ich fest, daß man es unter der Bezeichnung »back gammon« auch in den Vereinigten Staaten kennt, wo es sich sogar neuerdings zunehmender Beliebtheit erfreut. Auf den ersten Blick scheint dieses Würfelspiel, das man in der Türkei sowohl zuhause als auch in kleinen Kaffeehäusern spielt, ziemlich primitiv zu sein. Bei näherem Kennenlernen zeigt sich jedoch, daß es neben Glück gar nicht wenig Geschick, Verstand und Übung erfordert. Ich war ziemlich beschämt, als ich 1976 bei einem Besuch meiner früheren Schüler, der Andĭcs, in Puerto Rico eine vernichtende Niederlage nach der anderen einstecken mußte, weil ich bis dahin die Bedeutung der Wahrscheinlichkeitstheorie für den Sieg in diesem Spiel unterschätzt hatte.

Theater im europäischen Sinne gab es zu unserer Zeit in der Türkei so gut wie gar nicht. Die Oper in Ankara war erst im Aufbau begriffen, auch die in Istanbul noch nicht fertiggestellt. Das türkische Schauspiel war zwar oft darstellerisch ausgezeichnet, aber die meisten Stücke waren für mich schwer verständlich. Gute, ja bisweilen ausgezeichnete Konzerte dagegen konnte man häufig hören, da einerseits international so berühmte Solisten wie Bronislaw Hubermann, Wilhelm Kempff und David Oistrach, um nur diese zu nennen, mehrfach nach Istanbul und Ankara kamen und andererseits die Qualität der sie begleitenden heimischen Orchester sich laufend verbesserte.

Die große Liebe zur Kunst und die Aufgeschlossenheit der gehobenen türkischen Schichten auch der modernen Musik und Architektur gegenüber erklärt es, daß vom Staat außerordentlich viel für jene jungen Talente getan wurde, die schon früh über das Durchschnittsniveau deutlich herausragende Leistungen versprachen. Hierher gehörten etwa die von Amar ausgebildeten Geigerinnen Suna und Ayla, vor allem aber die Pianistin Idil Biret. Sie ist das erste und einzige Wunderkind, das mir in meinem Leben begegnet ist. Wir waren mit ihren Eltern in Istanbul befreundet, noch bevor Idil geboren war. Sie waren unsere Nachbarn und beide musikalisch interessiert, aber ihre musikalischen Fähigkeiten und Kenntnisse lagen nicht über dem Durchschnitt von Amateuren. Die Birets zogen dann für einige Zeit nach Ankara, und ich hörte, daß sie dort eine Tochter bekommen hätten. Nach einigen Jahren wurde Idils Vater nach Istanbul zurückversetzt, und wir nahmen unsere Beziehung wieder auf. Bei einer unserer ersten Begegnungen erzählte der sehr bescheidene Ingenieur Münir Biret, Idils Vater – er sprach und schrieb übrigens ein vorzügliches Deutsch –, seine damals vierjährige Tochter sei musikalisch ungewöhnlich begabt. Wir nahmen das als den Ausspruch eines Vaters zur Kenntnis, der stolz ist, wenn seine kleine Tochter sich überhaupt für Musik interessiert. Aber wenige Tage später stellte ich fest, daß Idil wirklich ein ganz ungewöhnliches Phänomen verkörperte. Wir gingen gemeinsam zu Frau Isaac, die ihrerseits musikalisch interessiert war, und bei ihr setzte sich die Vierjährige an den großen Flügel und spielte auswendig und mit verblüffendem Einfühlungsvermögen verschiedene Stücke von Bach und Mozart – Noten konnte sie noch ebensowenig wie Buchstaben lesen –, ganz nach dem Gehör, genauer: nach dem, was ihr von Radioübertragungen oder Grammophonplatten im Gedächtnis geblieben war. Gewiß unterliefen ihr hier und da kleine Fehler, großenteils einfach deshalb, weil ihre Hände noch zu klein waren, um immer richtig greifen zu können. Aber das Erstaunliche war, daß sie diese Fehler jeweils selbst bemerkte und zu korrigieren suchte. Darüber hinaus führte sie uns ein paar kleine, selbstkomponierte Stücke vor, die recht reizvoll waren und eine gewisse Originalität besaßen.

Als Idil etwa zehn Jahre alt war, hatte es sich beim Konservatorium herumgesprochen, daß es im Lande ein Wunderkind gäbe, und nun ergriffen einige Abgeordnete im Parlament die Initiative. Diese führte dazu, daß ein Gesetz erging, welches Idil auf Staatskosten ein Musikstudium in Paris bis zur Konzertreife ermöglichen sollte. Aber nicht nur für Idils Ausbildung sorgte der Staat, sondern auch für einen angemessenen Unterhalt ihrer Eltern, die sie nach Paris begleiteten; das geschah aus der richtigen Erwägung heraus, daß ein Kind, wenn es jahrelang, und zwar gerade in den für die Bildung von Charakter und Kulturverständnis entscheidenden Jahren, fern der Heimat lebt, Gefahr läuft, wurzellos aufzuwachsen und seelischen Schaden zu nehmen.

Idil ist inzwischen zu einer weltweit bekannten und anerkannten Pianistin geworden. Der Ruhm hat, wie wir vor ein paar Jahren feststellen konnten, als sie ein Konzert in der Frankfurter Oper gab und uns bei dieser Gelegenheit besuchte, ihren Charakter nicht im mindesten verändert. Sie ist zwar die kluge, weltgewandte und von musikalischer Leidenschaft beseelte Frau geworden, die sie schon als Zehnjährige zu werden versprach, daneben aber blieb sie nach wie vor bescheiden, zurückhaltend und von jener exquisiten Höflichkeit, die man vor allem, wenn auch nicht ausschließlich in den guten alten türkischen Familien finden kann.

DIE TÜRKEI IM ZWEITEN WELTKRIEG

Für die meisten von uns stand spätestens seit dem Frühjahr 1939 fest, daß Hitler binnen kurzem seine maßlosen Ziele nicht mehr wie bisher nur auf diplomatischem Wege würde erreichen können, daß vielmehr eine von ihm beabsichtigte kriegerische Auseinandersetzung bevorstand. Denn einmal war auch für die Anhänger der insbesondere von dem britischen Premier Neville Chamberlain betriebenen »appeasement-Politik« in England und Frankreich der Punkt erreicht, wo sie nicht mehr nachgeben konnten, wollten sie sich nicht vollkommen dem Willen des deutschen Diktators unterwerfen und ihr Land den Kern seiner staatlichen Souveränität verlieren lassen.

Als dann der Krieg ausbrach, waren die Gefühle der türkischen Bevölkerung und vielleicht auch einiger Regierungsmitglieder gemischt. Es ist ja bekannt, daß die Türkei nicht zuletzt aufgrund der immer wieder angerufenen deutsch-türkischen »Waffenbrüderschaft« im Ersten Weltkrieg ausgesprochen deutschfreundlich war. Allerdings zählten die gebildeten Schichten auch viele Franzosen zu ihren Freunden, und die Engländer standen ebenfalls politisch hoch im Kurs des Landes, während von den Vereinigten Staaten noch wenig die Rede war und Rußland nach wie vor als Erb- und Erzfeind galt, wenngleich man sich korrekt-kühl zu ihm verhielt.

Gleich nach Kriegsbeginn war die Stimmung sehr gespannt, die Prognosen lauteten unterschiedlich. Wohl die Mehrzahl der Türken war bis zum Frühjahr 1940, dem

Beginn der großen Westoffensive der Wehrmacht, davon überzeugt, daß Frankreich wie 1914 mit der Unterstützung Englands in der Lage sein werde, den deutschen Angreifern erfolgreich zu begegnen. Was immer die Motive der »Zurückhaltung« der französischen Heeresleitung während des sogenannten »drôle de guerre« im Herbst/Winter 1939 gewesen sein mögen, es ist keineswegs sicher, daß die später vielzitierte materielle Unterlegenheit speziell in bezug auf Panzer dafür eine entscheidende Bedeutung gehabt hat; vielmehr dürften psychologische und soziologische Gründe die ausschlaggebende Rolle gespielt haben. Daß auch derjenige unter uns Emigranten-Professoren, der dank eigenen Erfahrungen im Ersten Weltkrieg neben Gerhard Kessler am ehesten in der Lage gewesen wäre, sich kompetent über die militärische Situation zu äußern: Alexander Rüstow, sich ganz erheblich geirrt hat, kann man einem Brief entnehmen, den er, der wie manche anderen Kollegen zu Beginn des Krieges urlaubsweise in Europa war, im Frühherst 1939 an mich gerichtet hat und in dem er bewundernd von »der weisen strategischen Zurückhaltung Gamelins« (des damaligen französischen Oberbefehlshabers) sprach. Es war eine große Überraschung für mich, von einem meiner alten Bekannten, dem französischen General Jacomet, einige Zeit nach Kriegsende (1947) gelegentlich eines Kongresses des Internationalen Finanzinstituts in Haag zu hören, daß die weitverbreitete Behauptung, Frankreich habe zu wenig Panzer besessen, irrig sei. Er versicherte mir vielmehr mit Bestimmtheit, die Gesamtzahl der Panzer sei genügend groß gewesen, jedoch habe man in völliger Verkennung der strategischen Erfordernisse die Panzer über die ganze Front verteilt, statt sie an bestimmten Punkten zu massieren und zu einem Angriff zu benutzen, der ja zu der Zeit, da die deutschen Armeen noch stark im Osten engagiert waren, gewisse Erfolgschancen gehabt hätte. Die rasche Niederringung Polens erweckte Bewunderung und Furcht zugleich, aber die eigentliche Erschütterung bei den Türken wie bei uns Emigranten trat natürlich erst in dem Augenblicke ein, da Frankreich kapitulierte und manche befürchteten, England werde seinem Beispiel folgen. In den folgenden Jahren haben die Stimmungen dann oft und stark geschwankt. Den Höhepunkt erreichte der Pessimismus, als die Siege Rommels bekannt wurden; und als Tobruk fiel, waren die meisten meiner türkischen Freunde der Überzeugung, daß ihrem Lande unmittelbare Gefahr drohe, wenn auch zunächst nur in Form diplomatischer Pressionen.

Solche Pressionen hatten schon bald nach Kriegsbeginn von verschiedenen Seiten eingesetzt. Sie führten den damaligen Außenminister Saraçoğlu nach Moskau. Aber alle Bemühungen von russischer Seite, die Türkei – bei Wahrung der Neutralität – zu einer rußlandfreundlichen Haltung zu bestimmen und vor allem: für russische Kriegsschiffe die Erlaubnis zu beliebiger Durchfahrt durch den Bosporus zu erhalten, schlugen fehl. Nach einer Behauptung Stalins gegenüber dem britischen Botschafter Sir Stafford Cripps von Mitte 1940 wußte Stalin nicht mehr, »wie er sich mit den Türken ›ausgleichen‹ könne« (der Quellennachweis findet sich in dem gründlichen, auch sonst für diesen Abschnitt heranzuziehenden Buch von L. Krecker: Deutschland und die Türkei im Zweiten Weltkrieg, Frankfurt/M. 1964, S. 105). Der türkische Minister blieb längere Zeit in der russischen Hauptstadt und kehrte dann »unverrichteter Dinge« zurück – aber das bedeutete eben, daß er keine Konzessionen gemacht hatte, zu denen er nicht von vorneherein bereit und ermächtigt gewesen wäre. Auch nach Kriegsende bewiesen die Türken, um das vorwegzunehmen, wieder ihr diplomatisches Geschick gegenüber den Russen. Ihrer beharrlichen Verhandlungstaktik gelang es, alle Forderungen Rußlands abzuweisen, ihm Kars und Ardahan zurückzugeben: jene im Osten des Landes gelegenen Gebiete, die die Türkei kurz nach dem Ersten Weltkrieg bei der damaligen schwachen Position der Sowjets zu gewinnen vermocht hatte.

Schwieriger war die türkische Lage einerseits den Alliierten und andererseits dem »Dritten Reich« gegenüber. Alle Bemühungen vor allem Englands, nicht zuletzt Churchills selbst, die Türkei dazu zu bewegen, an der Seite der Alliierten aktiv am Kriege gegen Deutschland und Italien teilzunehmen, scheiterten an der festen Überzeugung Inönüs, eine solche Politik müsse, sofern sie nicht erst unmittelbar vor dem Zusammenbruch der Achsenmächte verfolgt werde, zur Konsequenz haben, daß große Teile des Landes zerstört würden – von den Opfern an Menschen zu schweigen. Tatsächlich vermochte er, unterstützt von dem ohnehin deutschfreundlichen Numan Menemencioğlu, den Abbruch der diplomatischen Beziehungen zum »Dritten Reich« bis zum Herbst 1944 hinauszuzögern, und erst wenige Tage vor dem endgültigen Kriegsende erfolgte die offizielle Kriegserklärung. Daß eine solche überhaupt für zweckmäßig oder notwendig gehalten wurde, obgleich sie im Grunde den immer noch weitgehend deutschfreundlichen Türken wider den Strich ging, ist vor allem darauf zurückzuführen, daß man damals noch an eine allgemeine Friedenskonferenz glaubte, und naturgemäß wären an dieser nur diejenigen Mächte teilzunehmen legitimiert gewesen, die sich rechtlich im Kriegszustand mit den unterlegenen Staaten befunden hatten. Es war leicht, der Türkei begreiflich zu machen, daß es nicht nur im Interesse der »Drei Großen«, sondern auch in ihrem eigenen lag, durch ihre Teilnahme an der Konferenz die Machtposition Rußlands nicht noch weiter zu verstärken. Überdies war die Kriegserklärung die Voraussetzung für die Mitgliedschaft bei den Vereinten Nationen.

Es versteht sich, daß die Türkei nicht einfach eine Neutralität, sondern eine bewaffnete Neutralität betrieb. Während des ganzen Krieges wurde ein Heer unter Waffen gehalten, das im Durchschnitt rund eine halbe Million Mann umfaßte. Das implizierte für das damals bevölkerungsmäßig noch relativ schwache Land eine erhebliche wirtschaftlich-finanzielle Belastung. Daß der unbezweifelbare Verteidigungswille neben politischen Erwägungen wesentlich dazu beigetragen hat, dem Lande kriegsbedingte Zerstörungen zu ersparen, ist sicher, doch soll nicht in Abrede gestellt werden, daß vermutlich Papens Haltung, und zwar sowohl den Türken als auch der deutschen Regierung gegenüber, es ersteren erleichtert hat, sich aus kriegerischen Verwicklungen herauszuhalten.

Nicht alle waren die ganze Zeit über davon überzeugt, daß es dem Lande tatsächlich gelingen werde, sich von der aktiven Kriegsteilnahme fernzuhalten. Eine Reihe von wohlhabenden türkischen Familien setzte sich mindestens zu bestimmten Zeiten vorübergehend aus den Großstädten, vor allem Istanbul, nach Anatolien ab, und auch manche der deutschen Emigranten erwogen eine »Flucht ins Innere«. Das Kultusministerium riet uns jedoch dringend davon ab, »auf dem Lande«, also in Mittel- oder gar Ostanatolien, Zuflucht zu suchen, da die dort lebende Bevölkerung kaum in der Lage sei, zwischen Deutschen, die von Hitler vertrieben und verfolgt wurden, und solchen zu unterscheiden, gegen die man unter Umständen Krieg führen müsse.

Zu den Vorsichtsmaßnahmen, die die türkische Regierung ergriff, gehörte im übrigen die Verlagerung besonders wertvoller Museumsschätze aus den Großstädten ins Innere des Landes, so etwa nach Konya, wo sie eingegraben wurden. Ferner wurde das Schulwesen in verschiedener Hinsicht den neuen Verhältnissen angepaßt: Die Klassen schlossen früher, und es gab eine Art von paramilitärischer Ausbildung der älteren Schulkinder, bei der selbst Gasmasken eine Rolle spielten.

Rein äußerlich, abgesehen von den ökonomischen und finanziellen Schwierigkeiten, die der Krieg, vor allem die umfangreichen Mobilisierungsmaßnahmen mit sich brachten, waren jedoch nur wenige Anzeichen zu bemerken, die darauf hindeuteten, daß rings um das Land herum jahrelang blutig gekämpft wurde. Lange Zeit gab es nicht einmal eine

Verdunkelung, und als diese schließlich angeordnet wurde, handhabte man sie ziemlich lax. Ganz am Schluß überflogen einmal fremde Kampfflugzeuge Istanbul, und eines davon wurde auch von der türkischen Flugabwehr abgeschossen, doch stellte sich heraus, daß es nicht, wie zuerst angenommen, deutsche, sondern alliierte Flieger gewesen waren, die bei der Rückkehr von Rumänien, wo sie Ölfelder bombardiert hatten, von der richtigen Route abgekommen waren. Etwas verlegen wies man dann seitens der Türken auf die Tatsache hin, daß die Treffsicherheit ihrer Flak offensichtlich nicht schlecht sei.

Bei dieser Gelegenheit wurde übrigens das erste und einzige Mal echter Fliegeralarm gegeben, während die vorhergehenden Alarme nur Probecharakter gehabt hatten. Immerhin wurden der Bevölkerung Anweisungen gegeben, wie man »im Fall der Fälle« sich zu verhalten habe. Für diejenigen unter uns, die, wie etwa Rüstow, Isaac und ich, in unmittelbarer Nähe des Meeres wohnten, waren diese Anweisungen leicht zu befolgen: Wir brauchten nur unsere Wohnung zu verlassen und uns an das ein Dutzend Meter entfernte Ufer zu begeben. Allerdings empfahl es sich, für den Ernstfall stets einen mit Lebensnotwendigkeiten gefüllten Koffer gepackt bereitzuhalten. Als jedoch der erste Alarm erfolgt war, stellte sich hinterher heraus, daß meine Frau in der Aufregung zwar ein paar Lebensmittel und Kleidungsstücke, auch Spielsachen für die Kinder eingepackt, aber den Beutel mitzunehmen vergessen hatte, in dem sich unsere Ersparnisse in Gestalt von ein paar Goldmünzen befanden.

Ein besonderes Kapitel stellte die Spionage dar. Ähnlich wie die ja gleichfalls neutrale Schweiz bildete die Türkei einen der Hauptschauplätze der Spione aus aller Herren Länder, wobei Istanbul und Ankara im Zentrum dieser Aktivitäten standen. Ich selbst habe während des Krieges eine Reihe von Spionen kennengelernt oder nach Kriegsende erfahren, daß es sich um solche gehandelt hatte. Zu der ersten Gruppe gehörte unter anderem ein gesellschaftlich angenehmer, sehr intelligenter Mann von leicht Frankensteinschem Aussehen, von dem ich nie erfahren habe, ob er – der den Decknamen Dragutin führte – Jugoslave oder Tscheche war. Er verschwand noch während des Krieges, ohne daß ich je wieder von ihm gehört hätte. Auch ein paar junge Österreicher, die meisten von ihnen Architekten, betrieben Spionage, wurden dann aber, als sie in ihre Heimat zurückkehrten und dort »Wehrmachtzersetzung« zu betreiben suchten, entdeckt und hingerichtet. Ein weiterer Bekannter von mir, ein Ungar namens Béla Wolf, arbeitete für den britischen »Secret Service«. Obwohl er sich in großer finanzieller Bedrängnis befand, weigerte er sich von Anfang an strikt, einen auch nur geringfügigen Geldbetrag von den Engländern anzunehmen – dies aus dem richtigen Empfinden heraus, daß er nur bei »ehrenamtlicher« Agententätigkeit diese vor seinem Gewissen werde rechtfertigen können und nur unter dieser Voraussetzung von seinen Auftraggebern als Gentleman angesehen werden würde. Nach Kriegsende erhielt er von den Engländern als Anerkennung für seine Dienste eine Uhr geschenkt.

Ein weiterer Fall wurde mir erst nach dem Kriege bekannt. Meine Frau und ich waren bei einem Mitglied des Direktoriums der Deutschen Bundesbank – deren späterem Präsidenten Otmar Emminger – aus Anlaß des Frankfurter Besuchs eines der Direktoren der Bank von England eingeladen. Nach dem Essen begann eine lebhafte Unterhaltung, in deren Verlauf die Rede plötzlich auf Istanbul kam. Der Engländer erwähnte, daß er längere Zeit dort gewesen sei, und auf meine Frage, wann und zu welchem Zweck, antwortete er freundlich lächelnd: »Well, during the war. I was a spy.« Er erzählte dann im einzelnen, wie er, natürlich im Einverständnis mit der türkischen Regierung, unter anderem einige Brücken unterminiert habe, damit sie im Falle eines deutschen Angriffs unverzüglich gesprengt werden konnten.

Aber all das ist natürlich nichts im Vergleich zu dem Spionagefall, der unter der Bezeichnung »Operation Cicero« weltweit berühmt geworden ist. Einzelheiten darüber finden sich insbesondere in einem Buch, das eben diesen Titel trägt und von einem deutschen Attaché an der Botschaft in Ankara, L. C. Moyzisch, verfaßt ist und später Grundlage eines Films wurde. (Die mir vorliegende amerikanische Ausgabe erschien unter dem Titel »Operation Cicero« New York 1969.)

Niemand weiß genau, wer dieser »Cicero« gewesen ist oder welches sein richtiger Name war; selbst Moyzisch nicht, der im Auftrage von Papen mit »Cicero« verhandelte. Vermutlich war der Spion ein Albanier. Jedenfalls war er Kammerdiener des britischen Botschafters in Ankara, Sir Hughe Knatchbull-Hugessen, und er hat sich unter abenteuerlichen Umständen an die Deutsche Botschaft herangemacht.

Die Begebnisse spielten sich zwischen Ende 1943 und Anfang 1944 ab, als im Grunde Deutschlands Schicksal bereits besiegelt war, man aber auf deutscher Seite sich militärisch wie diplomatisch verzweifelt bemühte, noch einen Ausweg aus der drohenden Katastrophe zu finden – nicht zuletzt dadurch, daß man Rußland von seinen Alliierten zu trennen versuchte. Ob Möglichkeiten dieser Art überhaupt bestanden, das zu erfahren mußte naturgemäß für die Nazis von allergrößtem Wert sein. Gerade nun darüber und über andere wichtige diplomatische und militärische Pläne und Entscheidungen, wie etwa die der interalliierten Konferenzen von Casablanca und Jalta, wurden die Deutsche Botschaft in Ankara und über diese das Auswärtige Amt, das heißt Ribbentrop, einerseits, das Reichssicherheitshauptamt unter Kaltenbrunner andererseits dank »Cicero« informiert. Dieser war durch eine nachträglich fast unglaubhaft erscheinende Nachlässigkeit des britischen Botschafters in der Lage, sich nachts, wenn dieser schlief, dessen Schlüsselbund anzueignen. Mit seiner Hilfe konnte er das Geheimsafe öffnen, ihm als streng vertraulich (»top secret«) bezeichnete Dokumente entnehmen und diese auf Mikrofilme fotografieren, die er dann jeweils gegen 20000 Pfund Sterling über Moyzisch der Deutschen Botschaft verkaufte. Diese »Geschäfte« zogen sich über Monate hin, und sie wären für die Deutschen von enormem Wert gewesen, wenn sie, insbesondere Ribbentrop, die Dokumente ernstgenommen und nicht geglaubt hätten, es handele sich um »Spielmaterial« des britischen Geheimdienstes.

Die Affäre hatte 1945 noch ein tragikomisches Nachspiel. Wie auch Moyzisch in seinem Buche erwähnt, stellte sich nämlich heraus, daß die außerordentlich hohen Summen, die »Cicero« für seine keineswegs gefahrlose Tätigkeit von den Deutschen erhielt – insgesamt nicht weniger als 300000 Pfund Sterling! –, aus gefälschten Banknoten bestanden (ausgenommen nur die ersten 20000 Pfund). Diese Tatsache kam erst einige Zeit nach Kriegsende ans Licht, als es, wenn auch noch auf umständliche Art und Weise, wieder möglich wurde, von der Türkei ins Ausland zu reisen: »Cicero« gab einem Freunde einen Teilbetrag der ihm von deutscher Seite ausgehändigten englischen Banknoten zwecks Einwechslung in der Schweiz mit – selbst zu fahren, hätte nach seiner eigenen Meinung ein zu großes Risiko mit sich gebracht – ; aber er und sein Bekannter unterschätzten die Fähigkeit Schweizer Banken, falsche von echten Noten auch und gerade ausländischer Provenienz zu unterscheiden. So wurde der Vertraute »Ciceros« gleich bei seinem ersten Eintauschversuch festgenommen, und die Schweiz informierte die türkische Regierung. Nun begann ein Prozeß, und der Staatsanwalt Şerif – es handelte sich um meinen schon mehrfach erwähnten Bekannten – fragte mich eines Tages, was meine Meinung zu folgender Frage sei: Auf der einen Seite handele es sich prima vista um einen Vorstoß gegen die türkischen Devisengesetze, die die Ausfuhr fremder Zahlungsmittel unter strenge Strafe stellten; auf der anderen sei fraglich, ob nachweislich gefälschte Banknoten als »legal tender« und damit als Devisen im Sinne der türkischen Bestimmungen anzusehen seien. Ich glaubte diese Frage verneinen zu können, da solche Noten, eben weil gefälscht, keine rechtliche Bedeutung, keine »Geltung« besäßen. In der Tat ist dann auch die Anklage gegen »Ciceros« Kumpanen, Devisenschmuggel begangen zu haben, fallengelassen worden.

Weder die deutsch-türkischen noch die deutsch-englischen Beziehungen wurden durch die eben skizzierte Affäre berührt, ebensowenig übrigens wie die russisch-türkischen durch das Attentat, das Anfang 1942 in Ankara auf offener Straße gegen Papen verübt wurde, obwohl russische Staatsbürger darin verwickelt waren und von türkischen Gerichten verurteilt wurden. Dabei ist immer zu bedenken, daß die leitenden türkischen Kreise nicht so sehr einen Sieg des »Dritten Reichs« als vielmehr eine Niederlage der Sowjets wünschten.

Die grundsätzliche Deutschfreundlichkeit hinderte die Regierung allerdings nicht daran, bei Kriegsausbruch wie alle anderen ausländischen, so auch die deutschen Experten zu entlassen, die in türkischen Ämtern tätig waren, darunter Reuter, Baade und Wilbrandt. Auf einem anderen Blatt stand das Verhalten gegenüber einigen Emigranten, die weder (bisherige) Regierungssachverständige noch Professoren waren. Sie wurden, zumal wenn Juden oder gar des Sozialismus oder Kommunismus Verdächtige, nicht selten – teilweise anscheinend nicht ohne »Nachhilfe« durch die deutschen amtlichen Vertretungen – unter dem unberechtigten Verdacht der Spionage urplötzlich ausgewiesen, so etwa ein völlig harmloser Bekannter von uns, der sich mit der Vertretung einer zahntechnischen Firma ein bescheidenes Einkommen erworben, und eine Bekannte, die, nachdem sie sich von ihrem »arischen« Mann (einem Berliner Buchhändler) hatte scheiden lassen, um ihm die weitere Ausübung seines Berufs zu ermöglichen, in Istanbul ihr Brot mit Sekretärinnenarbeit verdient hatte und unter polizeilichem

Geleit binnen achtundvierzig Stunden das Land verlassen mußte. Als ich ihr, die so gut wie kein Türkisch verstand, auf der Fremdenpolizei behilflich sein wollte, wurde mir scharf bedeutet, ich solle mich in diese Angelegenheit nicht einmischen, sonst würde der Spionageverdacht auch auf mich fallen. Allmählich hörten jedoch derartige Fälle auf, teilweise schon deshalb, weil nicht geschützte und womöglich paßlos gewordene deutschsprachige Emigranten, sofern ihnen das irgend möglich war, in ein anderes Land flüchteten.

Mit dem Abbruch der diplomatischen Beziehungen im Herbst 1944 begann dann eine völlig neue Epoche. Nunmehr wurden deutsche Staatsangehörige mit Ausnahme derjenigen, die sich (vornehmlich als Professoren) noch in öffentlichen Dienststellen befanden, vor die Wahl gestellt, sich entweder innerhalb einer knapp bemessenen Frist ins »Dritte Reich« zurücktransportieren oder aber in zwei, drei sehr kleinen anatolischen Orten – ich erinnere mich an Çorum und Yozgat – internieren zu lassen. Daß das Personal der Botschaft und des Generalkonsulats, mit Papen an der Spitze, die Türkei alsbald verließen, versteht sich von selbst. Aber von den »privaten« Persönlichkeiten gab es doch erstaunlich viele, die einer Rückkehr in das bombengeschädigte Vaterland das Verbleiben in der Türkei, und sei es auch unter primitiven Bedingungen, vorzogen, obgleich sie es bis dahin strikt abgelehnt hatten, sich als Emigranten bezeichnen zu lassen, oder auch nur mit solchen, die es wirklich waren, öffentlich gesehen werden wollten.

Unnötig zu sagen, daß während der Verbannung zwischen diesen beiden Gruppen nicht eben freundschaftliche Beziehungen bestanden. Aber auch innerhalb der einen und der anderen Gruppe führten die äußeren Lebensbedingungen zu Reibereien und Spannungen, und die ärmliche Umgebung tat ein übriges. In manchen Fällen brachte die Internierung eigenartige Diskriminierungen mit sich, so etwa bei Mischehen: Jetzt plötzlich wurden jüdische Ehepartner begünstigt, das heißt sie wurden nicht interniert; dafür mußten sie sich dann allerdings von ihren »arischen« Partnern sowie ihren »halbarischen« Kindern trennen. Erst zu Weihnachten 1944 wurden die Bestimmungen für solche Fälle durchweg gemildert.

Unabhängig davon lauteten die Berichte der Internierten sehr verschieden, je nachdem über welche Geldmittel sie verfügten und wie sie sich mit den türkischen Bewohnern der kleine Orte (von je 2000 Einwohnern) zu stellen vermochten. Wer vermögend war, wie verschiedene deutsche Kaufleute und Bankiers, konnte sich mit eigenen Möbeln, insbesondere Betten, Haus- und Küchengeräten und dergleichen, leidlich ausstatten und fand sogar einen dienstbaren Geist. Andere dagegen litten unter den widrigen wirtschaftlichen, gesellschaftlichen und klimatischen Bedingungen; mehrere unserer weiblichen Bekannten kehrten in der Tat mit einer schweren Depression aus der Verbannung zurück.

Daß die Wirtschafts- und Finanzlage des Landes während des Krieges sich schon wegen der jahrelangen Aufrechterhaltung eines Zustandes bewaffneter Neutralität schwierig gestalten mußte, habe ich bereits angedeutet. Hinzu kamen die kriegsbedingten Versorgungsnöte, die zu einer fortschreitenden Verknappung von gewerblichen Verbrauchsgütern und noch mehr von Maschinen und gewissen Rohstoffen führten, während der Export zu steigenden Preisen blühte. So erlebten wir am Beispiel der Türkei die Unsinnigkeit der alten merkantilistischen Idee von den angeblichen Vorzügen einer aktiven, d.h. mit einem möglichst großen Ausfuhrüberschuß abschließenden Handelsbilanz: Zwar ergab sich nun ein solcher Überschuß, und die Devisenvorräte der Zentralbank wuchsen dementsprechend, aber die reale Güterversorgung verschlechterte sich progressiv; da überdies die Verteidigungsaufwendungen sehr hoch waren, ohne daß entsprechende steuerliche Mehreinnahmequellen – von einer Ausnahme abgesehen – erschlossen wurden, entfaltete sich, wie auch in anderen Ländern, ein progressiver Inflationsprozeß, unter dem, wie immer und überall, in erster Linie die ärmeren Bevölkerungsschichten sehr schwer litten.

Verglichen mit aktiv am Krieg beteiligten Ländern war die Situation natürlich trotzdem noch erträglich, vor allem deshalb, weil das Land von Bombardements verschont blieb. Auch die Rationierung wichtiger Güter, die anderswo den Hausfrauen so viel Sorge und Mühe machte, war in der Türkei nicht sehr drückend. Sie erstreckte sich in erster Linie auf Brot, das allerdings für die breite Masse das entscheidend wichtige Nahrungsmittel darstellte, und Kohlen, daneben Tee, Kaffee und einige Textilien. Wir hungerten aber nicht, und wenn wir auch bisweilen froren, so reichten die Heizmittel im allgemeinen doch aus, um wenigstens ein Zimmer heizen zu können, zumal da es neben den Koksöfen jene alttürkische Einrichtung als Aushilfsmittel gab, die »mangal« heißt und nichts weiter ist als ein mit Holzkohle gefülltes Metallbecken; dieses muß allerdings sorgfältig bedient und beobachtet werden, da es leicht Vergiftungserscheinungen auslöst.

Sehe ich von Brot und Kohlen ab, so wurden interessanterweise in diesem Lande, das doch schon in Friedenszeiten den Etatismus auf sein Panier geschrieben hatte, weitgehend marktwirtschaftliche Lösungen zur Überwindung der Wirtschaftsnöte angewandt. Besonders charakteristisch in dieser Beziehung war die Zuckerpolitik: Zucker, obwohl ein sehr beliebtes Nahrungsmittel der Türken, wurde nicht (direkt) rationiert, vielmehr sein Preis von der Regierung derartig drastisch erhöht – auf etwa das Zehnfache –, daß der Verbrauch in mehr als ausreichendem Maße sank. Man konnte daher später sogar zu einer gewissen Preisermäßigung schreiten, die sich in der Tat schon aus sozialen Gründen dringend empfahl. Sehr schmerzlich wurde das Lieblingsgetränk der Türken (und nicht nur der Türken!), der Kaffee, entbehrt, der von den »offenen« Märkten so gut wie verschwunden war. Allerdings bildete sich hier, wie auch für manche anderen Waren, rasch ein »schwarzer Markt« mit phantastisch hohen Preisen heraus, obwohl auf ihm überwiegend nur ungeröstete Bohnen von minderer Qualität gehandelt wurden, die überdies meistens mit billigen Surrogaten, wie etwa Kichererbsen, gemischt waren. Wir suchten diese Bohnen notdürftig in einer Bratpfanne zu rösten, ehe wir daraus ein Getränk herstellen konnten, das wenigstens äußerlich eine gewisse Ähnlichkeit mit dem hatte, woran wir früher gewohnt waren, und das immerhin noch ein klein wenig besser schmeckte als die berühmte »Mucke-Fucke«, die man vor der Währungsreform in Deutschland trank.

»Schwarze Märkte« gab es natürlich auch für andere Dinge, die während des Krieges plötzlich den Charakter von Luxusgütern erhielten, wie Nähnadeln, Briefpapier, Rasierklingen, Baumwollwaren und ähnliches. In unregelmäßigen Abständen tauchten solche Gegenstände für kurze Zeit bei Straßenverkäufern auf, woraus man schließen konnte, daß trotz aller Transportschwierigkeiten gerade wieder einmal ein Schiff mit solcher Ladung den Hafen von Istanbul erreicht hatte.

Im übrigen glichen sich die Verhältnisse in verschiedener Hinsicht mehr und mehr denjenigen an, die mir noch vage aus der Zeit des Ersten Weltkriegs in Deutschland im Gedächtnis hafteten. Es gab die berüchtigten Kriegsgewinnler, es gab Devisenschieber – mit anderen Worten: auf der einen Seite die durch die Inflation zu wachsendem Hunger und Elend verdammte oder doch in ihren üblichen bescheidenen Konsumgewohnheiten stark beschränkte große Masse der Bevölkerung, und auf der anderen eine sehr schmale Schicht von Wohlhabenden, die sicher nicht schlechter, oft sogar erheblich besser als im Frieden zu leben vermochten, darunter nicht wenige »nouveaux riches«.

Die Inflation begann relativ sacht. Aus meinen Aufzeichnungen geht hervor, daß auch im ersten Jahre nach Kriegsbeginn noch für alle wesentlichen Güter Preise zu zahlen waren, die selbst nach deutschen Vorkriegsstandards niedrig waren. Dann aber wurde, wie meist in ähnlichen Situationen, das Tempo der Geldentwertung immer schneller, und gegen Ende des Krieges war die Kaufkraft der Lira im Durchschnitt auf etwa ein Fünftel gesunken. Darunter litten nicht zuletzt die deutschen Professoren, deren Gehalt in einer absolut fixen Nominalsumme vertraglich festgelegt war, aber natürlich auch die türkischen Kollegen und sonstigen Staatsangestellten, da ihre Bezüge nur langsam und unzulänglich an die Steigerung des Preisniveaus angepaßt wurden.

Das Hauptmittel, sich gegen inflationäre Entwicklungen zu schützen, war das ohnehin im Orient verbreitete Horten von Edelmetall, vor allem von Goldmünzen, einerseits, der Kauf von Grundvermögen und Häusern andererseits. Bedenkt man, daß während der mehr als fünf Kriegsjahre der Wohnungsbau so gut wie völlig zum Erliegen kam, so ist verständlich, daß diejenigen, die genügend Geld besaßen, um bebaute oder unbebaute Grundstücke zu erwerben, erhebliche Bodenwertzuwachsgewinne einstreichen konnten. Aber auch der Goldpreis, immer als ein freilich nicht ganz adäquater Indikator des Inflationsgrades betrachtet, stieg außerordentlich stark. Auch ich hatte mich unter dem Druck der Verhältnisse entschlossen, meine recht bescheidenen Ersparnisse, die ich während der fünf »fetten Jahre« vor Kriegsausbruch hatte machen können, in Gold anzulegen. Aber je länger der Krieg dauerte und je stärker die Inflation wurde, um so mehr war ich gezwungen, meinen Goldvorrat anzugreifen – zumal da ich Anfang 1940, also sozusagen in letzten Minute, in der Lage war, meine in Hannover lebenden Verwandten: meine Mutter, meine Schwester sowie deren Mann und eine Tochter, nach der Türkei kommen zu lassen. Das hatte naturgemäß die Folge, daß so lange, wie meine Schwester und mein Schwager sich noch nicht mit Klavier- und Deutschstundengeben selbst notdürftig über Wasser halten konnten, meine laufenden Einnahmen nicht mehr zur Bestreitung meiner gestiegenen Verpflichtungen ausreichten.

Eine der einschneidendsten und bedauerlichsten Maßnahmen, die die türkische Regierung auf wirtschafts- und finanzpolitischem Gebiet während des Kriegs ergriff, war die Auferlegung einer realen Vermögensabgabe (Türkisch: »varlık vergisi«). Auf den ersten Blick schien ein scharfer steuerlicher Eingriff um deswillen ökonomisch geboten zu sein, weil die Inflation überwiegend budgetäre Ursachen hatte: Die kriegsbedingten erheblichen Mehrausgaben wurden im wesentlichen durch kurzfristige Kredite gedeckt, die, sei es der Staat selbst, sei es – um die Öffentlichkeit die Zusammenhänge nicht erkennen zu lassen – eine Reihe von öffentlichen Institutionen aufnahm, wie vor allem das staatliche Bodenamt (»toprak ofisi«). Es fragte sich nur, ob gerade die gewählte Steuerform finanziell und sozial die richtige war.

Als sogenannte reale Vermögensteuer sollte die neue Abgabe nicht nur aus dem Ertrag bezahlt werden, sondern mindestens teilweise auch aus der Substanz des Vermögens selbst. In außergewöhnlichen Zeiten läßt sich eine solche – einmalige! – Maßnahme unter Umständen rechtfertigen. Zu den »Umständen« oder Bedingungen gehört in erster Linie, daß die Finanzverwaltung in der Lage ist, eine derartige technisch und ökonomisch problembeladene Abgabe leidlich exakt und gerecht zu erheben. Davon konnte aber zu jener Zeit in der Türkei keine Rede sein, nicht zuletzt deswegen, weil keine allgemeine laufende Vermögensteuer, ja nicht einmal eine sämtliche Einkünfte umfassende moderne Einkommensteuer bestand, beides Abgaben, die das für eine reale Vermögensbesteuerung nötige Informationsmaterial hätten liefern können. Angesichts dieses Mangels und der beinahe unglaubwürdig erscheinenden Tatsache, daß das Vermögensabgabegesetz nicht einmal einen förmlichen Tarif vorsah, konnte die Veranlagung nicht anders als unbillig, ungerecht, genauer: willkürlich sein; dabei wurde jedoch mit der Willkür ein sogleich näher zu charakterisierender außerfiskalischer Nebenzweck verfolgt, der sogar vielleicht einer der Hauptzwecke war.

Das Gesetz trug das Datum des 11. Dezember 1942, erging also mitten in der Kriegszeit. Die Notwendigkeit einer nicht geringen einmaligen Abgabe wurde selbst von verschiedenen mir bekannten türkischen Geschäftsleuten im Prinzip anerkannt. Einer von diesen, ein in Deutschland ausgebildeter, sehr kluger und erfolgreicher Industrieller, sagte mir, als die ersten Gerüchte in den Radionachrichten auftauchten, er sei bereit, eine Steuer von 50000 Lira zu bezahlen, was damals kaufkraftmäßig etwa einem Betrag von 100000,– RM entsprach. Bemerkenswerterweise war dann der Betrag, den dieser Geschäftsmann – ein echter Osmane! – später wirklich zu entrichten hatte, wesentlich geringer. War also die Abgabe nicht doch richtig und vor allem auch nach dem Leistungsfähigkeitsprinzip bemessen? Sie war es nicht; denn die Steueranforderungen waren bewußt nach Maßgabe der in anderem Zusammenhange erwähnten »Nationalität« der Pflichtigen stark differenziert. Konkret: Was das Gesetz bezweckte und in nicht geringem Maße auch faktisch erreichte, war, die Minoritäten, insbesondere Armenier, Griechen und Juden – in bescheidenerem Umfange auch staatsrechtliche Ausländer –, unverhältnismäßig stärker zu der Abgabe heranzuziehen als in vergleichbaren Umständen lebende »eigentliche« (osmanisch-mohammedanische) Türken. In nicht wenigen mir bekanntgewordenen Fällen, die ausnahmslos Angehörige der Minoritäten betrafen, überstieg die verlangte Steuer das gesamte Vermögen des Pflichtigen um ein Mehrfaches, mit dem Ergebnis, daß dieser gezwungen war, sein Geschäft zu ungünstigen Bedingungen zu verkaufen oder sich außerordentlich stark zu verschulden. Diese Konsequenzen glaubte man um des »höheren« Zweckes willen in Kauf nehmen zu müssen. Ihre Spuren haben sich lange und sehr nachdrücklich im türkischen Wirtschaftsleben, speziell in den großen Städten, erhalten und neben anderem die Steuermoral der Pflichtigen stark beeinträchtigt (sie war ohnehin nicht sehr hoch).

Ich möchte hier ausdrücklich betonen, daß meine soeben skizzierte Kritik an dieser steuerlichen Maßnahme, die hoffentlich die einzige ihrer Art in der neutürkischen Steuergeschichte bleiben wird, sich nicht ausschließlich auf mein Gedächtnis stützt, sondern auch auf von türkischer Seite veröffentlichte Schriften. In erster Linie heranzuziehen ist ein Buch mit dem Titel »Die Katastrophe der Vermögensabgabe« (Türkisch: »Varlık Vergisi Faciası«), das nach dem Kriege von Faik Ökte, dem seinerzeit mit der Einziehung der Steuer in Istanbul betrauten »Defterdar« (ungefähr unserem Oberfinanzpräsidenten entsprechend) veröffentlicht und ironischerweise mir vom Verfasser dediziert wurde. Aber auch in einem neuen und weitverbreiteten Lehrbuch des jungen Finanzwissenschaftlers und späteren Entwicklungshilfeministers Professor Kenan Bulutoğlu, das eine Darstellung des türkischen Steuersystems enthält, finden sich kritische Bemerkungen über die Vermögensabgabe.

Insgesamt hat diese etwas über 300 Millionen Lira erbracht, was etwa einem Drittel des gesamten Einnahmevolumens des Staates im Jahre 1941 entsprach. Das war gewiß keine kleine Summe, aber ihre Höhe rechtfertigte keinesfalls die groben Verstöße gegen das Leistungsfähigkeits- und das Gerechtigkeitsprinzip der Besteuerung, das vor allem durch die starke politisch motivierte Diskriminierung verletzt wurde. Übrigens wurden diejenigen, die ihre Abgabepflicht nicht oder nach Ansicht der Veranlagungskommission nur unvollkommen erfüllt hatten (naturgemäß waren das überwiegend Angehörige der Minoritäten), in das Landesinnere, nach Aşkalı, verschickt, wo sie unter höchst primitiven Bedingungen alle möglichen Arbeiten verrichten mußten. Dafür erhielten sie einen geringen Tagelohn, von dem ein Teil zur Abzahlung ihrer Steuerschulden verwendet wurde. Selbst bei Vernachlässigung der Geldentwertung hätten unter diesen Umständen die nach Zehn- oder Hunderttausenden von Lira zählenden Steuerschulden auch in Jahrzehnten noch nicht voll getilgt werden können, wenn nicht – und dies war vielleicht der Gipfel der Ungerechtigkeiten – im Jahre 1943 die noch ausstehenden Steuerverpflichtungen niedergeschlagen worden wären. Wer also, böswillig oder nicht, zahlungsfähig oder nicht, seine Abgabeschuld nicht (voll) entrichtet hatte, wurde im nachhinein »belohnt«, und die ehrlichen Pflichtigen fühlten sich als die Dummen, was ebenfalls die Steuermoral negativ berühren mußte.

Alles in allem: die Vermögensabgabe war ein trauriges Kapitel in der Finanzgeschichte der Türkischen Republik; sie hat einen nicht geringen Teil des von dem Republikgründer Atatürk im In- und Ausland geschaffenen Vertrauenskapitals auf längere Zeit hinaus zerstört.

ENDE DES »DRITTEN REICHS« – ENDE DES WELTKRIEGS

Im Frühjahr 1945 war der Krieg in Europa endlich vorbei; aber es dauerte noch eine ganze Zeit, bis sich die Verhältnisse auch in der Türkei leidlich normalisiert hatten. Und als diese Normalisierung eingetreten war, entstand für uns das Problem: Was tun?

Zunächst waren wir alle natürlich aufs höchste daran interessiert, wieder in postalische Verbindung mit Freunden und Verwandten zu kommen, die daheimgeblieben waren oder in einem Lande lebten, mit dem es monate- oder jahrelang keine Kommunikationsmöglichkeiten mehr gegeben hatte.

Das war zu Beginn des Krieges schon so gewesen, hatte sich dann aber, jedenfalls was Deutschland und die Vereinigten Staaten betraf, wesentlich gebessert, bis in den letzten Kriegs- und den ersten Nachkriegsmonaten schließlich der Postverkehr so gut wie völlig zum Erliegen kam. Was das bedeutete, möchte ich am Beispiel unserer holländischen Freunde Goemans illustrieren.

Goemans hatten wir durch unsere Kinder kennengelernt, die zeitweilig dieselbe Schule besuchten; als wir uns beiderseits entschlossen, wegen fortschreitender Nazifizierung der Deutschen Schule in Istanbul unsere Kinder von dort fortzunehmen, schickten sie die ihren in eine Schule in Holland, wo sie bei Verwandten wohnen sollten. (Goemans selbst konnte als Direktor des Zündholzmonopols Istanbul nicht verlassen.) Dann kam es im Frühjahr 1940 zu dem deutschen Angriff auf Holland, und Goemans blieben wochenlang ohne jede Nachricht, wegen der schweren

Bombardements in größter Sorge um das Schicksal der Kinder. Schließlich erlebten wir mit ihnen zusammen die glückliche Stunde, da sie erfuhren, daß diese am Leben waren. Die Nachricht kam aber auf seltsame Weise zu ihnen: Vor dem Kriege hatten freundschaftliche Beziehungen zwischen Gladys Goemans und Frau Jenke, der Schwester Ribbentrops, bestanden, deren Mann an der Deutschen Botschaft in Ankara tätig war. Mit dem Beginn der Feindseligkeiten zwischen dem »Dritten Reich« und den Niederlanden wurden diese Beziehungen natürlich sofort abgebrochen. Frau Jenke war jedoch menschlich genug, um die Sorgen ihrer früheren Freundin nachempfinden zu können, und so hatte sie sich durch Vermittlung ihres Bruders, des Außenministers, bemüht, verläßliche Nachrichten über das Ergehen der Goemanschen Kinder zu bekommen und an die Eltern weiterzuleiten. – Dank der Tatsache, daß Goemans bald nach Kriegsende in den holländischen auswärtigen Dienst übernommen wurde, gelang es ihm ungeachtet aller Transport- und sonstigen Schwierigkeiten, seine Kinder schon im Sommer 1945 nach Istanbul kommen zu lassen, wo wir an der Feier des Wiedersehens teilnehmen durften. Die inzwischen halb erwachsenen Kinder, die in der Widerstandsbewegung tätig gewesen waren, erzählten unter anderem, wie sehr sie in den letzten Kriegsmonaten unter Hunger und anderen Entbehrungen gelitten und sich schließlich wochenlang nur noch mit Tulpenzwiebeln ernährt hatten.

Ein anderes Erlebnis, das die Verhältnisse nach Kriegsende veranschaulicht, geht meiner Erinnerung nach auf das Jahr 1947 zurück. Als ich eines Nachmittags nach Hause kam, fand ich bei meiner Frau eine junge Dame sitzen, die uns durch einen Brief meines Kollegen Dobretsberger, der inzwischen wieder in Graz lebte, empfohlen wurde und sich als Sekretärin der gerade wieder eröffneten Österreichischen Botschaft nach Ankara begeben wollte. Man hatte diese Dame als eine Art von »Versuchskaninchen« benutzt, um festzustellen, ob es wohl schon wieder möglich sei, Personal der Auslandsvertretungen mit dem altehrwürdigen Orient-Express in den Nahen Osten fahren zu lassen. Empört über dieses kaltschnäuzige Verhalten des österreichischen Außenministeriums, bot ich dem jungen Mädchen – es war etwa 20 Jahre alt und wollte noch am selben Abend mit dem Nachtzug von Haydarpaşa, der auf der asiatischen Seite gelegenen Bahnstation, nach der Hauptstadt weiterfahren – selbstverständlich an, es dorthin zu begleiten. Unterwegs fragte ich die Dame, ob sie die Ihren schon von ihrer glücklichen Ankunft in Istanbul informiert habe, und als sie das verneinte, regte ich an, den doch sicher etwas besorgten Eltern eine telegrafische Nachricht zukommen zu lassen. Das erwies sich aber als ein recht schwieriges Unternehmen. Auf dem Postamt behauptete nämlich der Telegrafenbeamte, nachdem er lange in einem dicken Buch geblättert hatte: »Graz yoktur!«, was auf Deutsch heißt: »Graz gibt es nicht!« Ich entgegnete ihm etwas verblüfft, das sei ein Irrtum, die neben mir stehende junge Dame, deren Eltern wir telegrafieren wollten, sei vor drei Tagen aus Graz abgefahren, und Graz sei immerhin eine der größten Städte Österreichs. Darauf abermaliges Suchen, abermaliges Achselzucken und die abermalige Behauptung, daß es Graz nicht gebe. Auf meine ironische Frage, ob es vielleicht Wien auch nicht gebe, kam die Antwort: Doch, Wien gebe es (dazu bedurfte es nicht einmal des dicken Buches). Schließlich kam mir ein Gedanke: Ich fragte den Beamten, ob es nicht vielleicht einen Nachtrag zu seinem Buch gebe, und als er das bejahte, fanden wir darin zu unserer Erleichterung den Namen Graz, der in dem »Hauptbuch« gefehlt hatte, weil es zwischen 1945 und 1947 keine telegrafische Verbindung mit Graz gab.

Das zweite kleine Nachkriegsbegebnis, von dem ich in diesem Zusammenhange berichten möchte, hängt weniger mit den postalischen Verhältnissen der damaligen Zeit als mit den Eigenarten der lokalen Informationsmöglichkeiten zusammen. Istanbul wurde von uns manchmal scherzhaft als »die Stadt ohne Geheimnisse« oder auch »die Stadt der Gerüchte« bezeichnet, denn in der Tat blieb einem wenig verborgen, wenn man einen großen Bekanntenkreis hatte und sich oft auf die »Istiklâl caddesi« im alten Pera beziehungsweise in eines der dort gelegenen Cafés begab. So erzählte mir eines Tages im Jahre 1946 jemand, es gäbe ein interessantes neues deutsches Nachrichtenmagazin, genannt »Der Spiegel«, und ich müsse mir unbedingt ein Exemplar des letzten Heftes verschaffen, da darin ein bemerkenswerter Artikel über eine Affäre stünde, die sich während des Kriegs in Istanbul ereignet habe. So begab ich mich zu der nicht-nazistischen deutschen Buchhandlung auf der genannten Straße – sie wurde von einem charmanten, wenn auch nicht sehr geschäftstüchtigen bulgarischen Juden namens Karon geleitet – und bat um einen »Spiegel«. Daraufhin teilte man mir mit, daß in wenigen Stunden das Dutzend Exemplare, das man gehabt habe, verkauft worden sei, und zwar habe ein deutscher Bankdirektor alle irgendwo erreichbaren Stücke des Magazins aufkaufen lassen, weil darin von einer für ihn etwas peinlichen Angelegenheit die Rede sei (es handelte sich um nicht legale Goldgeschäfte während des Krieges). Selbstverständlich bestellten meine Freunde und ich daraufhin sofort bei Bekannten in Deutschland die in Istanbul so rasch vergriffene Nummer, und so machte ich bald darauf meine erste Bekanntschaft mit dem »Spiegel«, nicht ahnend, daß ich ein paar Jahre später mit diesem in Gestalt von Interviews u. ä. in unmittelbare Beziehungen treten würde.

Und nun mein drittes Erlebnis: Im Jahre 1947 konnte ich zum ersten Male seit dem Kriege wieder nach Europa fahren, wo ich unter anderem den Kongreß des Internationalen Finanzwissenschaflichen Instituts besuchen wollte, das ein Jahrzehnt vorher auf Anregung des Franzosen Edgar Allix in Paris errichtet worden war und zu dessen Gründungsmitgliedern Gerloff und ich gehörten. Der Kongreß fand in Scheveningen statt, und ich kam am Vorabend nach einem ziemlich abenteuerlichen, stürmischen Flug auf dem Amsterdamer Flugplatz an. Da es spät war und ich kein Hotel in Amsterdam kannte, bat ich den Angestellten der KLM, mir ein Zimmer zu besorgen. Er fragte nach meinem Namen, und als er diesen hörte, zog sich ein Lächeln über sein bis dahin eher strenges Gesicht, und er bemühte sich sofort um die erbetene Reservation. Als ich mich dann bei ihm bedankte, konnte ich nicht umhin, ihn zu fragen, warum er denn mir gegenüber so entgegenkommend sei (damals herrschte noch ein außerordentlich starker Deutschenhaß unter den Holländern). Darauf er: »Sind Sie nicht Professor Neumark?« Ich (verblüfft, da dies mein erster Aufenthalt in den Niederlanden war): »Doch, das bin ich«. Der Angestellte: »Professor Ignaz Neumark, nicht wahr?« Das mußte ich dann allerdings verneinen, worauf an die Stelle der Freundlichkeit sofort eine steife Haltung trat und mir bedeutet wurde, Professor Ignaz Neumark sei in Holland sehr beliebt. Ich hatte bis dahin von einem Ignaz Neumark nie etwas gehört (er war ein gebürtiger Pole, wie ich später erfuhr, und nicht mit mir verwandt) – aber am nächsten Tage sah ich am Scheveninger Kurhaus Plakate, auf denen es hieß, daß das berühmte Concertgebouw-Orchester unter Leitung von Professor Ignaz Neumark dann und dann ein Konzert gebe. Die Verwechslung setzte sich in den nächsten Tagen fort: Ich wurde telefonisch um Interviews, um die Leitung von Konzerten usw. gebeten und war aufrichtig betrübt, namentlich letztere ablehnen zu müssen, da ich in meiner Jugend einmal hatte Dirigent werden wollen.

Daß die Holländer eine so starke Abneigung gegen die Deutschen hatten, die sie samt und sonders mit den Nazis identifizierten, war nach dem, was ihnen im Kriege zugefügt worden war, nur allzu verständlich. Dennoch war ich tief erschüttert, als ich damals im Zug von Amsterdam nach Hamburg erlebte, wie ein gutmütig aussehendes niederländisches Ehepaar beim Anblick der halb verhungerten, um

Lebensmittel bettelnden Kinder an der deutschen Grenze, sich sozusagen vor spontanem Mitleid schützend, die schon halb hingestreckten Butterbrote mit der wechselseitigen Ermahnung zurückzogen: »Wir müssen an Rotterdam denken!«

DER WEG ZURÜCK – ODER ANDERSWOHIN

Welcher Anblick sich einem auch noch 1947, also mehr als zwei Jahre nach dem Zusammenbruch, im zerstörten Deutschland bot, soll hier nicht näher dargelegt werden. Wohl aber möchte ich kurz andeuten, mit welchen Problemen sich diejenigen Emigranten konfrontiert sahen, die „den Weg zurück“ oder aber „anderswohin“ erwogen und schließlich gingen.

Zunächst ist daran zu erinnern, daß eine nicht kleine Zahl von Professoren schon vor dem Kriege in ein anderes Land gegangen war, und zwar ganz überwiegend in die Vereinigten Staaten. Nicht ein einziger jedoch von uns, dem das möglich gewesen wäre, ist vor dem Zusammenbruch nach Deutschland zurückgekehrt. Bemerkenswert scheint mir ferner zu sein, daß von denen, die, sei es kurz vor, sei es kurz nach dem Kriege, ihren Arbeitsplatz in der Türkei mit einem in Amerika vertauschten, keiner in die alte Heimat zurückging. Die bekannte Assimilationskraft der Vereinigten Staaten, natürlich nicht zuletzt auch für die Kinder der Betreffenden, erwies sich also auch im Falle der zuerst in die Türkei geflüchteten deutschsprachigen Emigranten als sehr stark. Dabei hat natürlich – besonders für Naturwissenschaftler und Mediziner – auch eine große Rolle gespielt, daß die Bedingungen für die wissenschaftliche oder praktische Arbeit in den Vereinigten Staaten im allgemeinen wesentlich günstiger waren als in der Türkei. Von den Professoren, die zu der großen Gruppe derjenigen gehörten, die, wann auch immer, »for good« in die Vereinigten Staaten übersiedelten, nenne ich nochmals die Mathematiker von Mises (ebenso dessen frühere Mitarbeiterin und spätere Frau Hilde Geyringer) und Prager, die Physiker Dember und von Hippel, den Biochemiker Haurowitz, den Pathologen Ph. Schwartz, den Pharmakologen Lipschitz, den Ophthalmologen Igersheimer, den Radiologen Sgalitzer, den Sinologen Eberhard, den Hethitologen Güterbock, den Philosophen Reichenbach und den Juristen Honig. Außerdem gingen von den Nichtprofessoren früher oder später der Stadtplaner Martin Wagner sowie Paul Hindemith, nach einem längeren Umweg über Deutschland auch der Regisseur und Intendant Carl Ebert nach drüben.

Die große Mehrzahl derer jedoch, die bei Kriegsende noch in Istanbul oder Ankara wirkten, entschloß sich früher oder später zum »Weg zurück«: zur Rückkehr nach Deutschland oder nach Österreich. Zu ihnen zählten der Chemiker Fritz Arndt (Hamburg), der Hygieniker Hugo Braun (München), der Kinderarzt Albert Eckstein (Hamburg), die Botaniker Alfred Heilbronn (Münster) und Leo Brauner (München), der Jurist Ernst Hirsch (Berlin), der Zahnmediziner Alfred Kantorowicz (Bonn), der Zoologe Curt Kosswig (Hamburg), der Dermatologe Alfred Marchionini (München), der Otologe Max Meyer (Würzburg), der Psychologe Wilhelm Peters (Würzburg), der Pharmakologe Paul Pulewka (Tübingen), der Physiologe Hans Winterstein (München), der klassische Philologe Georg Rohde (Berlin), der Indologe Walter Ruben (Ost-Berlin), der Jurist Andreas Schwarz (Freiburg; allerdings nur als Gastprofessor), der Orientalist Hellmut Ritter (Frankfurt), der Chirurg Eduard Melchior (Jugenheim), der Anglist Hans Marchand (Tübingen) sowie sämtliche Wirtschaftswissenschaftler, nämlich Alexander Rüstow (Heidelberg), Gerhard Kessler (Göttingen), Alfred Isaac (Nürnberg), Josef Dobretsberger (Graz) und ich selbst. Röpke war bekanntlich vor dem Kriege in die Schweiz gegangen, wo er bis zu seinem Tode lehrte. Auch von den Politikern, Praktikern und Künstlern kehrten viele in die alte Heimat zurück, so Ernst Reuter (Berlin), Licco Amar

(Freiburg), Stadtbaurat Gustav Oelsner (Berlin), Fritz Baade (Kiel) und Hans Wilbrandt (Göttingen).

Die Motive, die die Emigranten bestimmten, den »Weg zurück« zu beschreiten, waren unterschiedlich und im einzelnen verschieden gewichtet; sie lassen sich aber im wesentlichen auf zwei Überlegungen bzw. Fakten zurückführen: einmal die emotionale Tatsache, daß wir Rückwanderer ganz überwiegend – trotz allem Furchtbaren, was wir und unsere Freunde und Verwandten während des »Dritten Reichs« erlitten hatten – an einem nie ganz abgestorbenen Heimweh litten, und zum anderen, vor allem für die Älteren, die rational begründete Sorge um die materielle Zukunft, um die eigene und die unserer Angehörigen.

Heimweh hatten wir nach der Landschaft und vor allem nach »unserer« Sprache. Ich wüßte für mich nicht zu sagen, was bei mir stärker war – vermutlich die Sprache. Carl Zuckmayer hat in seinem Essay »Die Brüder Grimm« (1948) von »Sprach-Heimweh« gesprochen und zutreffend hervorgehoben, dies sei »für einen Schriftsteller im Exil die schmerzhafteste Form des Heimwehs«; und »Schreibende« waren wir ja fast alle. Wenn man nicht schon als kleines Kind in ein Land mit fremder Sprache und, damit unweigerlich verbunden, anderen Denk- und Lebensgewohnheiten verschlagen wird, vermag man sich dem neuen Milieu nur bis zu einem gewissen Grade anzupassen, und selbst das setzt voraus, daß man den Willen hat, eine zweite Heimat zu gewinnen.

Trotz der von mir geschilderten, teilweise ganz besonderen Schwierigkeiten – vor allem: Sprache und Religion –, mit denen wir bei unseren Bemühungen zu kämpfen hatten, uns im Lande einzugewöhnen und den Eigenarten seiner Bevölkerung Verständnis entgegenzubringen, haben viele, ja wohl die meisten der Emigranten die Türkei als ein zweites Vaterland kennen- und liebengelernt. Dieses Wort ist jedenfalls von Männern wie Ernst Reuter, Ernst Hirsch, Curt Kosswig und mir in voller Aufrichtigkeit gebraucht worden.

Daß unsere Empfindungen auch von den Türken anerkannt wurden, habe ich wiederholt beobachtet – zuletzt wieder bei meinem Besuch vor wenigen Jahren, als ich zu Vorträgen nach Ankara kam und dort von einer Delegation begrüßt wurde, unter der sich ein Beauftragter meines früheren Schülers und zeitweiligen stellvertretenden Ministerpräsidenten Turhan Feyzioğlu befand, der mir einen Blumenstrauß und eine Karte des Inhalts überreichen ließ: »Verehrter Lehrer: Seien Sie willkommen in Ihrem zweiten Vaterland!« Aber so wahr dieses Wort auch ist – es bringt doch eben zum Ausdruck, daß die Türkei für uns keine Ersatz-Heimat geworden war, sondern eine zusätzliche, nachdem wir in unser Geburtsland zurückgefunden hatten und uns wieder in unserer Muttersprache ausdrücken konnten.

Für viele Heimkehrer spielte der materielle Faktor eine bedeutende Rolle; denn trotz aller Bemühungen unserer türkischen Kollegen war es nicht möglich gewesen, für uns eine leidlich erträgliche Pensionsregelung durchzusetzen. Man mußte daher mit größter Sorge dem Alter entgegensehen, zumal wenn man über keine nennenswerten Ersparnisse verfügte. Allerdings war zu der Zeit, als mich der Ruf nach Frankfurt erreichte, noch keineswegs vorauszusehen, daß sich die finanzielle Situation der öffentlich Bediensteten und damit auch der Professoren in Deutschland so rasch und so erheblich verbessern würde, wie das dann der Fall war – ganz abgesehen von der späteren, meist angemessen, bisweilen sogar recht großzügig gehandhabten sogenannten »Wiedergutmachung«, die vielen Emigranten gewährt wurde, aus der ich allerdings für meine Person keinen Nutzen zog.

Ich habe nicht die Absicht, in diesem Buche – das ja keine umfassende Autobiographie sein soll, sondern lediglich einen freilich sehr bedeutsamen Ausschnitt aus meinem Leben und auch diesen nur unter einem speziellen Aspekt schildern will – im einzelnen zu berichten, was ich in Deutschland nach meiner Heimkehr menschlich und beruflich erlebt habe. Aber ich möchte vorgreifend gestehen, daß ich trotz meiner tief verwurzelten Anhänglichkeit an die Türkei und mancher verlockenden Angebote aus anderen Ländern (darunter der Schweiz, nachdem ich drei Semester als Gastprofessor in Basel gelehrt hatte) nie bereut habe, nach Deutschland zurückgekehrt und bis heute dort geblieben zu sein.

Bei allem Heimweh fiel freilich niemandem von uns, die wir die Zerstörung aller unserer Wertvorstellungen durch des »Dritte Reich« miterlebt und zahlreiche Freunde und Verwandte durch immer noch unvorstellbar grausame Aktionen verloren hatten, der Entschluß leicht, die gastliche, landschaftlich so schöne Türkei, in der wir uns doch in den fast achtzehn Jahren weitgehend eingelebt und viele neue Freunde gefunden hatten, zu verlassen und gegen das neualte Deutschland zu vertauschen. Wie sah dieses Deutschland nun aus? Was war von hitlerischen Ideen noch lebendig? Konnte man sich nach so langer Zeit dort je wieder richtig »heimisch« fühlen? Würde man die alten Freunde wenigstens zum Teil wiederfinden? Solche und ähnliche Gedanken bewegten mich, als ich 1949 das offizielle Berufungsschreiben des hessischen Kultusministeriums in den Händen hielt, und insbesondere meine Frau – sie dachte, wie bemerkenswerterweise die meisten »arischen« Frauen von Emigrantenkollegen, viel strenger und härter als wir »Nichtarier« – war für eine unbedingte Ablehnung. (Inzwischen hat sie aus verschiedenen Gründen meinen Rückkehrentschluß allerdings als richtig anerkannt.) Ich hatte bereits zwei Reisen nach dem zerschlagenen Deutschland unternommen, dabei manche alten Kollegen und Bekannten wiedergesehen, Vorträge in Heidelberg und Frankfurt gehalten und – da der erste Besuch noch in die Zeit vor der Währungsreform fiel – nicht nur die unvorstellbar großen Zerstörungen der Städte, gerade auch Frankfurts, gesehen, sondern auch die fast unlösbar erscheinenden wirtschaftlichen Schwierigkeiten, wie etwa den gewaltigen Zustrom von Flüchtlingen und Vertriebenen, beobachten können. Wenn ich aber auch optimistisch genug war, schon 1947 – in Heidelberger Vorträgen – diesen Zustrom von Arbeitskräften öffentlich als wertvollsten Faktor für den Wiederaufbau zu bezeichnen, plagte mich doch die Frage, ob ich nach den »tausend Jahren« der braunen Diktatur je das Gefühl des »Zu-Hause-seins« wiedergewinnen würde.

Über diese auch für mich schwerste Frage sprach ich zum ersten Male bei einem Besuch in Hamburg mit meiner früheren Schülerin, Marion Gräfin Dönhoff, die bereits damals in leitender Position an der »Zeit« tätig war. (Sie hatte in meinem Seminar 1932 den Spitznamen »Die rote Gräfin« getragen, was ja doch wohl stark übertrieben war; aber sie war einsichtsvoll genug gewesen, 1933 die Frankfurter Universität mit der von Basel zu vertauschen, wo sie später bei Edgar Salin promovierte.) Marion Dönhoff nun gab mir den sehr klugen, von mir ernsthaft bedachten und endlich auch befolgten Rat: »Falls Sie sich entschließen sollten, eine Professur in Deutschland anzunehmen, so müssen Sie wissen, daß das für alle Beteiligten nur dann gut ausgehen kann, wenn Sie sich in der Lage fühlen, ohne Ressentiments zurückzukehren, wie schwer Ihnen das begreiflicherweise auch fallen mag.« Nicht zuletzt aufgrund dieser Mahnung, die mir übrigens später ähnlich von einigen anderen Bekannten und Freunden gegeben wurde, die daheimgeblieben waren, habe ich den Frankfurter Ruf nicht sogleich endgültig angenommen, sondern meinem alten Lehrer Gerloff, der mich gern als seinen Nachfolger gehabt hätte, und dem damaligen Dekan Heinz Sauermann vorgeschlagen, zunächst nur sozusagen »auf Probe«, das heißt als Gastprofessor, zu kommen. Ich hielte es, so schrieb ich meinen Frankfurter Kollegen, für gut, wenn beide Seiten erst einmal erprobten, ob sie noch oder wieder miteinander auszukommen vermöchten: Die Professorenkollegen (von denen mir etwa die Hälfte unbekannt war) und die Studenten sollten feststellen können, ob ich ihnen das böte, was sie von mir erwarteten, und ob sich nach allem Geschehen wieder menschliche Beziehungen herstellen ließen, und ich müsse meinerseits sehen, ob ich es innerlich und äußerlich fertigbrächte, mich über die düsteren Schatten der Vergangenheit – eine Vergangenheit, die ja immerhin fast zwei Jahrzehnte gedauert hatte – hinwegzusetzen und das Gefühl zu gewinnen, daß meine Rückkehr eine wirkliche Heimkehr sei.

Drei Tatsachen waren es dann, die mir das Wiedereinleben erleichterten und mich dazu bestimmten, Anfang 1952 die Frankfurter Professur definitiv zu übernehmen.

Zum ersten bekam ich schnell wieder Kontakt zu den meisten Frankfurter Kollegen, vor allem natürlich zu Gerloff, neben ihm besonders Heinz Sauermann und Erich Gutenberg, der freilich zu meinem Leidwesen bald nach meiner Rückkehr einen Ruf nach Köln annahm; ihm fühle ich mich aber bis auf den heutigen Tag menschlich und sachlich eng verbunden. Zweitens fand sich aus unterschiedlichen Gründen eine Reihe von Freunden aus der Vor-Hitler-Zeit in Frankfurt ein, so Zachaus, Bersus, Kramers, Lauffers, Heyds sowie – in Gießen – der Psychiater Heinz Boening. Und drittens gestalteten sich meine Beziehungen zu den Studenten sehr erfreulich. In der Tat wurde der letzte Anstoß zu dem Entschluß, den Frankfurter Ruf anzunehmen, durch einen Besuch ausgelöst, den mir eine kleine Studentenabordnung anläßlich meines 50. Geburtstags abstattete. Ich verbrachte diesen Tag ganz allein in meinem möblierten Zimmer, als diese Abordnung kam und mir einen Blumenstrauß sowie eine Liste überreichte, die die Unterschriften von Hunderten von Studierenden trug und der die Bitte beigefügt war, meine Gastprofessur in eine dauernde umzuwandeln. Nicht nur die damalige Studentengeneration, sondern auch ihre Nachfolger in den nächsten zwei Jahrzehnten haben mir durch ihre Anhänglichkeit bewiesen, wie wichtig neben der Forschungsarbeit eines Professors die Lehrtätigkeit ist – das Gerede von der

»Ordinarienuniversität« ist zwar stark übertrieben (und von manchen unerfreulichen Folgen begleitet gewesen), hat aber in Einzelfällen doch eine gewisse Berechtigung gehabt. Wenn man sich um »seine« Studenten wirklich kümmert, und zwar auch in nicht-professioneller Hinsicht, so kann man auch mit denen in ein fruchtbares Gespräch kommen, deren politisch-gesellschaftliche Ansichten man nicht zu teilen vermag.

Zu Beginn meiner Tätigkeit waren freilich die meisten Frankfurter Studenten zu meinem Bedauern politisch völlig desinteressiert. Das war nach dem materiellen und ideellen Zusammenbruch des »Tausendjährigen Reichs« verständlich, und verglichen mit der ausgesprochen reaktionären, republikfeindlichen Gesinnung, die während meines eigenen Studiums kurz nach dem Ersten Weltkrieg an allen drei damals von mir besuchten Hochschulen durchaus dominierte, mochte es sogar als erfreulich gelten. Aber ich sah doch eine Gefahr darin, daß man sich auch fünf, sechs Jahre nach der »bedingungslosen Kapitulation« noch nicht zu Bemühungen um Erkenntnis der wirklichen Ursachen des totalen Kriegs und der folgenden totalen Niederlage des »Großdeutschen Reichs« bereit gefunden hatte; trotz der wenig glücklichen »Entnazifizierungs«-Aktionen waren eben doch zu viele »Rückgratlose« in ihren Ämtern belassen oder in diese relativ schnell wiedereingesetzt worden. Die kritische Besinnung begann erst viel später, und dann nicht immer in einer nach demokratischem Geschmack erfreulichen Art und Weise; sie war in erster Linie der Initiative von Studenten und einer (zunächst kleinen) Zahl jüngerer Professoren zu verdanken.

Das Einleben wurde mir übrigens in nicht allen Fällen durch Kollegen und Bekannte erleichtert. Bei einigen hatte ich innerliche Hemmungen zu überwinden, um ihnen mit der Unbefangenheit begegnen zu können, mit der sie mir entgegentraten, so, als sei inzwischen nichts gewesen, und ich fragte mich bisweilen unwillkürlich, wie sich die gleichen

Menschen mir gegenüber wohl ein Jahrzehnt früher verhalten hätten – insbesondere wenn ich von ihnen wußte, wie sie damals tatsächlich gehandelt und gesprochen hatten. Verdächtig war mir ohnehin schon seit meinen ersten kurzen Besuchen in Deutschland gewesen, daß es plötzlich fast nur noch Nazigegner und Widerstandskämpfer gegeben zu haben schien. Allen Ernstes behauptete etwa ein mir von früher her wohlbekannter Kollege, er sei unter dem Hitler-Regime schwer benachteiligt worden, weil er erst nach einigen Jahren einen Lehrstuhl an einer (größeren!) Universität erhalten habe. Dabei wußte ich, daß er einem gemeinsamen Freunde, der mit einer »halbarischen« Frau verheiratet war, mehrfach zugeredet hatte, sich von dieser scheiden zu lassen, um dadurch bessere Berufsaussichten zu erhalten. Als ich 1947 beim Mittagessen in der Heidelberger Mensa erstmals einen Studenten offen bekennen hörte, er sei ein überzeugter Nazi gewesen, konnte ich nicht umhin, aufzustehen und ihm die Hand zu geben mit der Bemerkung, es sei erfreulich, endlich einmal einem Menschen mit Zivilcourage zu begegnen, wenn ich natürlich auch die Tatsache seiner Nazivergangenheit aufs tiefste bedauerte.

Es waren keineswegs nur Angehörige meiner eigenen Fakultät, mit denen ich rasch in freundschaftliche Beziehungen trat, sondern auch Mitglieder anderer Fachbereiche, von denen ich beispielsweise den ungemein gebildeten und gelehrten Römischrechtler und Rechtshistoriker Helmut Coing, den sprachgewandten Professor für die Geschichte der Naturwissenschaften Willy Hartner und vor allem Franz Böhm nennen will. Mit Böhm, von Hause aus Wirtschafts-, speziell Kartellrechtler und Angehöriger des »Freiburger (Ordo-)Kreises«, habe ich viele Jahre lang im Wissenschaftlichen Beirat beim Bundeswirtschaftsministerium zusammengearbeitet. Er war Anfang der fünfziger Jahre unter Adenauer Leiter der Kommission gewesen, die gegen viele Widerstände das Wiedergutmachungsabkommen mit Israel ausgearbeitet hat. Von Anbeginn an war er aus rechtlichmoralischen Gründen ein erbitterter Nazigegner gewesen und hatte sich, ähnlich wie seine Schwiegermutter Ricarda Huch, die weltberühmte Dichterin und Historikerin, auch dann noch scharf gegen den Antisemitismus gewandt, nachdem das keineswegs mehr gefahrlos war. Als ein nationalökonomischer Kollege in Jena versuchte, Franz Böhm mit dem Reichsstatthalter Mutschmann zwecks Beilegung gegenseitiger »Mißverständnisse« auf einer kleinen gesellschaftlichen Veranstaltung persönlich bekanntzumachen, zu der auch Böhms Frau und Schwiegermutter geladen waren, schlug dieser Versuch in kürzester Frist fehl: Während des Tischgesprächs kam die Rede auf die Judenfrage, und Böhm, lebhaft unterstützt von Ricarda Huch, machte aus seinen den amtlichen strikt entgegengesetzten Überzeugungen so wenig Hehl, daß Mutschmann ein gerichtliches Verfahren gegen beide einleiten ließ. Dieses war allerdings verschiedenen Parteigrößen wegen des ungewöhnlichen Ansehens, das Ricarda Huch im In- wie im Auslande genoß, durchaus nicht angenehm, und man atmete auf, als die im Anschluß an die Annexion Österreichs Anfang 1938 verkündete Amnestie die Möglichkeit bot, die Verfahren gegen sie und Böhm einzustellen. Das Maß an Mut, das die beiden Angeschuldigten besaßen, erhellt aus der Tatsache – ich habe sie aus Böhms eigenem Munde erfahren –, daß Schwiegermutter und Schwiegersohn, ohne sich darüber zu verständigen, sie von Jena, er von Freiburg aus, telegrafisch gegen die Einstellung des Verfahrens protestieren und dessen Durchführung verlangten, natürlich ohne Erfolg.

Keinen inneren Kontakt konnte ich zu zwei Kollegen bekommen, die ihrerseits ebenfalls Emigranten gewesen waren, aber das »Dritte Reich« nicht in der Türkei, sondern in den Vereinigten Staaten überlebt hatten: Max Horkheimer und Theodor Wiesengrund-Adorno. Horkheimer hatte ich bereits vor 1933 kennengelernt. Er war schon damals mit dem Institut für Sozialforschung eng verbunden, war jedoch als Dozent und später Professor Mitglied der Philosophischen Fakultät, während das Institut in die Wirtschafts- und Sozialwissenschaftliche Fakultät integriert war, zu der ja auch der erste Institutsleiter, Carl Grünberg, als Ordinarius gehörte. Adorno hingegen war mir damals noch nicht persönlich, sondern nur aus einigen seiner Publikationen bekannt.

Unbestreitbar handelte es sich bei beiden um ungewöhnliche Persönlichkeiten mit einer außerordentlichen Ausstrahlungskraft. Sie haben sich als Begründer der sogenannten Frankfurter (»kritischen«) Schule Weltruf erworben. Aber wenn sie auch zu Beginn versuchten, mich mit hartnäckiger Freundlichkeit in ihren Kreis einzubeziehen, so stellte sich doch schnell heraus, daß wir in zahlreichen grundsätzlichen Fragen recht verschieden dachten und handelten. Jeder Nicht-Freund aber war für sie, die es sonst gewiß mit Empörung abgelehnt hätten, mit Lehren – hier: der »Freund-Feind«-Theorie – von Carl Schmitt, dem wohl einflußreichsten Rechtslehrer des »Dritten Reichs«, identifiziert zu werden, ein zumindest potentieller Feind. So konnte es nicht ausbleiben, daß ihre anfängliche Wärme mir gegenüber zunehmend einer gewissen Kühle, ja schließlich einer kaum mehr verhehlten Abneigung Platz machte. Zum Teil mochte diese sich aus der Tatsache erklären, daß ich bei einer offiziösen Gelegenheit, nämlich der Feier anläßlich des 60. Geburtstages von Horkheimer, in einer kurzen Rede, die ich in meiner damaligen Eigenschaft als Rektor halten mußte, sehr betont darauf hinwies, daß der wissenschaftliche Gründer des Instituts Carl Grünberg gewesen sei. Dieser nicht nur von mir sehr verehrte, ebenso liebenswürdige wie gelehrte Wiener Professor alten Stils, bekannt durch das von ihm begründete und herausgegebene »Archiv für die Geschichte des Sozialismus und der Arbeiterbewegung« (1911 ff.), war seinerzeit (1924) vor allem auf Betreiben meines Amtsvorgängers Wilhelm Gerloff nach Frankfurt berufen worden.

Zu einem faktischen, wenn auch nicht formellen »Abbruch« der Beziehungen zwischen uns aber kam es erst, als unsere Fakultät einen Nachfolger für den emeritierten Ordinarius für die Wissenschaft von der Politik Carlo Schmid suchte und dafür nach sorgfältigen Überlegungen und Prüfungen primo loco Golo Mann vorschlug, dieser aber vom damaligen hessischen Kultusminister Schütte deshalb nicht den Ruf erhielt, weil Horkheimer und Adorno groteskerweise ihn, Golo Mann, dem Minister gegenüber als heimlichen Antisemiten bezeichnet hatten. Diese Haltung von Horkheimer und Adorno hat mich zwar bestürzt, aber nicht allzu sehr verwundert; wußte ich doch aus den Kreisen ihrer – der philosophischen – Fakultät schon seit langem, daß die beiden jemanden, der in einer Frage einen anderen als ihren Standpunkt vertrat, des Antisemitismus zu zeihen neigten, was in der ganz überwiegenden Mehrzahl der mir bekanntgewordenen Fälle schlicht unzutreffend war.

Es ist zu keinerlei offenen Auseinandersetzungen zwischen Horkheimer bzw. Adorno und mir gekommen, wohl aber zu einer Entfremdung, die auch politische Motive gehabt haben dürfte. Denn im Gegensatz zu ihnen, die meines Erachtens die geistigen Grundlagen für einen sogenannten »linken Extremismus« haben legen helfen, ohne sich – unbegreiflicherweise – der möglichen politischen Fernwirkungen ihrer brillant formulierten Lehren immer ganz bewußt zu sein, bin ich schon frühzeitig der Auffassung gewesen (die ich auch öffentlich geäußert habe), es bestünde die Gefahr, daß solche Fernwirkungen zu einer ähnlichen Bedrohung einer fortschrittlichen Demokratieentwicklung führen würden, wie Horkheimer, Adorno und ich sie schon einmal Anfang der dreißiger Jahre erlebt hatten. Ich bekenne mich als unerschütterlichen Anhänger eines humanistisch-sozialen, in der klassischen Aufklärung verwurzelten politischen Systems und bin nach wie vor überzeugt, daß »linker« Radikalismus und Terrorismus nach aller geschichtlichen Erfahrung in Deutschland keine Chance haben, die Macht an sich zu reißen. Eher steht zu befürchten, daß sie eine verhängnisvolle Reaktivierung rechtsradikaler Strömungen bewirken, von der die geistigen Führer der »Linken« sich – sofern sie dann dazu noch in der Lage sind – zu spät eingestehen werden, das hätten sie nicht gewollt. Es spricht manches dafür, daß auch Adorno und Horkheimer gegen Ende ihres Lebens, als nicht wenige ihrer früheren Schüler sich resignierend von ihnen abwandten, ähnliche Empfindungen gehabt haben.

Abschließend möchte ich noch einige Schwierigkeiten hervorheben, mit denen viele Remigranten bei ihrer Rückkehr zu kämpfen und die sie großenteils nicht antizipiert hatten.

Einmal hatte sich die deutsche Sprache unter der Hitler-Diktatur und dann, wenngleich in ganz anderer Richtung, in den Jahren der Besetzung – speziell der amerikanischen – stark verändert, und zwar für mein Empfinden in einer sehr unerfreulichen Weise. Noch einmal stießen wir, wenn auch in erheblich geringerem Maße, auf Sprachbarrieren, die uns zwei Jahrzehnte zuvor zu Beginn unserer Tätigkeit in der Türkei so viel zu schaffen gemacht hatten. Für einen Hochschullehrer, insbesondere wenn er ein geisteswissenschaftliches Fach vertritt, ist die Mißhandlung der Muttersprache, ist der Mangel an Gefühl dafür, was, wenn auch nicht geradezu grammatikalisch falsch, so doch grob oder unschön ist, schwer erträglich, und zwar auch außerhalb des Bereichs der besonders schlimmen Wörter, die Dolf Sternberger in seinem »Wörterbuch des Unmenschen« analysiert hat. Mir genügte es schon, wenn fast alle Welt lobend von der »Einsatzbereitschaft« eines Individuums sprach, ohne das Wofür zu berücksichtigen, oder etwas »verkraften« zu können glaubte, »auf mich zukommen« wollte oder nach amerikanischem Vorbild »genau« (= »exactly«) sagte, wenn schlicht »jawohl« oder »das stimmt« gemeint war. Die Empfindung für eine grammatikalisch korrekte, gut gegliederte Rede schien mir weitgehend verlorengegangen zu sein, und ich befürchte ferner, daß vieles von dem, was man heute nicht zu Unrecht als philosophisches und namentlich politologisches oder soziologisches »Parteichinesisch« bezeichnet, der Klarheit des Denkens und der Kommunikation nicht eben zuträglich ist.

Eine materielle Schwierigkeit beim Wiedereingewöhnen hing damit zusammen, daß im weitgehend zerstörten Deutschland, nicht zuletzt in einer durch Bombardements so stark verwüsteten Stadt wie Frankfurt, Wohnungen auf lange Zeit hinaus eine ausgesprochene Mangelware bildeten. Während meines ersten Gastsemesters (1950) wohnte ich wie in längst vergangen geglaubten Studententagen als »möblierter Herr« in einem Haus in der Gräfstraße hinter der Universität. Da meine Frau damals noch überwiegend in Istanbul wohnte und meine Tochter in Heidelberg studierte, hatte ich die beiden Zimmer zwar meist für mich allein; dennoch waren die Verhältnisse alles andere denn befriedigend für einen Professor, der viel zu Hause zu arbeiten gewöhnt war. Denn in der insgesamt fünf Zimmer umfassenden Wohnung wohnten außer mir noch die Besitzerin (eine Witwe), deren berufstätige Tochter, ferner eine Polin, die zu den »displaced persons« gehörte, mit ihrem kleinen Sohn, sowie ein junger italienischer Philosoph, der trotz all meiner Bitten an seiner Gewohnheit festhielt, bis in die frühen Morgenstunden hinein auf der Maschine zu schreiben, was meinem Schlaf nicht eben zuträglich war. Darüber hinaus empfing besagte Polin häufig Herrenbesuche von wechselnder Zusammensetzung, was dazu führte, daß bisweilen frühere oder simultane Liebhaber dieser Dame nachts schellten und, wenn ihnen kein Einlaß gewährt wurde, auf der Straße Krach schlugen. Überdies waren viele Häuser in der Gräfstraße noch in einem weitgehend zerstörten Zustand, und eines Abends stürzte, wie das damals häufig geschah, bei einem Sturm das dem unseren gegenüberstehende Haus unter lautem Getöse zusammen. Als Röpke mich einmal besuchte, machte ich mir den Scherz, ihn vor dem eben erwähnten Haus zu fotografieren, und diese Trickaufnahme hatte den gewünschten Erfolg: Fast jeder, dem ich sie zeigte, fragte mich, auf welchem Berg diese Aufnahme gemacht worden sei, glich doch das Ruinenhaus tatsächlich einem Geröllhaufen, wie man ihn ähnlich im Hochgebirge antrifft.

Als ich mich in den dreißiger Jahren – zunächst schon aus Sprachgründen – sehr mühsam in die rechtlichen und sozialen Rahmenbedingungen des türkischen Wirtschaftslebens einzuarbeiten hatte, ahnte ich nicht, daß ich in den fünfziger Jahren, wenn auch in sehr viel bescheidenerem Maße, nach der Rückkehr in Deutschland mich abermals einer ähnlichen Aufgabe gegenübersehen würde. Natürlich hatten sich, nicht zuletzt auf meinem Spezialgebiete, der Finanzpolitik, die gesetzlichen Vorschriften in zwei Jahrzehnten stark verändert, und es brauchte eine gewisse Zeit, bis ich diese Änderungen verarbeitet hatte – um so mehr, als ja die Gesetzgebung gerade damals nicht stillstand.

In einer günstigeren Position befand ich mich dagegen in bezug auf die neuere theoretische – speziell ausländische – Literatur. Hier hatte ich sogar einige Zeit einen Vorsprung vor den meisten meiner deutschen Kollegen; denn während diese viele Jahre hindurch von der internationalen Forschung so gut wie völlig abgeschnitten waren, hatte ich es trotz meines exzentrischen Arbeits- und Wohnsitzes ermöglichen können, die ja gerade seit 1936 dank der Keynesschen Lehren weitgehend revolutionierte Nationalökonomie in ihren Fortschritten einigermaßen zu verfolgen und sogar mit einigen französischen, schweizerischen, italienischen und anglo-amerikanischen Gelehrten in schriftlichem Kontakt zu bleiben.

Nun mußte ich bei meiner Rückkehr feststellen, wie man einander auf manchen Gebieten kaum mehr verstand, und zwar wegen des doppelten Einflusses der noch nicht ganz überwundenen Hitlerschen Dogmen und der langen geistigwissenschaftlichen Autarkie, die im »Dritten Reich« zugunsten der Entwicklung einer »deutschen Wirtschaftswissenschaft« proklamiert und weitgehend tatsächlich befolgt worden war. Ich erinnere mich noch deutlich an die Beschämung, die ich empfand, als 1951 eine skandinavische Delegation von Professoren und (älteren) Studenten nach Frankfurt kam und mir der Leiter nach einem Kolloquium sagte, man könne ja leider überhaupt nicht mehr wissenschaftlich mit deutschen Studenten diskutieren. Glücklicherweise gelang es dann jedoch in verhältnismäßig kurzer Zeit, den Anschluß an die ausländische Forschung wiederzugewinnen. In erster Linie zu verdanken war das den »drei großen Erichs« unserer Disziplin: meinem alten Freund Erich Preiser in Heidelberg (später in München), Erich Schneider in Kiel (er hatte mir, als ich noch Zweifel hegte hinsichtlich der Richtigkeit meines Entschlusses, den Frankfurter Ruf anzunehmen, besonders stark zur Annahme geraten) und Erich Gutenberg, der mit Recht als Begründer der modernen Betriebswirtschaftslehre in Deutschland gilt. Angesichts des Tempos, in dem die Wirtschaftswissenschaften ihren gewaltigen Nachholbedarf zu befriedigen vermochten, könnte man beinahe, in Analogie zum viel bestaunten »deutschen Wirtschaftswunder«, das im schnellen Wiederaufbau einer weitgehend zerstörten Volkswirtschaft erblickt wurde, von einem »Wunder der deutschen Wirtschaftstheorie« sprechen. An ihm hatten neben den genannten Drei natürlich noch manche anderen Anteil – in Frankfurt insbesondere Heinz Sauermann.

Trotz der Schwierigkeiten, die mit der Remigration verbunden waren, gab es aber auch erfreuliche und ermutigende Erfahrungen, zu denen neben der Lehrtätigkeit die Aufforderung gehörte, in zwei Wissenschaftlichen Beiräten von Bundesministerien mitzuwirken.

Ich betrachte es als einen glücklichen Zufall, daß ich buchstäblich wenige Minuten nach meiner Ankunft in der Frankfurter Universität im März 1950 (also noch als Gastprofessor) von dem damaligen Ministerialdirektor im

Finanzministerium und späteren Präsidenten des Bundesfinanzhofs Mersmann telefonisch gebeten wurde, Mitglied des gerade neugebildeten Beirats dieses Amtes zu werden. Ich gehöre diesem Beirat bis heute an und habe in ihm und durch ihn außerordentlich viele Anregungen empfangen und Freundschaften begründen können. Von den ersten Beiratsmitgliedern, zu denen unter anderem meine früheren Lehrer Terhalle und Gerloff gehörten, überdies die mir schon aus der Vorkriegszeit bekannten Kollegen Ritschl, Schmölders und Stucken, leben nur noch die drei letzteren; außer mit ihnen verbinden mich enge sachliche wie menschliche Beziehungen noch mit einer ganzen Reihe von älteren und namentlich auch jüngeren Mitgliedern des Beirats.

Ich glaube, alle Beiratsangehörigen profitieren von diesen regelmäßigen Kontakten mit den Vertretern der politisch verantwortlichen Finanzpolitik außerordentlich – sei es für ihre Lehrveranstaltungen, sei es für ihre theoretischen Arbeiten, die auf diese Weise der Gefahr entgehen mögen, sich in gar zu abstrakten modelltheoretischen Untersuchungen zu erschöpfen. Obwohl sich im Laufe der Zeit begreiflicherweise die personelle Zusammensetzung des Beirats erheblich verändert hat und auch die Vorsitzenden (Terhalle, Jecht, Neumark, Timm) mehrfach wechselten, hat sich der Finanzbeirat (um ihn kurz so zu nennen) in den nun fast drei Jahrzehnten seines Bestehens eine erstaunliche Homogenität, wenn schon nicht der Ansichten, so doch der Arbeitsweise, der Diskussionen und des wechselseitigen Respekts bewahrt. Als Hauptgrund dafür sehe ich an einmal die Tatsache, daß der Beirat sich ausschließlich nach eigenem Beschluß ergänzt (und das heißt zugleich: verjüngt) – der Minister beruft zwar, aber er hat kein Vorschlagsrecht und kann also zum Mitglied nur jemanden berufen, den die Beiratsmehrheit vorgeschlagen hat – ; als zweites scheint mir von kardinaler Bedeutung zu sein, daß unsere Arbeit im Beirat, die ja neben der Teilnahme an den Plenarsitzungen zeitraubende Arbeiten in Kommissionen usw. umfaßt, von Anfang an ehrenamtlich gewesen ist. Durch diese beiden Voraussetzungen ist die vollständige wissenschaftliche Unabhängigkeit der Beiratstätigkeit garantiert.

Da ich immer versucht hatte, die Finanzwissenschaft nicht isoliert zu betreiben, sondern sie als integrierenden Bestandteil einer umfassenden, auch politisch-soziale Faktoren gebührend berücksichtigenden Wirtschaftswissenschaft zu verstehen, war es für mich eine besondere Freude, daß ich kurz nach meiner Ernennung zum Mitglied des Finanzbeirats die Aufforderung erhielt, auch Mitglied des Wissenschaftlichen Beirats beim Bundeswirtschaftsministerium zu werden. Ich folgte dieser Aufforderung nicht nur aus dem angedeuteten sachlichen Grunde gern, sondern auch deshalb, weil dieser Beirat damals von dem von mir besonders verehrten Bonner Kollegen Erwin von Beckerath geleitet wurde, der dank seiner universalen Bildung und einer starken Ausstrahlungskraft eine ungewöhnliche Autorität besaß. (Im Vorsitz folgten ihm nach seinem Ableben Hans Möller und Hans-Karl Schneider.) Auch im Wirtschaftsbeirat ergaben sich rasch zahlreiche freundschaftliche Beziehungen – im ersten Jahrzehnt insbesondere zu Erich Preiser, Theodor Wessels und Wilhelm Kromphardt, die mit einigen anderen und mir damals das nachts tagende »Redaktionskomitee« bildeten.

Weniger angenehm und ergiebig war meine Tätigkeit als erster Vorsitzender des im Anschluß an die Rentenreform (Schaffung einer sogenannten »dynamischen Altersrente«) 1957 errichteten Sozialbeirats. Ich erkannte bald, daß ich wenig geeignet war, Diskussionen zwischen formal unabhängigen, faktisch aber (von den sie entsendenden Organisationen) weisungsgebundenen Persönlichkeiten zu leiten; aus dieser Erkenntnis zog ich nach einem Jahre die Konsequenzen und demissionierte zusammen mit den übrigen damaligen Ratsmitgliedern. Mindestens ein Teil der Überlegungen, die in unserem Demissionsschreiben zur Begründung unseres Schrittes angeführt wurden, dürften heute noch (oder wieder) als stichhaltig anerkannt werden; entscheidend war dabei die Überzeugung, daß die alljährliche schematisch-automatische Anpassung der sogenannten Bestandsrenten unter Umständen für das ganze System und die wirtschaftliche Stabilität schwere Gefahren mit sich bringen könnte.

Weit erfreulicher war die Arbeit im Wissenschaftsrat, dem der spätere Bundeswirtschaftsminister Karl Schiller und ich als Vertreter der Wirtschaftswissenschaften angehörten. Als der Vorsitzende des Rats den Mitgliedern vorschlug, auch für eine zweite Wahlperiode beisammen zu bleiben, vertrat ich jedoch die Ansicht, eine Kombination von personeller Stabilität und Veränderung schiene mir besser zu sein, und trat daraufhin zurück. Schiller schloß sich meinem Vorgehen an, das ich noch heute – auch für andere ähnliche Gremien – für richtig halte.

Es war unvermeidlich, daß ich auch seitens der Frankfurter Universität wiederholt zu administrativen Aufgaben herangezogen wurde, obwohl ich mich dafür als nicht sonderlich geeignet ansehe. Gleich mehreren anderen Türkei-Remigranten hatte ich ein Jahr das Dekanat und zweimal – mit einem siebenjährigen Abstand – das Rektorat zu verwalten. Das habe ich zwar als eine Ehre empfunden, und manche der mit jenen Ämtern verbundenen Aufgaben haben mir auch Spaß gemacht. Aber im großen und ganzen bedeuten derartige verwaltungsmäßige Verpflichtungen doch eine Ablenkung von den rein wissenschaftlichen Arbeiten und auch eine Schwächung der Lehrtätigkeit. Dabei ließen sich natürlich die Aufgaben eines Rektors in den Jahren 1954/55 und 1961/62 auch nicht entfernt mit der Arbeitsbelastung vergleichen, die ein Universitätspräsident heute zu tragen hat.

Einen Vorteil allerdings hatte das Rektorat: Es bot mir die Gelegenheit, eines meiner Hobbys zu reiten und den Versuch zu unternehmen, meine gegenwärtige Disziplin, die Wirtschaftswissenschaft, mit jener zu kombinieren, die einmal im Mittelpunkt meiner Interessen gestanden hatte: die Literaturwissenschaft. So wählte ich 1954 für meine Rektoratsrede etwas unorthodox »Wirtschaftsprobleme im Spiegel des modernen Romans« zum Gegenstand. Als diese Rede in Buchform erschienen war, sandte ich Thomas Mann ein Exemplar, was sich sachlich dadurch rechtfertigen ließ, daß ich darin ziemlich ausführlich auch auf die »Buddenbrooks« eingegangen war. Der Dichter schickte mir daraufhin einen langen handschriftlichen, vom 10. Januar 1955 datierten Brief aus Kilchberg. Ich erwähne ihn hier aus einem literarhistorischen Grund. Thomas Mann war damals, worauf er zu Beginn des Briefes ausdrücklich hinwies, mit der Ausarbeitung seiner berühmten Schiller-Gedenkrede beschäftigt, die er dann in Stuttgart vortrug. Ich war unter den Zuhörern und traute meinen Ohren kaum, als ich plötzlich in dieser Rede einen Satz vernahm, der mir bekannt vorkam und von dem ich dann feststellte, daß er in der Tat wörtlich dem Brief an mich entnommen war – nämlich der Satz:

»Bei allen phantastischen Fortschritten auf den Gebieten der Naturwissenschaften und Technik hat man den Eindruck der Verfinsterung und des rapiden Kulturschwundes, einer intellektuellen und moralischen Regression, welche die gräßliche Vision hervorruft, wie eine von Dummheit trunkene Menschheit unterm Ausschreien technischer und sportlicher Sensationsrekorde ihrem schon gar nicht mehr ungewollten Untergang entgegentaumelt«.

Golo Mann hat mir später gesagt, es sei nicht ungewöhnlich für seinen Vater gewesen, eine Formulierung, die er nicht mehr verbessern zu können glaubte, mehr als einmal zu verwenden. Was Thomas Mann mir über Knut Hamsun schrieb, enthielt freilich eine weit schärfere Kritik als etwa seine Worte in einem Brief vom März 1952 an Max Tau.

Daß meine Rückkehr schließlich doch zu einer Heimkehr wurde und es mir gelang, die inneren Schwierigkeiten zu überwinden, die sich aus den Gegensätzlichkeiten zwischen einem Nichtvergesssenwollen und -können einerseits, dem Bestreben, sich von Ressentiments freizuhalten, andererseits ergaben, verdanke ich neben meinen Freunden und Kollegen meinen engeren Mitarbeitern. Ich hatte mit ihnen ganz überwiegend in menschlicher wie sachlicher Hinsicht großes Glück. Meine ersten beiden Assistenten übernahm ich von Gerloff. Es waren das Paul Senf und Lore Poschmann-Kullmer. Senf war schon beinahe mit seiner Budgetfragen gewidmeten Habilitationsschrift fertig und wurde bald darauf nach Saarbrücken berufen, wo er noch heute als Professor tätig ist und einige Jahre auch das Finanzministerium des Saarlandes leitete; Lore Poschmann-Kullmer hat sich nach gründlichen Vorarbeiten in den Vereinigten Staaten mit einer Arbeit über das Splittingverfahren in der Einkommensbesteuerung habilitiert und lehrt nun schon viele Jahre als Ordinaria an der Universität Regensburg. Zu meinen späteren Assistenten zählt sodann Herbert Geyer, ein begabter Theoretiker, der an der City University von New York tätig und anscheinend dort so verwurzelt ist, daß man seine Rückkehr nach Deutschland als unwahrscheinlich ansehen muß. Meine letzten langjährigen Schüler und Assistenten, mir beide besonders ans Herz gewachsen, sind Helga Pollak, Steuertarifspezialistin und Ordinaria in Göttingen, und Norbert Andel, bekannt insbesondere durch seine schulden- und subventionstheoretischen Arbeiten, gegenwärtig Ordinarius in Gießen und Mitherausgeber des »Finanzarchivs« sowie der dritten Auflage des »Handbuchs der Finanzwissenschaft«. Noch manche anderen Mitarbeiter wären hier zu nennen, die, ohne sich der akademischen Laufbahn zuzuwenden, wertvolle wissenschaftliche und später auch praktische Arbeit – nicht zuletzt bei der Deutschen Bundesbank – geleistet haben, aber es sind ihrer so viele, daß ich sie hier nicht alle einzeln erwähnen kann. Mit den meisten von ihnen stehe ich nach wie vor in Verbindung.

Meine Aktivitäten in Deutschland haben mich nicht verhindert, den Kontakt mit ausländischen Wirtschaftswissenschaftlern aufrechtzuerhalten oder neue Kontakte dieser

Art herzustellen. Dem dienten nicht nur Gastprofessuren in New York und Basel, sondern auch die Teilnahme an zahlreichen internationalen Kongressen, vor allem solchen des »Internationalen Finanzinstituts« und der »International Economic Association«; dem »Council« der letzteren gehöre ich, nach vieljähriger Tätigkeit als einer der drei »officers« dieser internationalen nationalökonomischen Dachorganisation, die in erster Linie meinem Freunde Austin Robinson (Cambridge, England) Entscheidendes verdankt, bis heute an.

Schließlich noch ein Wort über meine Tätigkeit für die sogenannte Weltbank (Washington). Diese bat mich 1957, als Mitglied einer ihrer »Missionen« nach Bangkok zu gehen. Die Mission hatte die Aufgabe, das damals noch kaum »amerikanisierte« Land daraufhin zu untersuchen, wie ihm teils mit fremden, teils mit eigenen Mitteln zu einer vernünftigen, stabilen wirtschaftlichen Entwicklung verholfen werden könne. Die drei Monate, die ich mit etwa neun Kollegen aus verschiedensten Ländern in Bangkok verbrachte, zähle ich zu den anregendsten und interessantesten Perioden meines Lebens. Ich habe damals gelernt, daß einerseits alle »less developed countries« zwar gewisse gemeinsame Züge aufweisen, daß aber andererseits zwischen den einzelnen Entwicklungsländern ebenso große Unterschiede bestehen können wie unter entwickelten. Gewiß haben meine langjährigen Erfahrungen in der Türkei wesentlich dazu beigetragen, daß ich mich mit den thailändischen Persönlichkeiten in Regierung und Verwaltung – diesmal freilich ohne die geringsten Kenntnisse der Landessprache – relativ rasch verstand; aber zugleich ist mir doch bewußt geworden, daß ein Land wie Thailand uns »Westlern« noch weit fremder ist als die Türkei. Insbesondere dank den von Atatürk inspirierten Reformen hat sich die Türkei eben in vieler Hinsicht stark dem Westen, besonders Europa angenähert. Thailand hingegen, mag auch der Verbrauch an amerikanischen und europäischen Automobilen, an Coca Cola usw. stark gewachsen sein, ist uns nach Klima, vor allem aber Sprache, Religion und – dadurch bedingt – Denkgewohnheiten so außerordentlich fremd, daß man in Bangkok jeden Augenblick sich der Tatsache bewußt ist, im Fernen und nicht, wie in Istanbul oder auch Ankara, im Nahen Osten zu sein; den Fernen Osten aber voll zu verstehen scheint mir für einen Europäer nahezu unmöglich zu sein, auch wenn man die dortige Kultur sehr bewundert und unter einheimischen Mitarbeitern Freunde gefunden hat.

IM RÜCKBLICK: DER EINFLUSS DEUTSCHSPRACHIGER EMIGRANTEN AUF DAS TÜRKISCHE KULTUR- UND WIRTSCHAFTSLEBEN

Rund ein Vierteljahrhundert ist seit dem großen Experiment verstrichen, das die Türkei 1933 begann und das im wesentlichen etwa 1953 sein Ende fand. Diese Zeit sollte ausreichend sein, um rückblickend ein Urteil abgeben zu können über seine Erfolge und Mißerfolge – kurz, um eine Art von Bilanz zu ziehen.

Es konnte nicht ausbleiben, daß die Tätigkeit einer so großen Zahl ausländischer Professoren an den Hochschulen Ankaras und insbesondere Istanbuls einen tiefgreifenden Einfluß auf die Ausbildung der – nach geistigen Maßstäben – oberen Schichten des Landes ausübte. Bekanntlich betrachtete es die Regierung von Anfang an als eine unserer Hauptaufgaben, uns während unserer Vertragszeit sozusagen selbst überflüssig zu machen, das heißt bis zu deren Ablauf geeignete türkische Nachfolger in genügender Zahl auszubilden. Im allgemeinen hat die auf fünf Jahre begrenzte Dauer der ersten Verträge zur vollständigen Erreichung jenes Ziels allerdings nicht ausgereicht. Es kam daher zu Vertragsverlängerungen, und eine ganze Reihe von Professoren ist dann weit mehr als zehn Jahre, teilweise zwischen fünfzehn und zwanzig Jahren an einer der türkischen Hochschulen geblieben.

In den meisten Fällen, so glaube ich heute sagen zu können, ist die uns gestellte Hauptaufgabe erfüllt worden. Rein quantitativ war jedoch unser Einfluß hinsichtlich der Ausbildung von Juristen, Lehrern, Ingenieuren, Ärzten, Chemikern und Physikern, Mathematikern, Volkswirten usw. viel beträchtlicher. Vor der Universitätsreform von

1933 hatte nur eine ganz schmale Schicht, im wesentlichen Kinder von Wohlhabenden, die Möglichkeit zu einer vertieften, modernen Ansprüchen genügenden Ausbildung, die ganz überwiegend im Ausland erfolgte, und zwar in erster Linie in Frankreich, der Schweiz und Deutschland. Nun änderte sich das, und man kann wohl als eine Wirkung der Reform eine gewisse Demokratisierung des Hochschulwesens ansehen. Daß diese für die geistige Elite teilweise mit einer Niveausenkung verbunden war, soll nicht geleugnet werden, aber das ist keine Eigenart der türkischen Verhältnisse, sondern generell Begleiterscheinung der Entwicklung zu Massenuniversitäten. Sie wurde in der Türkei nicht unerheblich durch die Strenge der Prüfungen gemildert.

Bevor ich etwas näher auf die Mittel und Wege eingehe, durch die das Unterrichtsniveau gehoben werden sollte, sei erwähnt, daß – vor allem dank den Bemühungen des Rektors Cemil Bilsel – auch interessierten Kreisen der breiteren Öffentlichkeit (natürlich nur der städtischen) Möglichkeiten eröffnet wurden, von der Universitätsreform zu profitieren. Das geschah durch zwei Arten von Veranstaltungen: durch öffentliche Vortragszyklen, die in den Universitätsstädten stattfanden, und durch sogenannte Universitätswochen in mittleren Städten Anatoliens. Die Vortragszyklen, die jedenfalls in Istanbul viel Anklang bei den gebildeten Bürgern fanden, waren eine völlige Neuigkeit für die Türkei und eine wirksame Methode, nicht nur die Weiterbildung Erwachsener zu fördern, sondern auch diese mit den Hochschularbeiten und den Professoren bekannt zu machen. In sozialer Hinsicht fast noch wichtiger aber waren die »Universitätswochen« in der Provinz. Die erste, an die ich mich erinnern kann, fand kurz nach Kriegsausbruch in Konya statt, der ursprünglichen Residenz der Seldschuken-Sultane, eine seit 1466 in türkischem Besitz befindliche Stadt mit herrlichen Kunstdenkmälern, besonders einer schönen Moschee. In der islamischen Welt ist Konya bekannt als Wohnort des von dem persischen Mystiker Cemaleddin

Rumi (Beiname: Mevlama = »unser Herr«) gegründeten Ordens der tanzenden Derwische. Wahrscheinlich ist mir die Veranstaltung in Konya auch deswegen so gut in Erinnerung geblieben, weil ich bei dieser Gelegenheit zum ersten Male ein Flugzeug bestieg. Dieses bot nur eben Platz für die zehn oder zwölf Professoren aller Fakultäten, die an der Universitätswoche teilnahmen. Es war zweimotorig und konnte nicht etwa direkt nach Konya fliegen, sondern mußte eine Zwischenlandung in Ankara vornehmen. Man flog sehr niedrig, was den Vorteil hatte, daß man die unter uns liegende Gegend – so etwa den großen Salzsee (»tuz gölü«) – gut sehen konnte, aber den Nachteil, daß man heftig durchgeschüttelt wurde. Als wir auf dem winzigen Flugplatz von Konya ankamen, erwartete uns dort eine stattliche Anzahl von Würdenträgern, an der Spitze der Provinzgouverneur und der kommandierende General: dies ein äußeres Anzeichen dafür, welche Bedeutung man dem Ereignis beimaß.

Die Vorträge, die wir dann während einiger Tage hielten, behandelten Fragen, von denen wir glaubten, daß sie für die in der Provinz lebenden Ärzte, Rechtsanwälte, höheren Beamten usw. von Interesse sein könnten, und die Dankbarkeit, die uns, vor allem Rektor Bilsel, am Schluß zum Ausdruck gebracht wurde, zeigte uns, daß die Veranstaltung durchaus gelungen war. Speziell für uns ausländische Professoren war es keine leichte Aufgabe, uns leichtverständlich auszudrücken und namentlich auch die zahllosen Fragen nach den Vorträgen spontan und unkompliziert zu beantworten; aber weit schwieriger war es für mich, in leidlicher Verfassung ein Festessen zu überstehen, das nicht weniger als drei Stunden dauerte und bei dem ich, als das sechste oder siebte Gericht aufgetragen wurde, aufhörte, die Platten zu zählen.

Wenn ich mich nun wieder einer Betrachtung unserer Hauptaufgabe zuwende, dem Unterricht und dem Aufbau von Forschungseinrichtungen für die Studenten, so ist daran zu erinnern, daß es zu Beginn unserer Tätigkeit an Büchern, in denen die Hauptprobleme unseres Faches modern dargestellt waren, von tieferschürfenden Monographien zu schweigen, so gut wie völlig fehlte. Infolgedessen machten wir uns so schnell wie möglich daran, gemäß der uns in den Verträgen auferlegten Verpflichtung Lehrbücher für unsere Disziplinen bzw. Vorlesungen zu schreiben. Diese trugen teilweise mehr den Charakter von sogenannten »Scripten«, verfolgten aber bisweilen auch ehrgeizigere Ziele. Ich selbst habe eine (in mehreren Auflagen erschienene) zweibändige Allgemeine Wirtschaftstheorie, ein Buch über Außenhandels- und Agrarpolitik, den ersten Band einer Geschichte der volkswirtschaftlichen Lehrmeinungen, eine umfangreiche Sammlung finanzwissenschaftlicher Essays sowie eine Monographie über »Moderne Einkommensbesteuerung: Theorie und Praxis« veröffentlicht, aus der später (1947) mein in Bern in deutscher Sprache erschienenes Buch über den gleichen Gegenstand hervorging. Für das überraschend große Interesse, das speziell mein letztgenanntes Werk in der Türkei fand, spricht die Tatsache, daß es mehrere Auflagen zu je dreitausend Exemplaren erlebte, also in weit größerem Maße Verbreitung gefunden hat als die deutsche Fassung. Röpke, Rüstow, Dobretsberger und Isaac haben ebenfalls teils recht umfangreiche Lehrbücher verfaßt, die ins Türkische übersetzt wurden, und daneben verschiedene monographische Untersuchungen publiziert.

Auch die Vertreter der anderen Disziplinen haben dazu beigetragen, eine Lehrbuchliteratur modernen Stils in türkischer Sprache zu schaffen. In mehreren Fakultäten wurden überdies Reihen von monographischen Studien sowie Zeitschriften begründet, die nach bis dahin nahezu unbekanntem europäisch-amerikanischen Muster neuere theoretische Forschungsergebnisse, Überblicke über Entwicklung und Stand gewisser Problembereiche und empirische Untersuchungen türkischer und deutschsprachiger Gelehrter enthielten.

Ich selbst habe meinen größten Ehrgeiz darein gesetzt, eine anspruchsvolle wirtschaftswissenschaftliche Fachzeitschrift herauszubringen, von der ich zusammen mit zwei türkischen Kollegen als Hauptherausgeber zehn starke Bände redigiert habe. Darin wurden zwar in erster Linie, aber nicht ausschließlich Arbeiten von Angehörigen türkischer Hochschulen veröffentlicht, und zwar jeder Beitrag zur Gänze sowohl auf Türkisch als auch auf Englisch, Deutsch oder Französisch. Rückblickend scheint mir, es sei speziell dieser Zeitschrift – die offiziell »Revue de la Faculté des Sciences Economiques de l'Université d'Istanbul« bzw. »Istanbul Üniversitesi Iktisat Fakültesi Mecmuası« hieß – zu verdanken, daß ich, soweit der Krieg das zuließ, mit dem Ausland in Verbindung blieb und mein Name während der langen Emigrationszeit zumindest im nichtdeutschen Ausland nicht ganz in Vergessenheit geraten ist. Von französischen Nationalökonomen, von denen wir Originalbeiträge publizierten, nenne ich beispielsweise Victor Rouquet la Garrigue, Henry Laufenburger und François Perroux. Von letzterem stammt u. a. ein vielbeachteter Aufsatz: »La généralisation de la 'General Theory' (sc. von Keynes)«, der auf einen in Istanbul gehaltenen Vortrag zurückging. In der Nummer vom Juli 1948 erschienen dann als erster Beitrag eines Deutschen aus Deutschland ein Aufsatz über »Die Neuordnung des Zentralbankwesens in Deutschland« aus der Feder Heinrich Irmlers, damals bei der Bank Deutscher Länder, später lange Zeit Mitglied des Direktoriums der Bundesbank, sowie eine Darstellung der neueren holländischen Einkommensbesteuerung aus der Feder des Tilburger Finanzwissenschaftlers M. J. H. Smeets.

Daß alle unsere Publikationen, Lehrbücher wie Zeitschriften, mit vielfältigen Schwierigkeiten verbunden waren, dürfte allein schon wegen der Sprach- bzw. Übersetzungsprobleme einleuchtend sein. Es kam aber eine Reihe von technischen Erschwernissen hinzu, wie etwa die Tatsache, daß es anfangs keinen einzigen Setzer gab, der eine Fremdsprache verstand; angesichts dessen war es bewunderungswürdig, wie wenige Fehler sich in den nichttürkischen Texten der Zeitschriftenaufsätze fanden.

Als ich das Land verließ, hatte sich die Satz- und Drucktechnik bereits erheblich verbessert gegenüber den unvorstellbar primitiven Verhältnissen, die zu Beginn herrschten. Für diese ein Beispiel: Ich hatte versucht, meinen Lehrbuchverpflichtungen so schnell wie möglich nachzukommen, und daher meine französisch niedergeschriebenen Vorlesungen druckbogenweise veröffentlicht. Wann immer meiner Schätzung nach zwei Bogen fertig waren, übergab ich meinen Text dem Übersetzer, der, weil ihm das leichter von der Hand ging, den türkischen mit den alten arabischen Buchstaben niederschrieb und diesen Text – von dem natürlich keine Kopie existierte – dann der Druckerei zum Setzen aushändigte. Diese Druckerei bestand aus zwei kleinen Räumen, die zusammen nicht mehr als etwa 80 qm umfaßt haben dürften. Als eines Tages eine längere Stokkung in der Zusendung von Korrekturfahnen erfolgte, begaben mein Mitarbeiter und ich uns etwas beunruhigt in die Druckerei, um uns nach dem Grund der Verzögerung zu erkundigen. Nach einigem Hin und Her – es war im Winter 1933 – stellte sich heraus, daß ein Lehrbube (etwas durchaus Übliches) in der Druckerei übernachtet und, da er sehr fror, alles, was sich an Brennmaterial finden ließ, darunter auch den von uns vermißten Teil des Manuskripts meines Lehrbuchs, dazu benutzt hatte, sich ein Feuer zu machen.

Ein Autorenhonorar wurde zwar gewährt, aber in Naturalform, genauer: man erhielt 30 bis 50% der Zahl der Exemplare einer Auflage und konnte diese dann entweder mit einem bestimmten Rabatt (meistens 25%) direkt an die Studenten verkaufen oder seinen Anteil gegen einen etwas höheren Rabatt den Buchhändlern zum Verkauf überlassen. Selbstverständlich wählte ich den zweiten Weg, um so mehr, als mein Hauptverleger zugleich eine größere Buchhandlung besaß. Die Auflagen waren selbst nach deutschen Standards alles andere denn klein – im allgemeinen dreitausend Stück –, denn praktisch jeder Student, der bei einem hörte und folglich auch von einem geprüft wurde, erwarb solche Bücher. Das wurde ihm dadurch ermöglicht, daß die Regierung die Veröffentlichungen der Universität so stark subventionierte, daß ihr Preis auf einem für alle Studierenden erträglichen Niveau gehalten werden konnte. Mir erschien diese Politik durchaus vernünftig und sozial, denn wenn sie auch teilweise auf Kosten der Autoren ging, so erreichte sie doch den Hauptzweck, nämlich eine möglichst weite Verbreitung der Veröffentlichungen. Begreiflicherweise konnten private Autoren und Verleger damals nur in seltenen Fällen mit Universitätspublikationen erfolgreich konkurrieren. Überdies fehlte es lange an einer zentralen staatlichen Stelle, die eine geeignete Information über die von Universitätsangehörigen publizierten Arbeiten betrieben hätte. Auf diesen und einige Mängel des herrschenden Systems habe ich in einer Denkschrift hingewiesen, die ich dem Unterrichtsminister Hasan Ali Yücel am 28.4.1939 auf seinen Wunsch hin übermittelte und deren Anregungen großenteils befolgt wurden.

Was den Einfluß der ausländischen Professoren auf die materiellen Bedingungen und Institutionen des Landes anbelangt, so waren unsere Bestrebungen auf dem Gebiet von Wirtschaft und Finanzen zu Beginn vornehmlich darauf gerichtet, einem übertriebenen, zur zentralgelenkten Planwirtschaft hinneigenden Etatismus zu begegnen. Daß dieser angesichts der Erfahrungen des Osmanischen Reichs und des Zustands, in dem sich das Land bei Gründung der Republik befand, wegen der weitgehenden Vorherrschaft ausländischer Monopolunternehmen und mancher Beschränkungen der wirtschaftspolitischen Souveränität eine gewisse Berechtigung hatte, war um so mehr meine Überzeugung, als es an dynamischen türkischen Unternehmern zunächst noch fast vollständig fehlte. Diese Überzeugung wurde von meinen Kollegen Röpke und Rüstow nicht geteilt, doch führte das zu keinen schwerwiegenden Meinungsverschiedenheiten zwischen uns, da ich natürlich gleich ihnen den übertriebenen Bürokratismus sowohl in den meisten neugeschaffenen staatlichen Betrieben als auch insbesondere in den für außenhandelspolitische Maßnahmen zuständigen öffentlichen Stellen ebenso scharf wie sie kritisierte. Sicher hat der handelspolitische Interventionismus – um nicht zu sagen Dirigismus – sowohl den Export landwirtschaftlicher Erzeugnisse als auch den Import wichtiger Produktionsmittel oft stark verzögert und verteuert. Aber von einer solchen Kritik bis zur vollkommenen Ablehnung staatlicher Lenkungsmaßnahmen ist ein weiter Weg, und ich bin noch immer der Überzeugung, daß zwar in den neuen staatlichen oder staatlich subventionierten Industrieunternehmen, etwa auf dem Gebiet des Kohlenbergbaus, der Zementindustrie, der Zuckerindustrie, der Textilerzeugung usw. vieles hätte besser gemacht werden können, daß aber dennoch die »gemischte Wirtschaftsordnung« mit dazu beigetragen hat, daß die türkische Wirtschaft nicht mehr vollkommen unentwickelt ist, sondern ein Niveau erreicht hat, das man je nach Geschmack als »mittel-entwickelt« oder »noch ungenügend entwickelt« bezeichnen kann.

Man darf schließlich, um gerecht zu urteilen, auch nicht vergessen, daß noch in den dreißiger Jahren die überwiegende Mehrheit der türkischen Bevölkerung in heute kaum mehr vorstellbaren dürftigen Verhältnissen lebte und eine außerordentliche Kapitalknappheit herrschte. Dafür zwei Beispiele: Eine Schachtel Zündhölzer kostete etwa 4 Pfennig; aber die anatolischen Bauern suchten bei ihrem Zündholzkonsum auf alle Weise zu sparen, so etwa dadurch, daß sie die Hölzer längs in zwei Teile spalteten (mir selbst wollte dieses Kunststück nie gelingen). Und zum anderen: Auf dem Markt von Kadiköy, unserem Wohnviertel, gab es einen armenischen Metzger, der hauptsächlich Wildschweinfleisch verkaufte, dessen Genuß Mohammedanern, wie bekannt, verboten ist, für das er jedoch in Kadiköy leidlichen Absatz fand, weil dort zahlreiche Griechen mit türkischer Staatsangehörigkeit und nichtmohammedanische Ausländer wohnten. Auch wir zählten zu seinen Kunden. Eines Tages nun kam er mit folgender Bitte zu mir: Er besitze angesichts der erheblichen Preissteigerung, die während des Krieges auch für Wildschweine eingetreten war, nicht mehr genügend Kapital, um ein ganzes Schwein kaufen zu können. Wenn ich ihm die nötigen 50 Lira, also etwa 100 Mark, vorschießen würde, wäre er seiner Sorgen enthoben; die Abzahlung könne am besten wohl in natura erfolgen, das heißt durch sukzessive Fleischlieferungen. Tatsächlich wurden wir dann mehrere Jahre hindurch auf dieser Basis mit Wildschweinfleisch versorgt.

Wir theoretischen Ökonomen stimmten also zwar darin überein, daß der Etatismus nicht ausarten und die sich langsam regende individuell-private Initiative nicht beeinträchtigt werden dürfe, waren jedoch hinsichtlich der Art und des Maßes staatlicher Interventionen nicht ganz einer Meinung. Erwähnenswert aber scheint mir die Tatsache zu sein, daß auch dann, wenn einer von uns einen wirtschaftspolitischen Standpunkt vertrat, der den offiziell proklamierten Intentionen der Regierung zuwiderlief, diese fast niemals Kritik an der Haltung der Professoren übte. Wir mußten wahrlich dankbar dafür sein, in einem Lande arbeiten zu können, wo man wissenschaftliche Erkenntnisse, auch wenn sie offiziell nicht genehm waren, ungestört und ungestraft verkünden und damit zugleich der Kritik der breiteren Öffentlichkeit unterbreiten konnte.

Mir selbst war es vergönnt, bei verschiedenen Gelegenheiten Einfluß auf spezielle wirtschafts- und finanzpolitische Entscheidungen zu nehmen.

Im Mittelpunkt meiner Bestrebungen stand mein Wunsch – der sich dank glücklicher Umstände dann weitgehend erfüllen sollte –, das Steuersystem des Landes modernisieren und rationalisieren zu helfen. Nachdem ich bereits mehrere Jahre in Istanbul verbracht, auch den »Geist von Ankara«, wie er in Regierung, Verwaltung und Parlament herrschte, etwas kennengelernt und einige andere Gegenden des Landes besucht hatte, war ich mir durchaus der großen Schwierigkeiten bewußt, die sich einer Verpflanzung von Finanzinstitutionen und -maßnahmen entwickelter westlicher Volkswirtschaften in die Türkei entgegenstellen würden. Denn diese gehörte ja damals noch zu den wirtschaftlich rückständigen Ländern mit einer hohen, 60% übersteigenden Analphabetenquote und hatte trotz gewisser Fortschritte eine qualitativ und quantitativ immer noch unzureichende Finanzverwaltung. Dennoch glaubte ich, daß die Türkei schon so weit war, daß man eine grundlegende Finanzreform in Angriff nehmen könnte, ja müßte, wenn man eine möglichst gerechte und inflationsfreie Finanzierung der wachsenden öffentlichen Aufgaben sichern wollte. Dazu gehörte meines Erachtens in erster Linie die Einführung einer umfassenden modernen Einkommensteuer.

Wie in den meisten Entwicklungsländern war auch in der Türkei damals das Steuersystem so strukturiert, daß sogenannte indirekte Abgaben, insbesondere Verbrauchsteuern, deutlich vorherrschten. Bei den »direkten« stand, wenn ich von der nicht sehr ertragreichen Grundsteuer absehe, eine Abgabe im Vordergrund, die einzelne Einkunftsarten, wie namentlich gewerbliche und freiberufliche Einkünfte auf der einen Seite, Löhne und Gehälter auf der anderen isoliert erfaßte. Bemerkenswerterweise wies diese Abgabe insofern moderne Züge auf, als sie neben gewissen persönlichen Freibeträgen eine Progression der Sätze kannte und auf die Einkünfte aus unselbständiger Arbeit das Quellenabzugsverfahren (Lohnabzug) anwandte. Diese Maßnahmen stellten allerdings im Rahmen einer partiellen und schon deshalb weitgehend objektiv gestalteten Abgabe einen Fremdkörper dar, der unsoziale Wirkungen hatte.

Wie schon an anderer Stelle erwähnt, fand ich bald in einem jüngeren, sehr fähigen und mit den europäischen, vor allem den deutschen Institutionen wohlvertrauten Finanzbeamten einen Mitstreiter, dessen Reformeifer dem meinen zumindest nicht nachstand: Ali Alaybek. Nach zahllosen Unterredungen mit den vorgesetzten Stellen gelang es uns schließlich, den Finanzminister und über ihn das Gesamtkabinett von der Notwendigkeit zu überzeugen, eine kleine Sachverständigenkommission zur Reform der Besteuerung einzuberufen. Diese Kommission, der außer Alaybek und mir der Oberfinanzpräsident von Istanbul angehörte, hat mehrere Jahre sehr intensiv gearbeitet und schließlich einen umfangreichen Bericht vorgelegt, in dem die Schaffung einer Abgabenordnung nach deutschem Muster sowie die Einführung einer Einkommen-, einer Körperschaftsteuer und einer Abgabe für kleinere – mittelständische – (Handwerks-) Betriebe vorgeschlagen wurde; letzteres deshalb, weil auf längere Zeit hinaus nicht erwartet werden konnte, auch solche Kleinbetriebe wirksam in eine moderne, mit Buchführungspflichten und dergleichen verbundene Einkommensteuer einbeziehen zu können.

Schon bald nach Bekanntwerden unseres Berichts und noch mehr, nachdem die darauf aufbauenden Gesetzentwürfe vom Finanzministerium ausgearbeitet waren, setzte ein heftiger, langwährender Kampf in der Öffentlichkeit ein, begreiflicherweise vor allem von den Kreisen geschürt, die von der Reform eine steuerliche Mehrbelastung zu erwarten hatten. Mehr als ein Jahr lang beschäftigten sich die allgemeine Presse und die Fachpresse, aber auch das Radio und die Berufsvertretungen, wie namentlich Industrie- und Handelskammern, mit den umstrittenen Projekten; Steuerreformkongresse, Protestversammlungen von Interessentenverbänden usw. waren an der Tagesordnung. Nicht nur die Regierung, sondern auch, ja vielleicht in erster Linie die Mitglieder der Reformkommission standen in einem ständigen, nervenzerrüttenden Verteidigungskampf. Jedenfalls haben sich in diesen Jahren meine Bekanntheit und meine Beliebtheit im Lande in umgekehrter Richtung entwickelt.

Trotz all dieser Reaktionen gelang es aber schließlich, kurz nach Kriegsende (1950) die Reformentwürfe im wesentlichen unverändert Gesetz werden zu lassen. Rückblikkend glaube ich noch immer, daß sie einen wesentlichen Fortschritt bedeuteten, und tatsächlich sind in den vergangenen knapp drei Jahrzehnten Einkommen- und Körperschaftsteuer Grundpfeiler des türkischen Steuersystems geworden, so daß ihre Beseitigung nicht mehr vorstellbar ist. Natürlich sind in der Zwischenzeit an dem Reformwerk wiederholt Änderungen vorgenommen und auch die ursprünglichen Sätze mehrfach erhöht worden. Dabei hat man leider die Inflationsauswirkungen nicht genügend berücksichtigt, und ebensowenig ist es bisher gelungen, die Einkünfte aus Landwirtschaft – die naturgemäß in der Türkei immer noch eine weit größere Rolle spielen als etwa bei uns – im möglichen und nötigen Maße der Einkommensteuer wirksam zu unterwerfen. Aber billigerweise muß zugegeben werden, daß auch die fortschrittlichsten westlichen Länder diese beiden Probleme keineswegs befriedigend zu lösen vermocht haben; es genüge hier auf das jüngste Gutachten der deutschen »Kommission zur Einkommensbesteuerung der Landwirtschaft« vom 21. Januar 1978 hinzuweisen, aus dem u. a. hervorgeht, daß die von der Landwirtschaft gezahlten Steuern heute nur rund 6% ihres Beitrags zum Nettosozialprodukt ausmachen, gegen noch etwa 20% vor fünfzig Jahren.

Eine zweite Möglichkeit für mich, auf die türkische Wirtschaftspolitik Einfluß zu nehmen, ergab sich bald nach Kriegsende, als mich der Direktor der Istanbuler Filiale der Zentralbank bat, ihm meine Ansichten über die Frage einer Abwertung der türkischen Lira schriftlich darzulegen. Ich hatte nach der Unterredung, die in diesem Zusammenhange geführt wurde, nicht die leiseste Ahnung, daß es sich um ein ganz aktuelles Problem handelte, sondern glaubte, ich sollte dem Zentralbankdirektorium nur gewisse grundsätzliche Überlegungen vortragen, die sich auf das Pro und Contra einer eventuellen Abwertung sowie gegebenenfalls deren erwünschtes Maß bezogen. Wenige Tage jedoch, nachdem ich meine kurze Denkschrift abgeschlossen und übergeben hatte, fand (wie üblich in solchen Fällen, an einem Sonnabend) eine Sitzung des Parlaments statt, in der der Ministerpräsident zur allgemeinen Überraschung und ohne daß ausnahmsweise die Massenmedien zuvor von einer derartigen Absicht Kenntnis erhalten hatten, eine Währungsabwertung per sofort bekanntgab. Als daraufhin von einigen Abgeordneten Kritik geäußert wurde, zog der Regierungschef mein – gar nicht für ihn bestimmtes – Gutachten aus der Tasche und verteidigte den Beschluß der Regierung nicht zuletzt damit, daß ein inzwischen im Lande ziemlich bekannter und mit den Verhältnissen vertrauter Universitätsprofessor sich zugunsten einer Abwertung der Lira ausgesprochen habe, wie sie nunmehr von der Regierung geplant sei.

Ein drittes und letztes Beispiel: Ich habe 1949 der Regierung auf deren Wunsch ein »Gutachten über die Möglichkeiten einer Rationalisierung der Staatsverwaltung« erstattet. Ich schrak vor dieser umfassenden Aufgabe zunächst zurück, zumal da mir dafür so gut wie keine technischen und personellen Hilfsmittel, wenn auch alle Informationsmöglichkeiten zur Verfügung gestellt wurden; ich ließ mich dann aber doch bereden, für einige Monate anhand von Stichproben in Verwaltungen, die prima vista als besonders reformierungsbedürftig angesehen wurden, in Ankara nach politisch durchsetzbaren administrativen Veränderungsmaßnahmen Ausschau zu halten. Ich habe nie erfahren, inwieweit diese meine Überlegungen und Vorschläge später faktisch in die Praxis Eingang gefunden haben, fürchte aber, daß das, wenn überhaupt, nur in einem sehr bescheidenen Maße der Fall gewesen ist.

Mehrfach wurde ich auch zu Beratungen von der Istanbuler Industrie- und Handelskammer zugezogen, so etwa, wenn es um die Frage einer Reform der Umsatzbesteuerung ging; dabei stießen meine Gedanken nicht selten auf Verständnis und Zustimmung.

Weniger detailliert vermag ich mich über die Einflüsse zu äußern, die von deutschsprachigen Professoren anderer Fakultäten ausgingen. Wie schon angedeutet, wurde die Ausbildung der Juristen, der Ärzte, der Naturwissenschaftler, der Sprachlehrer und schließlich die der Architekten in starkem Maße durch das Wirken der ausländischen Kollegen beeinflußt. Hinsichtlich des Sprachunterrichts war die Lage so, daß nicht zuletzt durch die von Leo Spitzer und anderen geförderte Errichtung einer Fremdsprachenschule, an der neben den deutschen und türkischen Professoren auch zahlreiche jüngere Assistenten tätig waren, für die bessere Ausbildung speziell in der deutschen Sprache gesorgt wurde. Was Französisch und Englisch betrifft, so wurden nun Studenten aus allen Fakultäten vielfach erst in die Lage versetzt, ausländische Literatur zu lesen und daraus für ihr Spezialfach Nutzen zu ziehen; vorher war das nur denen möglich gewesen, die eine der französischen oder englisch-amerikanischen Oberschulen der Stadt besucht hatten.

Zu dem Einfluß der ausländischen Professoren auf die medizinische Ausbildung und die ärztliche bzw. krankenhausmäßige Versorgung der Bevölkerung kann ich über das früher Angedeutete hinaus nur bemerken, daß in der Türkei, ähnlich wie in mehreren anderen mir bekannten Entwicklungsländern, diese Versorgung in den größeren und mittleren Städten weit besser war und ist als auf dem Lande. Der Hauptgrund dafür ist, daß die an die tatsächlichen oder eingebildeten Vorzüge des Stadtlebens gewöhnten jungen Ärzte nur schwer zu bewegen sind, sich auf die Dauer in Dörfern oder Kleinstädten niederzulassen. Staatliche Zwangsvorschriften, die diesem Mangel wenigstens teilweise abhelfen wollen, haben nach meinen Beobachtungen bislang nur wenig Erfolg gehabt.

Die Auswirkungen der Tätigkeit fremdsprachiger Musiker und anderer Künstler waren insbesondere hinsichtlich der Musikveranstaltungen in Form von Konzerten oder Opernaufführungen groß und nachhaltig. Neben den schon früher erwähnten Meistern, also vor allem Hindemith, Praetorius und Amar, seien noch genannt: Adolf Winkler, der Konzertmeister der ersten, und Gilbert Back, der Konzertmeister der zweiten Geigen des Ankaraer Orchesters war, sowie Walter Gerhard, der Violin- und Bratschenunterricht, und Friedrich Schönfeld, der Flötenunterricht am staatlichen Konservatorium erteilte. Viele von ihnen waren Österreicher und kamen erst nach dem »Anschluß« ihrer Heimat an das Hitler-Reich in die Türkei.

Als akademische Lehrer war unsere Hauptaufgabe, unsere Nachfolger heranzubilden. Es ist mir nicht möglich, hier alle türkischen Mitarbeiter aufzuzählen, geschweige sie ausführlich zu würdigen, die wir als unsere Schüler und Nachfolger bezeichnen könnten. Einmal war ich mit den meisten, die einer anderen als der Wirtschafts- und der Rechtsfakultät angehörten, nicht hinlänglich bekannt; zum anderen sind einige meiner jüngeren türkischen Kollegen inzwischen gestorben – so etwa Refii Şükrü Suvla, der mehrere Jahre mein Dozent war und sich speziell für Fragen des Geld- und Währungswesens interessierte, und mein ältester Mitarbeiter Muhlis Ete, der nach Kriegsende zeitweilig Handelsminister war. Schließlich und vor allem aber ist inzwischen eine neue Generation von Wirtschafts- und Sozialwissenschaftlern herangewachsen, auf die wir zumindest keinen persönlich-direkten Einfluß mehr ausgeübt haben. Die folgende Skizze wird daher viele Lücken aufweisen. Überdies gab es ja bereits zu der Zeit, als wir unsere Arbeit an den türkischen Hochschulen aufnahmen, eine Reihe türkischer Kollegen, die Dozenten, wenn nicht gar schon Professoren waren und folglich allenfalls durch intensiven und regelmäßigen Gedankenaustausch mit den ausländischen Professoren von diesen beeinflußt werden konnten. Hierher gehören unter anderem der mehrfach erwähnte Statistiker Ömer Celâl Sarc, der Soziologe Ziyaettin Fahri Fındıkoğlu, der Wirtschaftshistoriker Ömer Lûtfi Barkan, der Mathematiker Kerim Erim, der Hygieniker Muhiddin Erel und andere Mediziner sowie zahlreiche Juristen, wie beispielsweise der Zivilrechtler Ebululâ Mardin und der Verwaltungsrechtler Sıddık Sami Onar.

Neben Osman Okyar und Süphan Andıc möchte ich besonders Sabri Ülgeners, des früh verstorbenen Ahmed Ali Özekens, Orhan Dikmens, Feridun Ergins und Memduh Yaşas kurz gedenken, denn sie waren bzw. sind alle, nach teilweise recht langer Zusammenarbeit mit mir, Professoren geworden, die sich größtenteils dank ihrer Veröffentlichungen und ihrer Mitwirkung auf internationalen Kongressen eine gute Reputation erworben haben. Besonders herzlich verbunden fühle ich mich seit eh und je Sabri Ülgener. Dieser hat seine vorzüglichen Deutschkenntnisse auf der Deutschen Schule in Istanbul erworben. Er war weniger an Wirtschafts- und Finanzpolitik als an Problemen interessiert, die mindestens teilweise als soziologisch bezeichnet werden können – kein Wunder, da von Anfang an Max Webers Untersuchungen ihn stark anzogen. Er hat sich speziell mit dessen religionssoziologischen Arbeiten beschäftigt und diese in mancher Richtung ergänzt; zur Erklärung mag zum Teil die Tatsache dienen, daß er ein Sohn des früheren Mufti von Istanbul war, d. h. des obersten mohammedanischen Geistlichen der Stadt. Feridun Ergin wurde erst während des Kriegs mein Assistent. Er hat sich damals intensiv mit den theoretischen und praktischen Fragen der Kriegswirtschaft befaßt, die auch das Thema seiner Dissertation bildeten.

Memduh Yaşa nannte ich bereits. Er ist gegenwärtig Direktor des seinerzeit auf meine Anregung hin gegründeten Instituts für Finanzwissenschaft an der Universität Istanbul, das nach meinem Fortgang zunächst von Orhan Dikmen und dann von Bedi Feyzioğlu geleitet wurde. Alle drei haben sich mit finanztheoretischen sowie mit finanzpolitischen Fragen, die ihr Land betrafen, beschäftigt, so Dikmen mit Umsatzsteuerfragen, Yaşa mit Problemen der indirekten

Steuern und Feyzioğlu mit solchen des Budgetwesens. Nur partiell ein Schüler der deutschen Professoren ist der empirisch versierte, ursprünglich vor allem mit agrarpolitischen Untersuchungen hervorgetretene Mehmet Oluç; aber auch er fühlt sich als ein Hochschullehrer aus »unserer Zeit«.

Zu den jungen türkischen Kollegen, die von anderen deutschsprachigen Nationalökonomen ausgebildet wurden, zählt u. a. Orhan Tuna, der lange Zeit Kessler attachiert war und von diesem das Interesse für sozialpolitische Fragen übernommen hat. Im letzten Jahrzehnt hat er sich um Fragen des türkischen Gewerkschaftswesens sowie das Schicksal der türkischen Gastarbeiter in Deutschland gekümmert, letzteres in Zusammenarbeit mit seinem deutschen Kollegen Willy Neuling.

Wenigstens nennen möchte ich noch einige derjenigen türkischen Wissenschaftler, die von deutschsprachigen Professoren anderer Disziplinen ausgebildet wurden, die ich aber persönlich aus unterschiedlichen Gründen näher kennen und schätzen lernte. Dazu gehören etwa der – leider sehr jung gestorbene – Handelsrechtler Halil Arslanlı, ein Schüler von Ernst Hirsch, die Mitarbeiter von Andreas Schwarz: Frau Türkân Rado, Bülent Davran und Hıfzı Veldet, ferner Leo Spitzers Hauptschüler Nesterin Dirvana, Mina Urgan und Sabahettin Eyüboğlu, Ernst Reuters getreuer Mitarbeiter Fehmi Yavuz, Isaacs Schüler und Nachfolger Feridun Özgür, Reichenbachs begabter Mitarbeiter Nusret Hızır, der bekannte Internist Nebil Bilhan, der Erich Frank viel verdankt, sowie nicht zuletzt der Mathematiker Nazım Terzioğlu, der seine akademischen Studien zwar in Göttingen absolvierte, aber später noch von der Zusammenarbeit mit Richard von Mises profitieren konnte und bei meinem letzten Besuch in Istanbul (1976) Rektor der dortigen Universität war.

Wenn wir unsere früheren Mitarbeiter in gewissem Sinne als unsere »Kinder« ansehen, so haben wir inzwischen wohl alle türkische »Enkel« bekommen; denn natürlich ist in steigendem Maße eine neue Generation herangewachsen, die uns großenteils wenn überhaupt, so nur noch aus unseren Werken kennt, aber doch über unsere früheren Mitarbeiter noch in mancher Hinsicht indirekt durch unser Wirken beeinflußt ist.

DIE TÜRKEI DAMALS UND HEUTE

Es ist nicht meine Absicht und würde auch dem intendierten Charakter dieses Buches nicht entsprechen, wenn im folgenden eine eingehende Schilderung der gegenwärtigen wirtschaftlich-sozialen Situation der Türkischen Republik im Vergleich mit derjenigen gegeben würde, die wir 1933 vorfanden oder in der wir das Land Anfang der fünfziger Jahre verließen. Einige Feststellungen und Betrachtungen mögen jedoch diese Erinnerungen beschließen. Sie stützen sich vornehmlich auf die Eindrücke, die ich bei meinen wiederholten Reisen in das Land während der letzten zwei Jahrzehnte gewonnen habe.

Angesichts des verhältnismäßig langen Betrachtungszeitraums und der enorm schnellen Entwicklung, die Technik und Wirtschaft überall und wahrlich nicht zuletzt in der Türkei genommen haben, versteht es sich von selbst, daß zwar manches annähernd gleichgeblieben, anderes aber, und zwar das meiste, tiefgreifenden Wandlungen unterlegen ist.

Als erstes ist die ungewöhnlich starke Zunahme der Bevölkerung hervorzuheben, die auch für ein Entwicklungsland erstaunlich ist. Von rund fünfzehn Millionen Anfang der dreißiger Jahre wuchs die Bevölkerung dank einer anhaltend hohen Geburtenüberschußrate – etwa $2^{1}/_{2}\%$ – auf vierzig Millionen Mitte der siebziger Jahre. Bei starker regionaler Streuung und erheblichen Unterschieden nach dem Geschlecht hat das Analphabetentum wesentlich abgenommen, und zwar schätzungsweise von reichlich vier Fünfteln der über sechs Jahre alten Bevölkerung auf weniger als die Hälfte – was freilich immer noch zu hoch ist, zumal wenn man die regionalen und geschlechtsspezifischen Unterschiede in Betracht zieht.

Der materielle Wohlstand ist nicht unwesentlich gestiegen, wenn auch – wegen des erwähnten raschen Wachstums der Bevölkerung – je Kopf nicht so stark, wie man auf den ersten Blick bei Betrachtung der Globalziffern meinen könnte. Die Industrialisierung hat nicht geringe Fortschritte gemacht, aber die Ressourcen des Landes werden auch heute vielfach noch nicht optimal genutzt. Wie schon in anderem Zusammenhang angedeutet, ist die Türkei – gleich vielen anderen Entwicklungsländern – nicht der Gefahr entgangen, einen partiell zu rechtfertigenden staatlichen Interventionismus in Dirigismen entarten zu lassen, die der privaten Initiative häufig nicht ausreichend Spielraum lassen. Die Schwierigkeiten im Außenwirtschaftsverkehr und, damit zusammenhängend, in der Währungs-, speziell der Devisenlage, denen auch die häufigen Abwertungen der Lira nicht genügend abzuhelfen vermochten, sind zwar zum Teil mit einer zuweilen überstürzt erscheinenden Modernisierungspolitik und einer nicht immer auf gesamtwirtschaftliche Stabilität ausgerichteten Fiskal- und Geldpolitik zu erklären; sie haben aber doch auch andere Ursachen, für die die Türkei meines Erachtens nicht allein verantwortlich gemacht werden kann.

Seit langem schon wird auch die türkische Wirtschaft von jenem Übel beherrscht, von dem manche sich gerade für Volkswirtschaften mit starkem Bevölkerungszuwachs, die in Entwicklung begriffen sind, eine Lösung der Beschäftigungs- und Wachstumsprobleme versprechen, das aber in Wirklichkeit allenfalls vorübergehend und mit erheblichen sozialen Ungerechtigkeiten zu einer solchen Lösung beizutragen vermag, auf die Dauer jedoch eindeutig bekämpft werden muß: die Inflation. Sie begann im Kriege. Im letzten Jahrzehnt hat sie eine Dimension erreicht, die zumindest nach deutschen Maßstäben als nicht mehr tolerabel anzusehen ist. In der Tat bringen Geldentwertungsraten von jährlich mehr als 40% oder gar 50% für die ökonomisch rationelle Ressourcenverwendung, die Lohn-, die Steuerpolitik usw. derartige Schwierigkeiten mit sich, daß die ganze Wirtschaftsordnungspolitik in Frage gestellt wird. Die niedrigen Einkommen werden dabei besonders stark betroffen, da eine vollständige Anpassung der Löhne und namentlich der Gehälter an die Inflation nicht erfolgt, und überdies, wie überall, die progressive Einkommensbesteuerung aus verschiedenen Gründen – darunter in erster Linie die Unterschiedlichkeit der Veranlagungs- und Zahlungstechniken – die Einkünfte von Lohn- und Gehaltsempfängern bei gleicher Höhe, gleichem Familienstand usw. weit stärker belastet als die der Unternehmer. Zwar werden auch die »Reichen« teils durch die Besteuerung von Scheingewinnen, teils durch die von Zinsen und Dividenden, die bei Berücksichtigung der Geldentwertung eher eine negative Größe darstellen, von der Inflation betroffen. In einem Land wie die Türkei jedoch kann unterstellt werden, daß der Nettoeffekt inflatorischer Preissteigerungen auf die Besteuerung die Einkommensverteilung noch ungleichmäßiger gemacht hat, als sie ohnehin war.

Noch auf eine andere Gefahr sei hingewiesen. Wenn ein Staat in ökonomisch-finanzielle Schwierigkeiten gerät und er schließlich kein anderes Auskunftsmittel mehr sieht, als sich bei internationalen Institutionen oder – schlimmer – bei einzelnen Drittländern fortschreitend zu verschulden, so gerät er über die ökonomische hinaus leicht in eine politische Abhängigkeit, die er »an sich« durchaus nicht beabsichtigt. Gerade ein Land mit den bösen Erfahrungen der Vergangenheit – konkret: denen des Osmanischen Reichs in dem Jahrhundert vor dem Ersten Weltkrieg – sollte auch aus spezifisch politischen Gründen zu vermeiden trachten, daß seine wirtschaftspolitische Souveränität beeinträchtigt wird.

Das hängt freilich nicht nur von der Türkei ab, sondern setzt auch eine verständnisvolle Haltung des Auslands voraus. Ob eine solche Haltung in jüngerer Zeit immer und überall bestanden hat, kann bezweifelt werden. Die militärische Kraft der Türkischen Republik ist rein quantitativ gesehen erheblich gewachsen, und ihre geopolitische Lage macht sie – wie seit eh und je – zu einem außerordentlich wichtigen Faktor der Weltpolitik. Daß die Qualität der Ausrüstung der türkischen Verteidigungsstreitkräfte mit deren anerkannt hohen persönlichen Fähigkeiten nicht im Gleichgewicht steht, ist eine dem Lande selbst wie auch seinen Alliierten nicht unbekannte Tatsache. Es scheint jedoch, als hätten zumindest bis zum Ausbruch der Irankrise Anfang 1979 einige Länder, wie vor allem die Vereinigten Staaten, sich nicht hinlänglich klargemacht, daß ausreichende militärische Sachhilfe an die Türkei für die Aufrechterhaltung der Nato-Konzeption von lebenswichtiger Bedeutung ist. Dieses Verhalten hängt, wie ich glaube, nur zum Teil mit Problemen, die aus dem sogenannten Zypernkonflikt resultieren, und dem Einfluß der mächtigen »griechischen Lobby« in Washington zusammen; in höherem Maße dürfte es sich aus einer traditionellen Verkennung gewisser Eigenarten des türkischen Volkscharakters erklären. Um ganz offen zu sprechen: Der Beschluß des amerikanischen Senats, die Waffenhilfe an die Türkei zu stoppen, hat gefährliche Rückwirkungen auf die Empfindungen, auf den Stolz großer Teile der Bevölkerung gehabt und könnte unter Umständen selbst nach seiner Aufhebung dazu beitragen, eine Revision der Außenpolitik des Landes zu bewirken – eine Revision, wie sie von den Vereinigten Staaten und ihren Verbündeten auch im Zeitalter einer angestrebten »Entspannung« kaum als positiv angesehen werden dürfte.

Die volksparteiliche Regierung 1977–1979 unter Führung von Bülent Ecevit war ohnehin aus verschiedenen Gründen tendenziell weniger amerikafreundlich eingestellt als die meisten ihrer Vorgängerinnen. Sie befand sich damit sicherlich in Übereinstimmung mit der Volksmeinung, die ihrerseits vielleicht gerade dadurch zur herrschenden geworden ist, daß die US-Politik sich nicht sehr geschickt benommen hat. Dabei muß freilich bedacht werden, daß es in neuerer Zeit oft weniger die Exekutive als die Legislative gewesen ist, die taktisch unklug gehandelt hat – mindestens teilweise eine Nachwirkung der verhängnisvollen Nixon-Epoche. Zwar ist eine förmliche türkische Allianz mit Sowjetrußland nicht sehr wahrscheinlich; aber es gibt Zwischenlösungen, die auch als solche schon für den Westen recht peinlich sein könnten. In diesem Zusammenhange dürfte es nicht uninteressant sein, daß Ecevit gelegentlich seines Staatsbesuchs Mitte 1978 in der Bundesrepublik Deutschland nach dem von Kanzler Helmut Schmidt gegebenen Festessen mir gegenüber als sein Ziel eine »dynamische Außenpolitik« bezeichnete. Ob es Ecevits Nachfolger Demirel heute in gleichem Maße wie früher möglich sein wird, eine ausgesprochen pro-westliche Politik zu betreiben, erscheint zweifelhaft, hängt aber jedenfalls von der Rüstungshilfe ab.

Es ist für die neuere politische Entwicklung in der Türkei charakteristisch, daß, wie in vielen anderen europäischen Ländern, so auch hier eine Radikalisierung insofern eingetreten ist, als der Gegensatz zwischen rechtsextremen und linksextremen Gruppen bzw. Parteiflügeln sich verschärft hat mit der Folge, daß blutige Zusammenstöße, gerade auch unter den Studenten, stark zugenommen haben. Daneben ist zu erwähnen, daß – gleichfalls parallel der Entwicklung in manchen anderen Staaten wie Großbritannien (bis 1979), der Bundesrepublik Deutschland, Italien, Frankreich usw. – die türkischen Regierungen sich in den letzten Jahren nur mit einer schmalen Majorität an der Macht halten konnten, eine Majorität, die überdies dank der Bedeutung, die kleine Parteien erlangt haben, äußerst fragil war und infolgedessen der für eine straffe, klare Politik erforderlichen Homogenität der Zielvorstellungen ermangelte. In dieser Beziehung ist ein wesentlicher Unterschied gegenüber jenen Zeiten zu beobachten, in denen, wie während unseres Aufenthalts in dem Lande, die Volkspartei unter Inönüs Führung jeweils als Alleinpartei regierte; aber auch noch in der ersten Zeit nach dem Machtwechsel von 1950 besaß die damals regierende Demokratische Partei unter Menderes eine solide Mehrheit.

In den letzten zwei Jahrzehnten war sodann eine Wiederbelebung des Einflusses von Religion und Priesterschaft unverkennbar. Diese Erscheinung mag teilweise als Reaktion auf den ausgeprägten Laizismus verstanden werden, den Atatürk für unumgänglich gehalten und der in mancher Hinsicht ein Vakuum an ethischen Werten und Gefühlen hinterlassen hatte. Ob diese Reaktion sich noch weiter verschärft oder ihren Scheitelpunkt bereits überschritten hat, vermag ich nicht zu beurteilen. Die radikale Reislamisierungsbewegung vor allem im Iran, aber auch in einigen arabischen Ländern gibt jedenfalls zu denken.

Der Ausbreitung von Merkmalen äußeren Fortschritts hat jene Entwicklung allerdings bislang kaum im Wege gestanden. Wechselseitig verbunden mit einer starken Landflucht hat sich das Bild der türkischen Städte, und zwar nicht nur Istanbuls und Ankaras, seit unserem Fortgang gewaltig verändert. Wie man diese Veränderungen beurteilt, ist weitgehend eine Sache des persönlichen Geschmacks. Es liegt nahe, viele inneren und äußeren Umgestaltungen eines Landes, das man in einem bestimmten Zustand kennen und lieben gelernt hat, negativ zu beurteilen und vielleicht auch in ihrer wahren Bedeutung zu überschätzen. Ich möchte mich davor hüten, da ich am Beispiel Claude Farrères gerade in bezug auf die Türkei gesehen habe, wie man aufgrund von vorwiegend gefühlsmäßig begründeten Ansichten zu sachlich nicht voll berechtigten Urteilen kommen kann. Farrère (1876 – 1957; sein richtiger Name war Ch. E. Bargone), ein französischer Schriftsteller, der die vorkemalistische Türkei gut kannte und außerordentlich liebte, hat dieser Hochschätzung in mehreren Romanen, so namentlich in dem 1907 erschienenen »L'homme qui assassina« beredten Ausdruck verliehen. Er konnte sich dann mit den neuen Verhältnissen, wie sie sich nach der Gründung der Republik herausbildeten und unter anderem in der Verlegung der Hauptstadt von Istanbul nach Ankara manifestierten, nicht befreunden, sondern beklagte sie und trauerte der Vergangenheit nach, wie sich etwa in seinem Nachkriegsroman »Les quatre dames d'Angora« (1933) zeigte.

Mir erging es in gewisser Weise ähnlich, als ich in den sechziger und noch mehr den siebziger Jahren zu jenen Orten und speziell jenen Vororten Istanbuls zurückkehrte, die ich, ein, zwei Jahrzehnte vorher, in einem gänzlich anderen Zustande verlassen hatte. Zweifellos muß man unter ästhetischen Gesichtspunkten bedauern, daß an die Stelle der malerischen alten Holzhäuser und -villen, die sich freilich oft in einem Zustande fortschreitenden Verfalls befanden, nun häßliche Zementbauten, vielfach in Hochhausform, getreten sind, wie wir sie – leider! – auch aus wiederaufgebauten Städten der Bundesrepublik kennen, von denen der Vereinigten Staaten zu schweigen. Und ähnlich wie in vielen anderen, auch und gerade als »entwickelt« geltenden östlichen und westlichen Ländern stellt man sich unwillkürlich in der »neuen« Türkei bisweilen die Frage, ob Ausweitung und Hektik des modernen Verkehrs wirklich einen brauchbaren Indikator dafür abgeben, daß sich mit der Zunahme des meßbaren materiellen Wohlstands auch das entsprechend gehoben hat, was die moderne Wirtschaftstheorie mit dem englischen Terminus »welfare« bezeichnet. Aber sind diese Zweifel nicht vielleicht Ausdruck eines reaktionären Romantizismus und Individualismus, der die Vorteile, die die Industrialisierung den breiten Massen bringt, zu gering einschätzt?

Die Landflucht in die (Groß-)Städte – so charakteristisch für viele Entwicklungsländer, zumal wenn die erste Phase der Industrialisierung beendet ist – dürfte nicht unbedingt für eine Bejahung dieser Frage sprechen. Sie hat im übrigen ein wichtiges Komplement in der starken Auswanderung von Arbeitskräften, deren Hauptzielland jahrelang die Bundesrepublik war. Zu »unserer Zeit« spielte dieses Phänomen praktisch überhaupt noch keine Rolle. Seit dem Ende der sechziger Jahre hingegen hat es eine außerordentlich große Bedeutung für alle Beteiligten erlangt, im Hinblick auf die man vielleicht in Analogie zur »Zuflucht Deutscher am Bosporus« drei Jahrzehnte zuvor von einer »Zuflucht von Türken an Rhein und Main« sprechen könnte, wenn auch die Motive grundverschieden waren, ebenso wie es die Struktur der »Emigranten« ist.

Insgesamt gab es auf dem Höhepunkt der letzten Konjunktur (um 1973) bei uns rund zweieinhalb Millionen sogenannte Gastarbeiter, von denen die Türken mit rund einer halben Million zwischen einem Fünftel und einem Viertel ausmachten und damit eine Spitzenstellung einnahmen. Aber weder die absolute noch die relative Zahl der türkischen Arbeitskräfte zeigt das Problem in seiner ganzen Größe, da in steigendem Maße Familienangehörige nachgezogen werden: von der Ehefrau abgesehen vor allem Kinder, die zu Beginn der Bevölkerungsbewegung zunächst noch daheim gelassen und dort von Großeltern, Tanten usw. betreut wurden. So ist der Anteil der Türken an der bundesrepublikanischen Erwerbsbevölkerung zwar neuerdings, unter den Auswirkungen der Rezession, etwas zurückgegangen, aber ihr Anteil an der Wohnbevölkerung nimmt noch zu.

Ähnlich wie seinerzeit die deutschen Türkei-Emigranten, jedoch, unter Berücksichtigung des durchschnittlich niedrigeren Bildungsniveaus, in weit höherem Maße, sehen sich die türkischen Arbeitskräfte in Deutschland mit außerordentlich schwierigen Problemen konfrontiert. Die Arbeitgeber, zu denen sie kommen, verstehen nicht ein Wort ihrer Muttersprache, und die Verständigung über eine dritte Sprache ist ebenfalls ausgeschlossen. Das ist einer der Gründe dafür, daß die türkischen Gastarbeiter mindestens am Anfang, oft aber auch auf längere Frist unter sehr schlechten Lebensbedingungen zu leiden haben, von denen das Wohnproblem meist an erster Stelle steht. Zwar trifft es zu, daß ausländische Arbeitskräfte, und gerade auch Türken, sich mit nach deutschen Standards ungewöhnlich schlechten Behausungen zufrieden geben; denn sie sind von zuhause meist nichts Besseres gewöhnt und lieber bereit, ein paar Jahre in einer erbärmlichen Ein- oder Zweizimmerwohnung zu leben, als eine höhere Miete zu Lasten ihrer Ersparnisse zu zahlen. Aber erstens ist häufig die Miete selbst für diese Kleinstwohnungen unter Berücksichtigung ihres Zustandes stark überhöht und Ausdruck einer sozial unerträglichen Ausbeutungspolitik der deutschen Hausbesitzer, und zweitens ist die damit verbundene Konzentration in bestimmten Stadtvierteln ein weiterer Faktor für räumliche und gesellschaftliche Isolierung.

Gleichviel, ob die Konzentration in bestimmten Wohnvierteln von Städten – ausländische Arbeitskräfte wohnen ohnehin ganz überwiegend in Orten, die zu den Ballungsgebieten zählen – von den türkischen Gastarbeitern nun als positiv oder negativ empfunden wird: sie erschwert zweifellos die Einschmelzung in die deutsche Umgebung. Daß überdies einer solchen Assimilation vor allem sehr hohe sprachliche und religiöse Barrieren im Wege stehen, ist evident. Der Mangel an Kommunikationsmöglichkeiten führt unter anderem dazu, daß in Städten wie Frankfurt, München und Stuttgart die Bahnhöfe am Abend und an Feiertagen das bevorzugte Ziel von Gastarbeitern bilden, die dort Gelegenheit suchen, mit Landsleuten ein Gespräch zu führen und dabei ihr Bedürfnis nach Zusammengehörigkeits- und Heimatgefühl zu befriedigen. Treffen Türken – was selten genug der Fall sein dürfte – einmal einen Deutschen, der sich in ihrer Muttersprache mit ihnen unterhalten kann, so legen sie eine geradezu rührende Freude an den Tag. Alles in allem aber sind die An- und Einpassungsschwierigkeiten derart groß, daß es nicht Wunder nehmen kann, wenn laut einer Repräsentativuntersuchung der Bundesanstalt für Arbeit, die sich auf das Jahr 1972 bezieht, der Anteil der Gastarbeiter, die auf Dauer in der Bundesrepublik bleiben möchten, für Türken mit 9% nur einen geringen Teil der entsprechenden Rate für Gastarbeiter aus den EG-Ländern (29%) beträgt.

Diesen Unterschieden entsprechen solche im Sparverhalten. 1976, als die Türken knapp 25% der ausländischen Arbeitskräfte ausmachten, belief sich ihr Anteil an der Summe der von den in der Bundesrepublik beschäftigten Gastarbeitern in ihre Heimatländer vorgenommenen Überweisungen auf ein Drittel; er war also überdurchschnittlich hoch. Der Wunsch der meisten Türken geht dahin, in möglichst kurzer Zeit sich ein kleines Kapital zu ersparen, das ihnen erlaubt, bald wieder in die Heimat zurückzukehren und sich dort eine bescheidene selbständige Existenz, zum Beispiel als Taxibesitzer, zu gründen. Für den Fall, daß sich diese Hoffnung nicht verwirklichen läßt, erwarten sich heimkehrende Gastarbeiter zumindest eine bessere Bezahlung als ihre daheimgebliebenen Kollegen, da sie nunmehr, dank ihren in der Bundesrepublik erworbenen Kenntnissen und Fähigkeiten, als »qualifizierte« Arbeitskräfte gelten.

Ein besonders schwieriges, ja im Grunde kaum lösbares Problem stellt die Schulausbildung der Kinder türkischer Gastarbeiter dar. Sowohl der Wille zu regelmäßigem Schulbesuch bei Eltern und Kindern als auch die personellen Voraussetzungen für einen effizienten, den Besonderheiten dieser Kinder angepaßten Unterricht fehlen weitgehend. Ich will hier nicht auf Einzelheiten eingehen, möcht aber auf das Grundproblem als solches hinweisen. Dieses kann meines Erachtens nur dann leidlich befriedigend gelöst werden, wenn man sich auf beiden Seiten dazu entschließt, in der Bundesrepublik Schulen zu errichten, die für türkische Kinder reserviert sind und in denen zwar auch Deutschunterricht erteilt wird, die wichtigsten Fächer aber von türkischen Lehrern gelehrt werden. Dann kämen die Kinder in ihre Heimat mit Kenntnissen zurück, die sie dort besser verwerten könnten als das, was sie unter den gegenwärtigen Verhältnissen bei uns lernen. Sind die Eltern freilich zu dauerndem Aufenthalt in Deutschland berechtigt und wollen sie von diesem Recht auch Gebrauch machen, so ist den Kindern selbstverständlich der Besuch rein deutscher Schulen freizustellen, dann aber auch dafür zu sorgen, daß diese Kinder zusätzliche Hilfe vor allem in sprachlichen Fächern erhalten und daß ihr Schulbesuch regelmäßig erfolgt.

Die starke – wenn auch intentionell überwiegend nur vorübergehende – Emigration türkischer Arbeitskräfte in europäische Länder hat zwar gewisse vorteilhafte Wirkungen, wie neben der besseren beruflichen Ausbildung der hohe Betrag von Überweisungen ersparter Einkommensteile, der für die Devisenbilanz des Landes sehr willkommen ist, aber die Nachteile, die sich unter den bisherigen Verhältnissen herausgestellt haben, dürften überwiegen. Ein wesentlicher Beitrag zur Lösung der Schwierigkeiten, die mit dem Überbevölkerungsproblem zusammenhängen, ist von jenen Wanderungen nicht zu erwarten.

Dieses mein verhältnismäßig pessimistisch-negatives Urteil über die Gastarbeiterfrage gilt in keiner Weise für den Austausch deutscher und türkischer Gelehrter und Künstler, auch von Handwerkern; im Gegenteil, ich halte eine Verstärkung der Beziehungen dieser Art für dringend erwünscht und für alle Beteiligten nützlich. Gewiß leisten Organisationen wie die Deutsch-Türkische Gesellschaft mit ihren Zweigstellen einerseits, das Deutsch-Türkische Kulturzentrum in Ankara andererseits anerkennenswerte Arbeit auf diesem Gebiet, und auch der Tourismus, der ja in ständiger Zunahme begriffen ist, bei Behebung gewisser Mängel, zum Beispiel im Hotelwesen, allerdings noch viel stärker entwickelt werden könnte, trägt dazu bei, daß man sich besser kennen und verstehen lernt. Mir scheint jedoch, daß Studenten und insbesondere jüngere türkische Wissenschaftler noch in größerem Maße, als das gegenwärtig der Fall ist, zu längeren Besuchen in der Bundesrepublik ermuntert werden sollten. Ich würde in einer solchen Intensivierung der kulturellen Beziehungen beider Länder eine erwünschte Fortsetzung der Bemühungen um ein besseres gegenseitiges Verständnis erblicken, dem auch die deutschsprachigen Türkei-Emigranten vor rund vier Jahrzehnten zu dienen versucht haben.

SCHLUSSBEMERKUNGEN

Am Ende dieser Schilderung von Erlebnissen in einem uns zunächst fremden, dann aber immer mehr zum zweiten Vaterland gewordenen Staat steht wie am Anfang mein tiefer, aufrichtiger Dank an die Türkische Republik, die so vielen Kollegen und anderen deutschen Emigranten nicht nur Unterkunft, sondern auch adäquate Arbeitsmöglichkeiten in einer Zeit geboten hat, während der für die meisten von uns in unserem Geburtsland lebensbedrohende Verhältnisse herrschten. Daß auch viele Jahre nach unserem Fortgang noch enge sachliche und menschliche Beziehungen zwischen den ehemaligen Emigranten und ihren alten türkischen Freunden bestehen, kann wohl als Beweis dafür angesehen werden, daß es sich bei unserer Tätigkeit in den dreißiger und vierziger Jahren um mehr als einen Zwischenakt in unserem Leben gehandelt hat.

Für mich hat sich diese Verbundenheit einerseits in zahlreichen Besuchen, die großenteils der Teilnahme an Kongressen oder wissenschaftlichen Vorträgen galten, und andererseits in den folgenden drei Geschehnissen manifestiert:

Erstens wurde mir im Jahre 1965 aufgrund eines Beschlusses des akademischen Senats der Universität Istanbul von deren Wirtschaftswissenschaftlicher Fakultät die Würde eines Ehrendoktors verliehen – eine Auszeichnung, die von den »Ehemaligen« auch Fritz Arndt, Richard von Mises und Gustav Oelsner von ihren Fakultäten erhielten.

Zweitens lud die türkische Regierung meine Frau und mich anläßlich des fünfzigjährigen Jubiläums der Republikgründung ein, eine Woche als ihre Gäste in von uns zu bestimmende Orte des Landes zu kommen. Diese Tage, die wir, von einem prachtvollen Spätherbstwetter begünstigt, in Istanbul, Ankara, Ephesus und Izmir und Umgebung verbrachten, zählen zu unseren schönsten Erinnerungen. Bei dieser Gelegenheit ließ die Regierung mir eine Urkunde überreichen, in der sie mir ihren Dank für meine dem Lande geleisteten Dienste in warmen Worten aussprach.

Drittens schließlich hatte ich die nicht allen beschiedene Gelegenheit, die von Anerkennung und freundschaftlicher Zuneigung zeugenden Nachrufe auf mich zu lesen, die im Sommer 1970 durch das Radio und alle größeren Zeitungen in der Türkei verbreitet wurden. Offensichtlich hatte irgendein Journalist Berichte in deutschen Presseorganen, die anläßlich meines 70. Geburtstags erschienen, mißverstanden und geglaubt, sie seien durch mein Ableben veranlaßt worden. Wir erfuhren von diesen Nachrufen durch Beileidsbriefe, die meine Frau erhielt. Da ich ohnehin ein, zwei Monate später Vorträge in Istanbul zu halten hatte, schrieb ich an meine dortigen Freunde und schlug vor, daß ich ein Dementi der Nachricht von meinem Tode wohl am wirksamsten durch mein persönliches Erscheinen vornehmen würde. In den zahlreichen Briefen, die ich daraufhin erhielt, war immer wieder die Rede von dem alten, ja auch in anderen Ländern anzutreffenden Sprichwort, daß jemand, der bei Lebzeiten totgesagt werde, besonders große Chancen habe, alt zu werden. Nun, ich werde mich bemühen, dieses Sprichwort nicht Lügen zu strafen.

Die Türkei ist, geographisch und geopolitisch betrachtet, ein Land, dessen Schwerpunkt gebiets- und bevölkerungsmäßig zwar in Anatolien liegt, das aber insbesondere seit der kemalistischen Revolution das Bestreben gezeigt hat, sich stark dem Westen anzunähern. Es wäre jedoch verkehrt, sie nun schablonenhaft als ein wirtschaftlich, sozial und kulturell sämtlichen anderen westlichen Ländern gleichzusetzendes Land aufzufassen. Sie hat vielmehr ihre Besonderheiten, ihre Eigenarten, die man freilich großenteils nur und erst dann richtig zu erkennen vermag, wenn man sich längere Zeit in ihr aufzuhalten Gelegenheit hat.

Aber ungeachtet dieser Eigenarten kann man die bezaubernd schöne Brücke über den Bosporus, die anläßlich des fünfzigjährigen Bestehens der Republik eingeweiht wurde, als ein Symbol der Tatsache ansehen, daß die Türkei heute mehr denn je berufen ist, eine Verbindung zwischen Europa und Asien, zwischen West und Ost zu bilden. Das haben mit Bewunderung und Dankbarkeit nicht zuletzt die deutschen Wissenschaftler, Politiker und Künstler empfunden, die in schwerer Zeit Zuflucht am Bosporus gesucht und gefunden haben.

PERSONENREGISTER
(Außer Atatürk, Ismet Inönü und Adolf Hitler)